Pierre Duhamel

L'AVENIR DU QUÉBEC

LES ENTREPRENEURS À LA RESCOUSSE

À Andrèe,
voilà un outil supplémentaire
pour continuer un travail
si nécessaire et utile,
cordialement
Pierre Duhamel

LES ÉDITIONS **LA PRESSE**

CE QU'ILS ONT DIT DU LIVRE

Lecture passionnante ! Loin des recettes, des formules toutes faites, un réel ouvrage de référence historique, d'analyse sociologique et économique ! Inspirant, car le fil conducteur s'appuie sur des témoignages d'entrepreneurs bien ancrés dans les réalités du 21e siècle.

De nouveaux visages et à travers eux, l'auteur nous présente de nouveaux modèles d'affaires basés sur l'innovation et dont les succès rayonnent sur les marchés mondiaux. Après la lecture, on peut affirmer que l'entrepreneurship est toujours vivant au Québec mais appelle ceux en quête d'une réelle aventure de croissance ! Formidable !

    - **Françoise Bertrand**, Présidente, Fédération des chambres de commerce du Québec

Merveilleux ! Pierre Duhamel rejette l'image fausse des Canadiens français d'autrefois qui n'étaient pas la bande d'arriérés qu'on a dit. Il nous fait voir que le Québec a toujours produit des entrepreneurs et surtout que, pour que le progrès économique se poursuive, il est absolument essentiel qu'il continue à le faire. Faut-il répéter que le succès magistral des sociétés scandinaves repose tout autant sur leur profond respect pour leurs entrepreneurs que sur des valeurs de partage inhérentes à leurs programmes sociaux ?

    - **Pierre Fortin**, économiste et professeur émérite au Département des sciences économiques de l'Université du Québec à Montréal

Remarquable, nécessaire et important.

    - **Jean Paré**, journaliste et créateur de *L'actualité*

J'espère que les lecteurs retiendront de l'ouvrage de Pierre Duhamel que l'acharnement des générations d'entrepreneurs qui nous ont précédés nous oblige à rien de moins qu'un redoublement de nos efforts d'innovation, d'audace, de persévérance et de partage.

Nos ancêtres n'ont pas labouré les champs et mis au monde des industries pour que leurs petits-enfants se bercent à regarder le coucher du soleil. La vraie valeur de cet héritage, c'est le plaisir et la responsabilité de poursuivre la construction d'une société économiquement diversifiée, compétitive, flexible et juste.

Alors, au joug les copains, on a un Québec à bâtir.

    - **Marc Dutil**, Président et chef de la direction Groupe Canam et fondateur de l'École d'entrepreneurship de Beauce

Malgré tous les défis auxquels nous faisons face, cet ouvrage exprime une attitude résolument positive. En relatant notre passé entrepreneurial peu connu, Pierre nous donne envie de continuer à foncer, pour le bien de notre société d'aujourd'hui et de demain.

    - **Andrew T. Molson**, Président du conseil, Molson Coors,
      Président du conseil, Fondation du maire : le Montréal inc. de demain

Pierre Duhamel fait ici un travail précieux combinant l'histoire et l'esprit de l'entrepreneurship. J'ai lu son ouvrage avec un intérêt constant. Le genre de bouquin qu'on voudrait voir utiliser assez tôt dans toutes les écoles du Québec, de quoi donner un élan d'inspiration à notre relève de demain...

    - **Gilles Parent**, animateur de l'émission Le retour, au 93,3 FM à Québec

Pierre Duhamel propose ici un livre à la fois réconfortant et préoccupant. Réconfortant parce qu'il montre bien les extraordinaires succès de nos entrepreneurs d'hier et d'aujourd'hui, mais préoccupant parce qu'il signale sans complaisance notre tendance collective à vivre d'illusions. Un livre témoin, qui laisse la parole aux acteurs, et qui soulève les problèmes tout en présentant les solutions. J'ai l'intention de le citer le plus souvent possible !

    René Vézina, chroniqueur au journal *Les Affaires* et au 98,5 FM, à Montréal

Catalogage avant publication de Bibliothèque et Archives nationales du Québec et Bibliothèque et Archives Canada

Duhamel, Pierre, 1955-
    L'avenir du Québec – Les entrepreneurs à la rescousse

    ISBN 978-2-89705-045-0

    1. Entrepreneuriat - Québec (Province) - Histoire. 2. Gens d'affaires - Québec (Province). I. Titre.

HB615.D83 2012   338'.0409714   C2012-940968-5

Directrice de l'édition : Martine Pelletier

Éditeur délégué : Yves Bellefleur

Conception graphique de la couverture : Philippe Tardif

Mise en page et infographie : Pascal Simard

Révision : Hélène Detrait

L'éditeur bénéficie du soutien de la Société de développement des entreprises culturelles du Québec (SODEC) pour son programme d'édition et pour ses activités de promotion.

L'éditeur remercie le gouvernement du Québec de l'aide financière accordée à l'édition de cet ouvrage par l'entremise du Programme d'impôt pour l'édition de livres, administré par la SODEC.

Nous reconnaissons l'aide financière du gouvernement du Canada par l'entremise du Programme d'aide au développement de l'industrie de l'édition (PADIÉ) pour nos activités d'édition.

Dépôt légal – 2ᵉ trimestre 2012
ISBN 978-2-89705-045-0
Imprimé au Canada

LES ÉDITIONS **LA PRESSE**

Présidente
Caroline Jamet

Les Éditions La Presse
7, rue Saint-Jacques
Montréal (Québec) H2Y 1K9

À Catherine, Frédérick et Julie

TABLE DES MATIÈRES

AVANT-PROPOS

C'est un entrepreneur qui m'a donné l'idée d'écrire ce livre. C'était en février 2009, je crois me rappeler. Éric Dupont et moi prenions un verre à l'hôtel Le Germain, rue Mansfield à Montréal. Nous avions entamé une grande discussion sur l'innovation, la recherche scientifique, l'autofinancement des entreprises et autres sujets tout aussi « légers ».

Éric trouvait que peu de livres destinés au grand public avaient été écrits sur ces sujets au Québec et il pensait que je pourrais en écrire un pour faire connaître les « entrepreneurs scientifiques » québécois. Au fil des ans et des rencontres, le projet de livre a mué d'un livre sur l'entrepreneuriat scientifique à un livre sur l'innovation, puis à un livre sur les entrepreneurs innovants et finalement à ce livre sur le rôle des entrepreneurs dans le renouveau du Québec.

Loin d'être vexé par les multiples évolutions du projet, Éric encourageait chaque changement de cap, tout en insistant sur le fait qu'il faudrait que je m'y mette pour de bon…

Éric Dupont et son frère Luc ont fondé quatre entreprises, deux qui sont cotées en Bourse, AEterna Zentaris et Atrium Innovations, et deux privées, Unipex Innovations et Immanence IDC. Les quatre entreprises ont créé 1500 emplois à travers le monde, dont environ 200 à Québec. Ils font partie du groupe d'entrepreneurs et de leaders qui ont redonné à la ville de Québec l'élan qui en a fait l'une des régions les plus dynamiques au Canada.

Quand je lui ai demandé de m'accorder une interview pour ce livre, Pierre Fortin m'a donné un sage conseil : « Tâche de donner des bonnes nouvelles, sinon tu vas décourager tes lecteurs ».

Pierre peut être rassuré. Aux bilans ombrageux et aux sombres statistiques que vous trouverez dans ce livre, je fournis l'antidote. Ce sont les entrepreneurs, ces gens qui, à la tête d'une entreprise ou d'un organisme, ont décidé de rompre le statu quo et de faire avancer les choses. Ce sont les héros de ce livre, ceux qui peuvent changer la donne et redonner confiance aux Québécois.

Ce livre est un pari audacieux. Ce n'est pas un essai dans lequel je veux dresser un bilan définitif du Québec économique d'hier et d'aujourd'hui. Je ne veux pas faire de théorie économique et je n'ai pas non plus la prétention d'être historien ou professeur de gestion. Parlons plutôt d'un long reportage sur l'économie québécoise. Vous me suivrez au fur et à mesure que je mène mon enquête auprès d'universitaires à l'analyse fine et tranchante, et d'entrepreneurs passionnés. Le chroniqueur refait surface de temps en temps, c'est plus fort que moi !

L'histoire se déroule dans deux dimensions, celle des idées et des données économiques et celle des entreprises et du milieu des affaires. Pour mesurer le chemin parcouru et dépoussiérer certaines idées reçues, un long chapitre est consacré à l'histoire économique du Québec. On ne peut pas résumer quatre siècles d'histoire en quelques pages. Plusieurs événements, personnages et politiques sont à peine survolés, d'autres ignorés. Mon but est modeste : faire connaître certains des entrepreneurs qui ont façonné le Québec depuis les premières années de la colonisation.

Je tiens à remercier mes amis de *L'actualité* et de *La Presse*. Plusieurs éléments du livre sont tirés de reportages de la série *Une idée pour gagner* ou de chroniques écrites pour ces publications et leurs sites web. Merci à Jean-Marc Léger pour son aide. Mes remerciements également au cabinet RSM Richter Chamberland pour lequel j'ai fait une recherche sur l'entrepreneuriat québécois à l'automne 2011. Certains éléments de cette recherche ont également été utilisés dans ce livre.

Merci à Éric Soulier et à Isabelle Salmon. À Éric Désabrais (Optika) et Kim Auclair (Niviti) qui m'ont épaulé pour la série *Une idée pour gagner*. Merci, enfin, à Jean Paré, Laurent Desbois, François Ducharme et Pierre-André Themens qui ont accepté de lire le manuscrit et de me faire les recommandations nécessaires. Merci à Françoise Bertrand, Andrew Molson, Pierre Fortin, Marc Dutil, Gilles Parent et René Vézina qui ont accepté de partager leurs impressions. Merci à Yves Bellefleur et Martine Pelletier, mes premiers lecteurs aux Éditions La Presse. Merci à Caroline Jamet qui m'a recruté pour cette mission. Merci à Louis Duhamel pour ses encouragements multiples et conseils toujours judicieux. Finalement, un immense merci à Charlotte Gauthier qui m'a enduré pendant tous ces mois de recherche et d'écriture.

Je ne vous serai jamais assez reconnaissant.

1. POURQUOI FAUT-IL DE NOUVEAUX ENTREPRENEURS?

La devise de Catherine Privé: « On est nés pour le bonheur. »

Les héros méconnus du film

Le Québec est-il en panne? Est-il au bord de la ruine? Est-ce vrai qu'il y a moins d'entrepreneurs qu'avant? Pourquoi leur présence est-elle si nécessaire? La société québécoise est-elle prête à relever les grands défis qui se profilent à l'horizon?

Voilà les questions auxquelles je veux répondre dans ce livre. Si vous avez un intérêt pour le sort et l'essor du Québec, ce livre est pour vous. La perspective est économique, car je pense qu'ultimement, tout est une question d'argent. À ceux qui croient qu'il y a des choses qui n'ont pas de prix et qu'on exagère le pouvoir de l'argent, je réponds que tout a malheureusement un coût. Pour maintenir les institutions culturelles ou publiques que nous chérissons, nous devrons avoir les moyens de les financer.

Ce livre confronte quelques mythes qui teignent le rapport qu'ont les Québécois envers l'économie, et particulièrement leur économie.

On a longtemps fait croire aux Québécois qu'ils étaient un peuple arriéré, pauvre et démuni. Que la peur, l'inaptitude et l'échec étaient programmés dans notre ADN et que nous n'avions pas la bosse des affaires. Que notre histoire n'était en somme qu'une succession de défaites ou de « grandes noirceurs ».

Je vais vous raconter une autre histoire, celle d'émigrants de grands talents, de conquérants formidables et de gens d'affaires brillants.

Depuis les premiers jours de la colonisation de ce continent, il y a eu des centaines de milliers d'entrepreneurs issus de la vallée du Saint-Laurent ou qui ont choisi cette région comme socle de leurs activités et qui ont contribué à bâtir et à façonner l'espace nord-américain.

Pour certains, l'histoire économique du Québec semble débuter en 1960 avec l'édification de l'État québécois moderne et la création de sociétés d'État à vocation économique, créatrices d'une «économie nationale» et d'une génération spontanée d'entrepreneurs à succès. Tout ce qui précède était inscrit dans la misère et l'impuissance, et nous étions privés de ressources, de talents et d'argent.

Dans les faits, même après la cession de la Nouvelle-France à l'Angleterre, des marchands et industriels francophones ont réussi à s'imposer. Des entrepreneurs vedettes, il y en a eu à toutes les générations depuis le début du 17e siècle.

L'origine de la Banque Nationale remonte à 1862, celle de l'Industrielle-Alliance à 1892 et le Mouvement Desjardins est fondé en 1900. Jean-Louis Lévesque établit le Crédit interprovincial en 1941, qu'il fusionnera en 1962 avec L.G.-Beaubien pour créer Lévesque-Beaubien, qui deviendra la Financière Banque Nationale en 1999.

L'histoire de Provigo débute en 1901, celle de RONA en 1939, celle de Metro en 1947, celle des Restaurants Saint-Hubert en 1951 et celles des fromages Saputo en 1954.

Joseph-Armand Bombardier fonde Auto-Neige Bombardier Ltée en 1942. Pierre Péladeau se lance en affaires en 1950 et Paul Desmarais père en 1951. Les deux sociétés d'ingénierie à l'origine de SNC-Lavalin naissent respectivement en 1911 et 1936.

Je compte cinq générations successives de Lacroix et de Dutil en affaires et l'histoire commerciale des de Gaspé Beaubien remonte à Charles Aubert de la Chesnaye en 1655.

Par ailleurs, je parlerai très peu dans ce livre des grands entrepreneurs actuels du Québec. Vous les connaissez bien et vous êtes nombreux à connaître leur histoire. Je veux montrer que l'équipe entrepreneuriale du Québec est talentueuse et compte sur de nombreux joueurs peu connus. Mon plus grand regret est de ne pas avoir eu l'occasion de rencontrer un nombre encore plus grand de dirigeants d'entreprises.

On dit aussi que les entrepreneurs d'aujourd'hui ne sont plus comme ceux d'hier et qu'ils sont moins nombreux, moins ambitieux et moins audacieux. Je vais vous raconter l'histoire de jeunes qui réussissent dans un monde pourtant complexe et en profonde mutation.

Plusieurs ont fait état ces dernières années de l'érosion du tissu entrepreneurial québécois.

Proportionnellement, nous serions moins nombreux à être propriétaires d'entreprises, moins nombreux à nous y préparer et moins nombreux à vouloir le devenir. La retraite de plusieurs propriétaires d'entreprises et le manque de relève font craindre que plusieurs compagnies soient cédées à des intérêts étrangers ou même abandonnées.

Sommes-nous à ce point déclassés ? Je n'en suis pas si sûr. En juin 2011, le Québec comptait 173 370 entreprises ayant au moins deux employés, ce qui exclut donc les travailleurs autonomes.[1] Cela représentait 23,1 % des entreprises au Canada, soit presque le pourcentage de la population québécoise dans l'ensemble canadien.[i] On comptait aussi 5000 entreprises qui embauchent plus de 100 personnes et 21 860 établissements manufacturiers.

Les entreprises appartenant à des Québécois francophones étaient responsables de 67 % des emplois au Québec en 2000, comparativement à 47 % en 1961.[2]

En 2010, une étude de deux étudiants de McGill indiquait que Montréal offrait autant d'opportunités que Toronto pour entreprendre une carrière internationale parce que la plupart des sièges sociaux qui y sont établis sont le centre de prises de décisions stratégiques mondiales.[3] Des firmes comme Power Corporation, SNC-Lavalin, CGI, Bombardier ou le Cirque du Soleil décident où investir et quelle stratégie adopter à partir de la métropole québécoise. Toronto compte beaucoup plus de sièges sociaux, mais ce sont souvent des sièges sociaux satellites d'entreprises étrangères.

Dans le livre *Le Québec sur le podium,* publié en 2011, Dominic Deneault et Guy Barthell révélaient que le Québec se classait dans le premier tiers des territoires nord-américains en Valeur économique ajoutée (VÉA).[4] Cet indice est le produit de l'écart entre le rendement du capital investi (RCI) et le coût moyen pondéré du capital (CMPC). C'est l'un des indicateurs financiers les plus prisés des analystes. Les auteurs ont comparé plus de 5000 entreprises publiques de notre continent du point de vue de la VÉA.

Résultat : les 119 entreprises du Québec cotées en Bourse ont obtenu un rendement sur le capital investi de 10,1 % entre juillet 2005 et juin 2009, contre une moyenne nord-américaine de 9,1 %. Il n'y a que neuf États américains qui ont mieux fait que le Québec, qui dépassait même le Massachusetts, New York, la Californie, l'Ontario et la Colombie-Britannique.

Nous créons peut-être moins d'entreprises au Québec, mais ceux qui réussissent sont de grands entrepreneurs !

---

[i] 23,6 %, selon le recensement de 2011.

Il faut éveiller la « fibre entrepreneuriale » chez les jeunes et j'appuie de tout cœur les efforts admirables accomplis pour promouvoir l'entrepreneuriat parmi eux. Il faut les sensibiliser à l'entreprise et à la vie économique et leur donner le goût d'entreprendre afin de réaliser leurs rêves et de façonner leur avenir. L'école doit devenir un élément déterminant dans le développement de la culture entrepreneuriale québécoise et une compétence clé du curriculum scolaire, comme en fait la promotion le Forum économique mondial.[5] Certains des plus grands entrepreneurs au monde avaient à peine 20 ans quand ils se sont lancés en affaires.

Ce sont néanmoins des entrepreneurs aguerris qui démarrent, vendent ou achètent la plupart du temps des entreprises. Ils ont accumulé des capitaux, des contacts et de l'expérience. Ils ont appris à négocier, à vendre, à se tirer d'impasse et à relancer des entreprises. Le courage, les années et les cicatrices font l'entrepreneur. Il n'y a que 3 % des propriétaires d'entreprises au Canada qui ont moins de 30 ans et 58 % sont âgés de plus de 50 ans.[6]

Aux États-Unis, la Fondation Kauffman observe que les 20 à 34 ans ont créé 29,2 % des nouvelles entreprises en 2011, alors qu'ils en fondaient 35 % en 1996. En revanche, le pourcentage de nouvelles entreprises créées par les personnes âgées entre 45 et 64 ans est passé de 38 % à 48,6 %.[7] L'entrepreneur américain qui se lance en affaires a en moyenne entre 10 et 12 ans d'expérience sur le marché du travail.[8]

Les changements démographiques et l'évolution du milieu du travail doivent se refléter dans les politiques de promotion de l'entrepreneuriat. Favorise-t-on, par exemple, l'entrepreneuriat chez les immigrants ? Chez nos voisins américains, ils ont créé 28 % des nouvelles entreprises en 2011, plus du double qu'en 1996.

Le parcours de Yona Shtern est typique de plusieurs gestionnaires qui ont choisi l'entrepreneuriat à la mi-temps de leur carrière. Étudiant en littérature anglaise, il rêve de devenir scripteur pour la télévision et le cinéma. En 1988, Avon cherche un rédacteur pour les discours de ses dirigeants et il travaille pendant neuf ans au service du marketing de l'entreprise. Après des passages chez les magasins Saks Fifth Avenue à New York et chez l'opérateur de téléphonie mobile Fido, il achète une première entreprise, avant de cofonder Beyond the Rack, l'une des PME québécoises en plus forte croissance et au plus fort potentiel.[9]

Je ne suis pas sûr non plus qu'entrepreneur soit une profession ou un métier en soi. Je connais des manufacturiers entrepreneurs, des spécialistes du Web entrepreneurs, des cuisiniers entrepreneurs, des commerçants entrepreneurs, des agriculteurs entrepreneurs, des communicateurs entrepreneurs, des financiers, des comptables ou des ingénieurs entrepreneurs, mais peu «d'entrepreneurs entrepreneurs». Il faut souvent avoir l'amour d'un métier avant d'avoir la passion d'entreprendre.

Louis-Marie Beaulieu, le président du Groupe Desgagnés est un entrepreneur, mais il est d'abord un *comptable* et un *armateur* qui possède et gère une entreprise de transport maritime. Les propriétaires des entreprises technologiques sont des passionnés d'informatique et les entrepreneurs du secteur agroalimentaire sont souvent des agronomes ou des agriculteurs.

L'entrepreneuriat n'est pas une vocation, mais un état d'esprit. Ceux qui lancent une entreprise voient une opportunité d'affaires ou un marché à conquérir; ils n'entendent pas des voix le soir en se couchant.

Si je suis inquiet pour l'avenir du Québec, ce n'est pas parce qu'il y aurait moins d'entrepreneurs. J'ai peur que nous ayons oublié combien ils sont essentiels au développement de la société, que nous ne saisissions pas toutes les occasions qui se profilent devant nous et que nous ayons plus de difficultés à faire grandir nos entreprises.

Les entrepreneurs se sentent peu appuyés et surtout peu valorisés par la société québécoise. Dans le Québec actuel, il ne serait pas toujours bien vu d'être propriétaire. Dans certains milieux, on croit même que leurs intérêts sont par définition des intérêts égoïstes, différents de ceux de la majorité de la population. On oublie que toute l'organisation de notre vie est structurée et animée par des entrepreneurs.

Ce que l'on mange a été semé, cueilli, transporté, transformé, vendu et souvent apprêté par des entrepreneurs. Le coiffeur, l'électricien, le garagiste, le cordonnier, le quincaillier, le boutiquier, le marchand, le médecin, le psychologue, le prospecteur minier, le camionneur, le comptable, l'avocat, le plombier, le propriétaire d'un restaurant, d'un café ou d'un bar, l'architecte, le constructeur d'habitations, le notaire, le producteur de films, le propriétaire d'une entreprise sont tous des entrepreneurs.

Ils constituent le moteur de notre économie. Plus il y a d'entrepreneurs, plus il y a d'emplois, plus il y a de richesse et mieux la société se porte. Les entrepreneurs sont les héros méconnus du grand film de l'économie. On entend peu parler d'eux, sinon pour en dire du mal.

« L'entrepreneuriat n'est pas valorisé au Québec. On ne favorise pas l'accomplissement des choses. Comment une société pouvait-elle réussir son passage vers le futur si elle ne favorisait pas la matérialisation des idées ? On cause, mais on ne bâtit pas », déplorait l'entrepreneur Charles Sirois en février 2010, lors de la conférence annuelle de Réseau Capital, le regroupement de ceux qui investissent dans les entreprises.

J'ai pourtant vu ces dernières années des dizaines d'entrepreneurs courageux et déterminés, convaincus qu'ils ont les idées, les produits et les ressources pour réussir. Ils m'ont donné espoir et réconfort. « Notre force au Québec, c'est que nous sommes un jeune peuple créatif. Les gens ont besoin de modèles de réussite. On peut bâtir de grandes entreprises au Québec et je veux en bâtir une », me disait François-Xavier Souvay, le président de Lumenpulse, un fabricant de luminaires architecturaux.

J'aimerais avec ce livre réconcilier les Québécois avec leurs entreprises et avec le goût d'entreprendre.

Imaginez le Québec avec plus d'entrepreneurs et plus de leaders qui ont soif d'autonomie et de succès. Imaginez comment certaines régions pourraient se relever si l'on sentait cet appel vers la prise en main et le dépassement. Comme dit la chanson de Grégoire Boisse-not qui a servi de thème à la mouture 2012 de *Star Académie* : « À deux, à mille, je sais qu'on est capables. Tout est possible, tout est réalisable. »

L'économie en 3D

La vision que certains ont des entrepreneurs, des entreprises et de la popularité de l'entrepreneuriat me semble désincarnée des conditions économiques et démographiques.

Soyons prudents en comparant le Québec des années 1970 et celui des années 2010. Le Québec d'il y a 40 ans était porté par la plus extraordinaire vague de prospérité économique de l'histoire et par un boom démographique spectaculaire. Le monde était relativement homogène et sous la domination économique américaine.

L'économie ne va pas très bien ces dernières années, il y a moins de jeunes qui entrent sur le marché du travail et nous vivons dans un monde multipolaire où la domination des pays occidentaux laisse place à celle des pays émergents. Nos plus grands partenaires commerciaux, les États-Unis et l'Ontario, connaissent des difficultés économiques et la hausse du dollar canadien complique la vie de nos entreprises exportatrices. Les paris sur l'avenir apparaissent plus risqués pour une population vieillissante comme celle du Québec qui a, à cet égard, une longueur d'avance sur ses voisins.

Certains observateurs semblent toujours surpris de constater que les entreprises ne sont pas immortelles et font reposer sur leurs propriétaires l'entière responsabilité d'un échec. Une entreprise ferme : le patron est au pire un sans-cœur, au mieux un incompétent. Elle réussit : le patron est au pire un voleur, au mieux un chanceux.

Une entreprise est un projet en réactualisation permanente et dont la survie est fragile. L'échec fait partie des options possibles. La meilleure façon de ne jamais subir d'échec est de rester chez soi et de ne rien faire.

Le gestionnaire le plus brillantissime ne saurait concurrencer les Chinois dans la fabrication de certains biens, comme le forgeron le plus habile demeurait impuissant quand l'automobile s'est imposée. Chaque grand changement technologique produit une nouvelle génération d'entrepreneurs et les entreprises ont un cycle de vie qui correspond, en gros, aux grands cycles de l'économie et du progrès technologique.

Or, ceux-ci ne cessent de raccourcir. Daniel Franklin de l'hebdomadaire britannique *The Economist* observe que la longévité des entreprises est beaucoup plus courte qu'auparavant : « La *destruction créatrice*, chère à Schumpeter, n'a jamais été aussi rapide. La durée de vie moyenne des grandes entreprises a chuté dans des proportions vertigineuses. Aux États-Unis, en 1920, elle était de 65 ans, selon Standard & Poors ; elle est désormais de 10 années. Sur les 500 premières firmes mondiales de 1957, seules 74 existaient 40 ans plus tard. Le mouvement a toutes les chances de se poursuivre. »

Daniel Franklin prédit que les fusions, rachats et autres transformations d'entreprise en tout genre devraient s'accélérer. Sans oublier les croissances ultrarapides. « Facebook n'a que huit ans d'âge, et c'est déjà une énorme entreprise... »[10]

Des statistiques récentes indiquent qu'à peine la moitié des entreprises québécoises de plus de cinq employés seront toujours en activité après cinq ans et à peine plus du tiers après neuf ans. L'espérance de vie médiane d'une entreprise de plus de cinq employés n'est que de 13 ans.[11]

Une étude montre qu'en moyenne, 14 % des nouvelles usines disparaissent au cours de leur première année d'exploitation. Plus de la moitié des nouvelles usines disparaissent avant d'atteindre leur sixième anniversaire. En moyenne, la durée de vie d'une nouvelle usine est de neuf ans seulement.[12]

Est-ce parce que les propriétaires d'entreprises canadiennes et québécoises sont moins doués que les autres ? Tim Hartford, le célèbre chroniqueur économique du *Financial Times*, affirme que 10 % des entreprises américaines disparaissent chaque année.[13] Dans son livre *Why Success Always Starts With Failure*, il raconte l'anecdote suivante. En 1982, Tom Peeters et Robert Waterman ont lancé leur best-seller *In Search of Excellence*. Les auteurs, des spécialistes reconnus de la gestion, mettaient en évidence 43 « excellentes » entreprises susceptibles de servir de modèles. Deux ans plus tard, le magazine *BusinessWeek* a brutalement remis les pendules à l'heure. De ces 43 entreprises vedettes, 14 se trouvaient déjà dans une situation financière difficile.

Ce n'est pas tant le choix d'entreprises des auteurs du livre qui est en cause ici, mais cette fragilité inhérente aux entreprises. Un nombre restreint d'entreprises réussissent à s'implanter, quelques-unes à survivre et peu à dominer.

Il se passe la même chose au Canada. En 2008, 108 217 nouvelles entreprises ont été créées, mais 90 658 sociétés ont cessé leurs activités.[14] Ces données correspondent à ce qui a été observé au cours des années 2000 à 2008 : à chaque année en moyenne, les nouvelles entreprises comptent pour 10,8 % du total des sociétés alors que 9 % des sociétés disparaissent. Puisque le solde est positif, cela est considéré comme une excellente nouvelle, preuve de la vitalité et de la croissance de l'économie canadienne.

Chaque entrepreneur a ses mauvais moments. Un jésuite espagnol du 17e siècle disait : « L'esprit a ses jours, le génie son caractère ; et toutes choses leur étoile ».[15]

Qu'arrive-t-il aux entrepreneurs malheureux ? Ils recommencent ! Sur le même ou sur un autre territoire, dans le même secteur ou dans un autre domaine, avec les mêmes partenaires ou avec d'autres. Ils en tirent de grandes leçons et ne font plus les choses de la même façon. « Un entrepreneur qui fait faillite a davantage de chances de succès par la suite, même si ça peut prendre plusieurs essais avant d'y arriver », disait Danny Miller, titulaire de la chaire d'entrepreneuriat Rogers-J.A. Bombardier à HEC Montréal, au collègue Jean-Phillipe Décarie de *La Presse*. « C'est en forgeant qu'on devient forgeron ».[16]

Sur une période de 20 ans, plus de 60 % de l'économie se renouvelle avec les disparitions et créations d'entreprises. La proportion atteint 75 % sur une période de 30 ans.[17] Les entreprises à bout de souffle et les usines vieillissantes font place à de nouveaux joueurs qui utilisent de nouveaux procédés de fabrication ou commercialisent de nouveaux produits. De nouveaux entrepreneurs mettent en action de nouvelles idées.

Cela arrive tout le temps. Des sociétés qu'on croyait solides et bien implantées disparaissent. Plusieurs s'interrogent même sur la survie à court ou moyen terme de marques fabuleuses comme Sony, Nokia ou BlackBerry.

Les entreprises qui vivent longtemps ont souvent traversé des phases de profonde mutation et deviennent méconnaissables. Paul Desmarais a commencé par exploiter une petite compagnie d'autobus. Il a ensuite opté pour les pâtes et papier et le transport maritime avant de faire de Power Corporation un holding regroupant surtout des institutions financières en Amérique du Nord et gérant un portefeuille de participations dans des sociétés européennes. Quebecor est devenue un géant des télécommunications après avoir dominé l'imprimerie. Le fabricant de motoneiges Bombardier est devenu un géant mondial du transport sur rail, puis de l'aéronautique. Il a vendu sa division de véhicules récréatifs en 2003.

Vous allez me dire que cela concerne les entreprises, mais pas nécessairement des gens comme vous et moi. Pas vraiment. La moitié des emplois créés au Canada se font par le jeu de la création et de la disparition d'entreprises.[18] Aux États-Unis, la Fondation Kaufman estime qu'entre 1980 et 2005 les entreprises de moins de cinq ans d'existence ont créé 40 millions d'emplois, soit presque l'équivalent de la totalité des emplois créés chez nos voisins pendant cette période. En 2007, les deux tiers des emplois étaient créés par des jeunes entreprises.[19]

Les journalistes et les chroniqueurs comme moi mettons en relief chaque jour certaines informations et données ou commentons les fluctuations des indices boursiers comme si tous ces phénomènes étaient indépendants. Ce sont autant de photographies qui donnent le pouls de l'économie sans indiquer véritablement l'état de santé du patient. Dans ce livre, j'essaie de donner une profondeur de champ et un sens à des informations fragmentaires et dispersées. Je vous propose l'économie en 3 D !

Dans les médias, on va beaucoup parler de la fermeture d'une grande entreprise syndiquée, mais on portera peu d'attention à toutes ces petites entreprises qui naissent et les emplois qu'elles créent. «Un arbre qui tombe fait plus de bruit qu'une forêt qui pousse» dit un proverbe arabe, repris dans un livre du professeur Pierre-André Julien.[20]

Pour moi, l'économie forme un tout qui englobe des dimensions historiques, démographiques, sociologiques, géographiques, politiques et même psychologiques. L'économie ressemble à la vie, car elle traduit en chiffres et en tendances nos rapports, nos échanges, nos comportements et nos transactions. Elle est forcément beaucoup plus complexe que cette manchette annonçant des mises à pied ou cette statistique sur le taux de chômage.

Prenons par exemple le marché de l'emploi. Chaque mois, Statistique Canada nous indique combien de nouveaux emplois ont été créés, dans quels secteurs et dans quelles provinces ou zones métropolitaines. L'organisme fédéral établit un taux de chômage qui correspond au nombre de personnes cherchant activement un emploi sur le nombre total de personnes actives sur le marché du travail, c'est-à-dire celles qui ont ou qui cherchent un *job*. Cette enquête est faite par l'entremise d'un sondage.

Le portrait qui s'en dégage donne une bonne idée de la robustesse ou de la faiblesse du marché de l'emploi, et de ce fait, de l'économie en général. Ce n'est cependant qu'une photo prise en surface d'une réalité plus complexe. Regardez autour de vous, une personne sur huit devrait changer d'emploi cette année.[21]

Au lieu de regarder quelques fourmis se promener sur le balcon, allons jeter un coup d'œil dans la fourmilière pour regarder de plus près tout ce qui se passe réellement sur le marché du travail. Malheureusement, les dernières données disponibles concernent l'année 2009, alors que nous étions en pleine récession. Ce n'est toutefois pas tant les chiffres qui m'intéressent ici, mais la complexité et la frénésie du marché du travail.[ii]

En 2009, 283 000 emplois ont été détruits dans le secteur privé québécois, touchant 11,2 % de la main-d'œuvre du secteur. Au même moment, 232 000 emplois étaient créés, ce qui correspond à 9,2 %

[ii] Je remercie Tim Prendergast, analyste à Statistique Canada, qui a assemblé ces données à partir du programme longitudinal de l'emploi et, à ma demande, s'est assuré qu'elles soient bien interprétées. Ces données proviennent de renseignements annuels recueillis auprès de *chaque* entreprise avec salariés au Canada. Les statisticiens nationaux utilisent le concept d'unités moyennes de main-d'œuvre (UMM) qui correspond, grosso modo, à un emploi.

des emplois du secteur privé. Au total cette année-là, le Québec a perdu plus de 50 000 emplois dans le secteur privé.

Pourquoi cette baisse du nombre d'emplois? Parce que les entreprises en croissance ont créé moins d'emplois (+7,7 %) que ceux détruits par les entreprises en déclin (-9,6 %). Par ailleurs, les nouvelles entreprises ont créé le même nombre d'emplois que ceux qui ont été perdus par les entreprises qui ont cessé leurs activités en 2009.

En additionnant les emplois gagnés et perdus, nous arrivons à un constat étonnant: un travailleur du secteur privé sur cinq au Québec a changé d'emploi en 2009. Le taux de roulement dans le marché du travail est généralement vu comme une bonne chose par les économistes parce qu'il contribue à l'amélioration de la productivité de notre économie. Incapables de suivre le rythme, les entreprises non concurrentielles s'effacent tranquillement pour laisser la place à celles qui sont en croissance. Mais en 2009, les nouvelles entreprises et celles en croissance n'ont pas réussi à créer suffisamment d'emplois pour compenser les *jobs* perdus.

On observe le même va-et-vient aux États-Unis. En 2010, une année plus favorable, les employeurs américains ont embauché 47 millions de personnes et il y a eu 46 millions d'emplois perdus ou abandonnés. De ce nombre, on compte 21,2 millions de départs volontaires et 21,2 millions de mises à pied.[22]

Certains ont quitté volontairement un emploi qu'ils n'aimaient pas. D'autres ont pris le poste libéré par la promotion d'un collègue. Dans d'autres cas, l'employeur a fermé boutique, il a vendu à un concurrent ou fusionné avec un autre. Dans le pire des cas, il a fait faillite. Votre employeur peut aussi vous congédier pour améliorer la rentabilité de son entreprise. Ou, au contraire, il peut embaucher à pleines portes parce qu'il vient d'obtenir un nouveau contrat.

Sans compter toutes ces nouvelles PME qui embauchent à la pelle et congédient au même rythme. Cela se traduit aussi par une grande turbulence sur le marché de l'emploi. Les nouvelles entreprises ont embauché 173 706 personnes, mais elles ont détruit 162 272 emplois en 2008. Les nouvelles entreprises créent beaucoup d'emplois, mais leur fragilité cause aussi beaucoup de pertes d'emplois.

Bon an mal an, la proportion d'entreprises qui vont disparaître demeure sensiblement la même. C'est inévitable, tant en période de récession qu'en période de forte croissance. L'enjeu pour une société consiste à avoir plus de naissances que de décès d'entreprises. Aussi crucial : l'économie québécoise doit créer près de 300 000 nouveaux emplois par année pour compenser ceux qui disparaîtront de toute façon.

Voilà pourquoi rien n'importe plus pour le Québec que la création de ces nouvelles entreprises qui embaucheront nos enfants et ceux de nos voisins. Voilà pourquoi aussi le plus grand défi d'un entrepreneur d'aujourd'hui est de devenir celui de demain. Pour y arriver, il devra sans cesse innover, créer de nouveaux produits ou services, essayer de nouvelles façons de faire et explorer de nouveaux marchés. Le succès et la survie dépendent de sa capacité à innover et de sa capacité de conquête.

Ce livre s'articule autour de cinq idées fortes. Premièrement, on ne peut pas compter uniquement sur les entrepreneurs d'aujourd'hui pour construire le Québec de demain. Il faut de nouveaux entrepreneurs, avec de nouvelles idées pour maintenir notre niveau de vie, développer nos villes et nos régions, concilier les contraintes écologiques et déjouer les pièges de la démographie.

Deuxièmement, l'innovation doit être au cœur de tout ce que nous produisons, fabriquons et vendons. Il n'y a rien de plus important pour assurer la compétitivité de notre économie.

Troisièmement, le Québec ne doit pas entrer en guerre contre sa géographie, son histoire et son économie. Nous nous sommes enrichis grâce aux ressources du territoire et l'énergie produite pour les développer. Ne rejetons pas les recettes éprouvées.

Quatrièmement, le monde change sous nos yeux. Nous devons nous adapter, connaître nos futurs clients et répondre à leurs besoins.

Cinquièmement, le Québec a toujours surmonté les défis que l'histoire et l'économie lui imposaient. Il faut se retrousser les manches, car le 21e siècle ne sera pas de tout repos.

Le Québec a un urgent et insatiable besoin de *bâtisseurs d'avenir*. Comme vous le constaterez en feuilletant ce livre, ce sont eux qui sont en train d'explorer et de mettre en valeur les ressources, deviner les technologies du futur et inventer les énergies alternatives. Comment favoriser alors leur émergence ?

La réponse est peut-être plus simple qu'on le croit. Et si nous étions en panne de marchés plutôt que d'entrepreneuriat ? J'ai l'impression qu'on développe trop souvent des technologies sans utilisateurs immédiats, qu'on crée des entreprises sans clients préalables et qu'on investit trop peu dans la commercialisation. « Pour créer des entreprises, il faut créer des opportunités de marché», me disait Yves Goudreau, premier vice-président au développement des affaires de Premier Tech, à Rivière-du-Loup. Là où il y a un marché, il y a un entrepreneur, car la nature a horreur du vide».

Toute une section du livre sera consacrée à ces éléments, car pour développer le Québec de demain, il faut connaître les marchés porteurs, ceux qui assureront l'avenir.

Ce livre se veut à la fois un constat, un souhait et une nécessité.

L'avenir de notre société est en jeu.

Quand j'ai demandé à l'économiste Pierre Fortin ce qu'il fallait faire pour améliorer la productivité de l'économie québécoise, sa réponse a été d'une simplicité désarmante : «Pour améliorer la productivité, il faut multiplier les gens qui en font, c'est-à-dire les entrepreneurs».

S'interroger sur ce que sera l'économie du Québec de demain, c'est d'abord se questionner sur l'avenir de ces quelque 175 000 entrepreneurs à la tête des PME québécoises.

2. UN PEUPLE D'ENTREPRENEURS

La devise de Marc Savard, de Fonderie Saguenay :
« Il n'arrive rien pour rien. »

Les entrepreneurs de la découverte

Il y a une circonscription fédérale dans le sud-ouest de Montréal nommée en l'honneur de Jeanne Le Ber. Les luttes électorales y sont vivement contestées et la circonscription a été tour à tour représentée depuis 2004 par une libérale, un bloquiste et un néo-démocrate.

Qui était Jeanne Le Ber ? Une « célèbre recluse » née en 1662 et morte en 1714, nous apprend le *Dictionnaire biographique du Canada*, un site inestimable pour la recherche de ce chapitre et dont je tire les prochaines citations.

« C'était une jeune fille d'un esprit méditatif, repliée sur elle-même et peu expansive, qui consacrait une grande partie de ses journées à la prière et à l'adoration du Saint Sacrement ».

Jeanne Le Ber avait impressionné les Ursulines « par ses nombreux actes de renoncement ». Elle était la filleule de Jeanne Mance et une amie de Marguerite Bourgeoys, les deux religieuses les plus célèbres de notre histoire.

Une recluse est une personne qui s'enferme en solitaire dans une petite pièce pour mieux faire pénitence. Elle porte directement sur sa peau un cilice, un vêtement très inconfortable susceptible de provoquer une inflammation ou des infections localisées.

« Elle se retira dans une cellule située à l'arrière de la chapelle de l'Hôtel-Dieu, chapelle qui servait d'église paroissiale à l'époque. Elle multiplia les actes de mortification : elle portait un cilice sous ses vêtements et des chaussures faites de paille de blé d'Inde ; elle se refusait à tout entretien avec sa famille et avec ses amis, et on dit même qu'elle se flagellait. Elle ne sortait de sa réclusion que pour assister à la messe chaque jour. »[23]

Voici la personne dont on salue la contribution à la société canadienne et un autre bel exemple du type de valeurs et des héros trop souvent mis en valeur par notre historiographie.

C'est son père, Jacques Le Ber, qui mériterait d'avoir une circonscription qui porte son nom. Mais qui connaît l'apport de Jacques Le Ber à la Nouvelle-France, à part un historien ferré en économie comme Paul-André Linteau ?

Professeur depuis 43 ans à l'Université du Québec à Montréal, Paul-André Linteau est *le* grand spécialiste de l'histoire de Montréal et de son économie. Il est l'auteur et le directeur de collection d'une quinzaine de livres et il a signé plus de 70 articles dans des revues savantes. C'est lui qui m'a parlé de ce Jacques Le Ber et de son beau-frère, Charles Le Moyne de Longueuil et de Châteauguay.

« Ce sont des marchands de fourrures et des militaires. Ils ont dominé ce commerce et ils ont été les hommes les plus riches de la colonie », dit-il.

Oui, il y avait des entrepreneurs en Nouvelle-France. On pourrait même dire qu'il fallait être très entreprenant pour choisir de s'établir dans cette colonie exotique et froide, située à 5000 kilomètres de la France.

Le territoire est immense, mais la population toute petite. Entre 1608 et 1760, 8 527 colons sont venus s'y établir définitivement.[24] Le démographe Jacques Henripin a calculé que cela fait en moyenne 56 colons par année.[25] Entre 2006 et 2010, deux fois plus de Français sont venus s'établir au Québec que pendant les 229 ans d'existence de la Nouvelle-France !

Ce nombre dérisoire d'émigrants permanents pendant l'époque coloniale française cache une réalité qui détruit tous les mythes sur ces pauvres paysans illettrés et sans ressources dont nous serions issus.

Leslie Choquette, une Franco-Américaine, a publié en 1997 un livre intitulé *Frenchmen into Peasants, Modernity and Tradition in the Peopling of French Canada* au Harvard University Press.[26]

Nous y apprenons que loin d'être majoritairement des paysans, les deux tiers d'entre eux provenaient des villes. Ils venaient surtout des centres de plus de 10 000 habitants alors que 85 % des Français de l'époque vivaient dans des villes de moins de 2000 personnes.

Ils habitaient souvent les quartiers commerciaux de ces villes, qui étaient situées dans des régions particulièrement prospères, qui profitaient le plus des migrations à l'intérieur de la France et qui étaient considérées comme des centres culturels actifs à l'époque.

Leslie Choquette démontre la surreprésentation en Nouvelle-France de tout ce qui constituait à l'époque l'élite de la société. On y trouvait proportionnellement deux fois plus de nobles qu'en France, 50 % de plus de bourgeois, deux fois plus d'ouvriers et plus d'artisans. En revanche, il y avait proportionnellement trois fois moins de paysans en Nouvelle-France qu'en métropole.

Les artisans venus en Nouvelle-France étaient particulièrement bien formés. Il faut dire que le quart de ceux qui se sont établis en Nouvelle-France étaient des soldats dont plusieurs avaient un métier. Sous l'Ancien Régime, l'organisation des métiers était construite autour des corporations et de trois états : apprenti, compagnon et maître. On comptait parmi les soldats qui ont combattu au Canada six fois plus de maîtres charpentiers que dans l'armée régulière.

Mon ancêtre paternel, Thomas Duhamel, dit Sansfaçon, était un soldat alors que mon ancêtre maternel, Étienne Truteau (qui est devenu Trudeau) était un « maître charpentier de grosses œuvres ».

Loin d'être des paysans décalés et déclassés, les premiers habitants de la Nouvelle-France étaient de jeunes adultes célibataires à la recherche de l'aventure. On parlait français en Nouvelle-France, alors que 10 % seulement de la population s'exprimait dans cette langue en France métropolitaine. La majorité des colons pouvait aussi signer leurs noms.

Un des drames de la colonisation française et des siècles suivants, c'est d'avoir voulu transformer cette population mobile et entreprenante en des paysans sédentaires et illettrés, un peu sur le modèle de la France de l'Ancien Régime où 21 des 26 millions d'habitants étaient encore considérés comme étant des paysans au moment de la révolution, en 1789.

Le faible peuplement reste cependant le grand drame de la colonisation. À la fin du Régime français, quelque 60 000 personnes habitaient dans la vallée du Saint-Laurent. La Nouvelle-France avait la population de Granby aujourd'hui, mais répartie entre Tadoussac et le lac Ontario. Dans les colonies américaines, la population atteint 1,6 million d'habitants en 1760. Faites vos comptes, ce serait l'équivalent en 2012 d'un combat entre Granby et Montréal.

Une si faible population ne crée pas beaucoup d'occasions d'affaires. « Il y avait peu de diversité économique », dit Paul-André Linteau. « Il y avait des meuniers dans les villes, des tanneurs, des cordonniers, un peu de construction navale à Québec, des moulins pour couper le bois nécessaire au chauffage et les Forges du Saint-Maurice où on fabrique, grâce à l'aide du Trésor royal, poêles et outils pour la population de la colonie. Quant à l'agriculture, elle permet tout juste à la population de se nourrir. Au 18e siècle, le faible surplus sera vendu à Louisbourg et aux Antilles » En 1750, on compte 150 moulins à farine en Nouvelle-France, dont un bon nombre qui exportent leurs produits aux Antilles.[27]

À part la fourrure, la France ne veut rien importer de sa colonie. Il y a 600 000 personnes qui meurent de faim en France en 1709 à cause de la famine, mais il n'est pas question d'importer les légers surplus de blé de la Nouvelle-France. C'est le mercantilisme : la colonie est un déversoir de biens produits dans la métropole et il n'est pas question qu'elle concurrence les producteurs français.

Il y aura quelques tentatives d'exception à la règle. Les intendants Jean Talon et surtout Gilles Hocquart vont favoriser la construction navale à Québec et quelques chantiers entrent en activité. Hocquart réussira à lever l'interdiction d'approvisionner en bois canadien les chantiers de la marine royale à Rochefort et même d'obtenir l'autorisation d'implanter un chantier royal naval à Québec. Le roi délègue en 1738 un constructeur d'expérience, Nicolas Levasseur, qui dirigera le chantier où seront construits une dizaine de navires de guerre et plusieurs bateaux plus petits de 1738 à 1759. La pénurie de main-d'œuvre qualifiée, la montée des coûts et un rapport de l'inspecteur de la marine, Henri-Louis Duhamel du Monceau (aucun lien de parenté connu), sur la moins bonne qualité du bois canadien sonneront le glas du chantier en 1755.[28]

La fourrure constitue LE facteur d'enrichissement. Toute la colonie vit à son rythme, aux fluctuations des prix et aux contradictions de ses dirigeants quant à son déploiement.

Selon les époques, le pouvoir royal hésite entre un peuplement de type agraire dans la vallée du Saint-Laurent et ses revendications territoriales sur le continent. Colbert, le puissant contrôleur des finances de France (1665-1683) et secrétaire d'État de la marine, interdit pendant plusieurs années l'établissement de postes de traite et le commerce des fourrures en dehors des frontières de la colonie.

L'Église constitue l'autre grande autorité. Elle est tiraillée entre une opposition au commerce de la fourrure à cause des dangers que constitue pour les âmes de ses ouailles la fréquentation de « sauvages » aux mœurs peu chrétiennes, et son intérêt à participer aux expéditions commerciales qui permettent leur évangélisation.

Jusqu'en 1663, le pouvoir royal accorde un monopole sur la traite à la Compagnie des Cent Associés, puis à la Compagnie des Indes occidentales. Quand les marchands de Montréal veulent se soustraire aux taxes de 25 % et de 10 % imposées sur les fourrures par ces monopoles, ils transportent leurs peaux en Acadie où elles sont exemptes de taxes. L'Acadie est peut-être le premier paradis fiscal des Amériques !

Après 1663, des dizaines de petites sociétés seront actives dans le commerce et se mesureront, avec succès, à la Compagnie de la Baie d'Hudson, déjà bien implantée dans le nord-ouest du continent.

Même quand l'Église et le pouvoir royal veulent limiter la traite, les Canadiens, il faut déjà les appeler par ce nom, n'en font qu'à leur tête. Encouragés par les marchands de Montréal, entre 100 et 200 coureurs des bois parcourent la région des Grands Lacs à la recherche de peaux de castor et d'autres animaux.

Les Canadiens exploreront le continent de long en large et développeront des liens personnels et commerciaux avec les tribus amérindiennes. Des coureurs des bois s'installeront à des lieues de Québec et de Montréal. Ils seront les premiers habitants européens du Fort Détroit et de ce qui deviendra le Wisconsin (à la baie des Puants ou… Green Bay). Ils s'établiront en Illinois (à Kaskaskia, 350 habitants d'origine française), au Missouri[iii] et au Minnesota (Fort Beauharnois). Trente États américains et six provinces canadiennes auraient été « découverts » par des explorateurs francophones. Il suffit de regarder une carte géographique de l'Amérique du Nord pour y déceler d'innombrables lacs, rivières, villes ou comtés aux noms français.

Il en sera ainsi pendant tout le Régime français. Pendant les périodes de paix avec les Iroquois et les Anglais, les castors s'accumulent et les prix baissent. Quand on interdit à nouveau le commerce avec les tribus de l'Ouest et qu'on ordonne l'évacuation des postes de traite, les coureurs des bois vendent leurs peaux aux Anglais.

Mono-industrie, intervention omniprésente de l'État, monopoles, restrictions sur le commerce, taxes élevées : on pourrait donner un cours sur tout ce qu'il ne faut pas faire en économie avec le commerce de la fourrure aux 17e et 18e siècles.

On connaît le résultat de ces politiques : la colonie ne se peuple pas et le commerce canadien représente moins de 10 % du commerce

---

iii À Ste-Geneviève, St-Louis sera fondée par un Français de Louisiane, Pierre Laclède, en 1764.

colonial français des années 1730 et moins de 5 % du commerce britannique avec l'Amérique du Nord dans les années 1770.[29]

La traite de la fourrure est un commerce plus compliqué qu'il n'y paraît. Les marchands de fourrures doivent commander, à crédit, à des fournisseurs européens ses « matières de traite », c'est-à-dire les produits qui lui seront nécessaires dans le troc avec les tribus amérindiennes. Les autochtones aiment particulièrement les produits métalliques comme les haches de fer, les couteaux et les bouilloires. C'est l'idée : « je te donne une couverture, tu me donnes un canot de fourrures ».

En attendant de recevoir la marchandise européenne, le marchand embauche ses employés, les pagayeurs, qui rameront jusque dans l'ouest du continent pour échanger les objets contre les précieuses fourrures.

Les peaux seront ensuite amenées à Montréal et à Québec avant d'être transportées en France. Le marchand de fourrures pourra ainsi rembourser les marchands de La Rochelle et de Bordeaux qui lui ont fait crédit et dégager un profit.

« Le commerce de la fourrure ne crée malheureusement pas beaucoup d'emplois, car la France interdit de transformer la matière première. Les marchands échangent un bien qui est considéré comme un produit de luxe. Le prix des peaux est cher et les quantités ne sont pas élevées. Il n'y a pas plus d'un ou deux bateaux par année qui transportent des peaux et des fourrures vers la France. Tout cela explique en partie la faible population de la Nouvelle-France », explique Paul-André Linteau.

Les plus hardis et les meilleurs réussissent néanmoins à dégager des profits, qui ne peuvent être réinvestis que dans la propriété foncière qui devient le critère absolu de la richesse.

« Jacques Le Ber, Charles Le Moyne de Longueuil et de Châteauguay et Charles Aubert de La Chesnaye sont en quelque sorte les Pierre Péladeau, Jean Coutu et Alain Bouchard de la Nouvelle-France. Tous les trois partagent une vision *continentale* de l'exploration et des affaires et ils vont monopoliser le commerce de la fourrure », dit Paul-André Linteau.

Charles Aubert de La Chesnaye (1632-1702) passe pour l'homme le plus riche de son époque, « le chef incontesté de la classe commerçante canadienne », écrit l'historien Yves F. Zoltvany dans le *Dictionnaire biographique canadien en ligne*.[30]

La Chesnaye touche à tout : traite des fourrures, commerce des marchandises, agriculture, exploitation forestière, pêches, exploitation minière et il possède une briqueterie.

Sa vision, certains diront son ambition, le met en conflit avec le gouverneur et les politiques françaises qui veulent alors contenir la colonisation dans la vallée du Saint-Laurent.

Contrairement à la plupart des marchands de la colonie, La Chesnaye réinvestit son argent sur place. Il est le plus important propriétaire foncier de la colonie. Yves F. Zoltvany le décrit comme un « entrepreneur en colonisation qui voulait établir une partie de son commerce sur la vente du blé, des pois et des autres denrées essentielles. »

Jacques Le Ber (1633-1706) arrive à Montréal en 1657. Il est, lui aussi, un redoutable homme d'affaires. En 1658, il épouse Jeanne Le Moyne, le sœur de Charles Le Moyne de Longueuil et de Châteauguay avec qui il s'associe. Ils possèdent ensemble des magasins à Montréal et à Québec et ils se lancent dans le commerce de la fourrure. Leur emprise sur le marché s'accroît avec la création de la Compagnie du Nord, en 1682 avec leur ami Charles Aubert de La Chesnaye.

Jacques Le Ber se lance dans l'industrie de la pêche à la morue, qu'il exportera aux Antilles, il fera du commerce avec la métropole et il expérimentera la transplantation en sol canadien d'arbres fruitiers européens. Il possédait les deux tiers de la seigneurie de l'île Saint-Paul, appelée aujourd'hui île des Sœurs, parce que sa fille, grande dévote, en fera le don à la Congrégation Notre-Dame de Montréal. Il était aussi le seigneur de Senneville, sur le bord du lac des Deux-Montagnes.[31]

Son beau-frère Charles Le Moyne de Longueuil et de Châteauguay (1626-1685) pourrait se faire appeler « Charles Le Moyne du 450 », tant ses propriétés foncières étaient immenses !

Soldat de valeur et homme courageux, il parle les langues amérindiennes et il défendra plusieurs fois la colonie contre les Iroquois. En récompense de ses nombreux faits d'armes, il se fait octroyer au fil des ans des terres qui correspondent aujourd'hui à Pointe-Saint-Charles, l'île Sainte-Hélène et l'île Ronde, Longueuil, d'autres terres entre Varennes et Laprairie, Châteauguay et ce qui est aujourd'hui appelé île de Châteauguay, en plus de la concession de traite du Fort Frontenac, l'actuel Kingston, cette fois avec son partenaire en affaires Jacques Le Ber.

Le Moyne emploie une vingtaine de censitaires sur sa propriété de la rive sud et il possède la plus belle maison de Montréal, rue Saint-Paul. Il se portera aussi acquéreur de l'île Perrot, qui avait appartenu au gouverneur de Montréal, François-Marie Perrot.[32]

Charles Le Moyne et Jacques Le Ber feront partie des actionnaires de la Compagnie du Nord, créée en 1682 à l'instigation de Charles Aubert de La Chesnaye pour contrer la présence de la Compagnie de la baie d'Hudson. Une expédition militaire sera menée pour rétablir leurs droits et à laquelle participeront trois des 12 fils de Charles Le Moyne.

C'est à cette occasion que Pierre Le Moyne d'Iberville et d'Ardillières (1661-1706), son troisième fils, commence sa carrière militaire. Il deviendra le soldat le plus célèbre et le plus formidable de la Nouvelle-France.

Il prendra la tête de l'expédition qui découvrira l'embouchure du Mississippi et qui marque le début de la colonisation de la Louisiane. Lui et son frère, Jean-Baptiste Le Moyne de Bienville, fonderont Biloxi (Mississippi), La Mobile (Alabama) et La Nouvelle-Orléans. Voilà ce que l'histoire retiendra : un grand soldat et un célèbre explorateur.

D'Iberville était *aussi* un riche et astucieux commerçant. Le gouverneur Fontenac disait à son sujet qu'il « a beaucoup plus en vue ses interests et son commerce que le service du Roy ».[33] Ses exploits à la baie d'Hudson lui ont donné le monopole des fourrures là-bas pendant cinq ans, ce qui lui rapportera des bénéfices substantiels.

Prévoyant, il établit une entreprise de pêche à son propre compte avant de mener sa campagne contre les postes anglais à Terre-Neuve. Tous les arrangements étaient pris pour écouler le poisson qu'il prendrait à l'ennemi.

Il a une plantation de cacao à Saint-Domingue (Haïti) et possède deux seigneuries en France. Sa passion pour les affaires causa d'ailleurs sa perte. On l'a accusé d'avoir détourné des vivres à son propre compte et de s'être livré à un trafic clandestin très lucratif.

Soldat *et* entrepreneur, la relation n'est pas si éloignée. En français du 11e siècle, le mot entreprendre veut dire « attaquer » et entreprise signifiera d'abord « opération militaire » au 14e siècle, bien avant de définir une organisation de production de biens.[34] Les termes de gestion ont beaucoup emprunté au vocabulaire militaire. On parle couramment de stratégies, d'opérations, de campagnes, de déploiements, de conquêtes, de dominations, d'états-majors, d'effectifs, de divisions, de guerres entre différents concurrents et de victoires. Les entreprises sont des machines de guerre!

Voilà quatre grands hommes d'affaires oubliés par l'Histoire. Tous les quatre ont eu des démêlés avec le pouvoir colonial qui entravait leurs aspirations et le développement de leurs affaires.

Ils étaient des aventuriers, des défricheurs, des marchands, des conquérants, des guerriers et des rebelles.

Après la conquête

Les Français dominent le commerce de la fourrure. Dans les années 1750, ils monopolisent près de 80% des fourrures exportées en Amérique du Nord. Quand la Nouvelle-France disparaît, une bonne partie de l'élite de la colonie, dont la plupart de ceux qui s'étaient enrichis grâce à ce commerce, retournera en France.

Ceux qui restent perdent beaucoup, car Paris ne reconnaît pas la monnaie de papier émise du temps de la colonie. Des familles sont ruinées. Heureusement, l'économie se porte mieux après les années de guerre. Le prix des fourrures est à la hausse et la production augmente. On peut dorénavant vendre de la farine et du blé de la vallée du Saint-Laurent en Angleterre et aux Antilles. On commence à exploiter la forêt.

L'arrivée des Britanniques change les règles du jeu, mais dans son *Histoire économique et sociale du Québec* (1760-1850), Fernand Ouellet raconte que les Canadiens maintiennent une présence dominante dans le commerce de la fourrure. «De 1763 à 1774, ils [les entrepreneurs canadiens-français] constituent 75,6% des effectifs commerçants engagés dans ce secteur capital. Si l'on en croit encore les permis de traite conservés pour les années 1763-69, on peut dire que 80% des canots appareillés pour l'ouest appartenaient à des Canadiens. Sans doute sont-ils sans conteste les promoteurs des petites expéditions, mais les Blondeau, les Chevalier, les Adhémar, les St-Germain, les Baby, les Panis et les Desrivières allaient de pair pour les investissements avec les Henry, les McGill, les Baster, les Oakes, les Frobisher et les Todd. La supériorité anglaise ne fut pas acquise d'emblée; elle fut le résultat d'une évolution.»[35]

L'histoire de Maurice-Régis Blondeau décrit bien l'époque. Blondeau, né en 1734 à Montréal, est un marchand de fourrures et il possède plusieurs propriétés. Il commerce surtout au sud et à l'ouest du lac Winnipeg. L'expansion vers l'ouest augmente les coûts d'exploitation et force les marchands à s'associer. Il crée donc une nouvelle entreprise avec Jean-Baptiste-Amable Adhémar en 1774 et s'allie l'année suivante à James McGill, Isaac Todd ainsi qu'à Benjamin et Joseph Frobisher. En 1785, il sera aussi l'un des membres fondateurs du Beaver Club de Montréal, en compagnie de son beau-frère Gabriel Cotté, un autre négociant.[36]

Plusieurs Canadiens feront partie de ce club qui regroupe la nouvelle élite commerçante de la colonie. Charles Chaboillez deviendra un des hommes clefs de la toute-puissante Compagnie du Nord-ouest, dont l'agent au pays est son beau-frère, Simon McTavish. Les liens deviennent à la fois économiques et familiaux. L'économiste Pierre Fortin est le descendant de deux de ces illustres familles de marchands qui ont uni leur destin. James McGill, à l'origine de l'université qui porte son nom, est l'arrière-grand-père de son arrière-grand-père puisqu'il a marié son arrière-arrière-grand-mère, Charlotte Trottier DesRivières.

La Compagnie du Nord-Ouest deviendra le joueur dominant. Sa puissance sera accrue avec sa mainmise sur la Compagnie de la Baie d'Hudson en 1821. Les petites entreprises francophones qui n'ont pas mis leurs ressources en commun sont éliminées une à une par la concurrence.

D'autres comme Pierre Berthelet, né en 1746 à Saint-Laurent et marié à Detroit, quitte le commerce de la fourrure. Berthelet devient un important marchand de blé et il investit dans la propriété foncière à partir de 1801. Il possède plus de 100 immeubles vers 1820 et s'impose comme le plus gros propriétaire de Montréal. Il est aussi un prêteur immobilier et un locateur de poêles en fonte, une affaire lucrative à l'époque.[37]

L'historien Fernand Ouellet estime que vers 1825, 35 % de la communauté d'affaires est francophone. Selon Paul-André Linteau, les riches francophones semblent favoriser la propriété foncière plutôt que le commerce. À Montréal, les deux tiers des propriétaires fonciers sont francophones, même si ces derniers ne comptent que pour 54,5 % de la population.

« Au début du 19e siècle, les entrepreneurs canadiens bâtissent leurs entreprises à partir de la population francophone. C'est d'ailleurs le modèle que suivront beaucoup plus tard les Pierre Péladeau, Jean Coutu ou André Chagnon (Vidéotron) », dit Paul-André Linteau.

Dans ce bassin d'entrepreneurs, on trouve des grossistes en alimentation, des petits commerçants, des industriels et beaucoup d'agriculteurs qui forment une grande partie de la population. L'explosion de la population, qui passe de 65 000 personnes en 1763 à 170 000 personnes en 1791, puis à 427 000 personnes en 1822, favorise le développement du petit commerce. En 1831, le Québec compte quatre fois plus de villages (de 50 à 208) qu'au moment de la Conquête et la population de Montréal et de Québec est multipliée par plus de quatre fois. La valeur des propriétés va doubler de 1792 à 1812.

Poussée par des conditions économiques favorables, une classe d'affaires francophone commence à s'imposer. Son envergure est plutôt régionale comparativement à la grande bourgeoisie anglophone.

Leurs entreprises atteignent rarement une taille suffisante pour dépasser leur marché naturel et survivent difficilement au passage des générations. « Le problème, c'était les familles, pas la religion », raconte Paul-André Linteau. « Il y avait beaucoup d'enfants, quelquefois au-delà d'une dizaine, et l'on n'arrivait pas à assurer la continuité entrepreneuriale. On dilapidait le capital en le divisant entre tous les héritiers ». Le même problème de continuité se vit aujourd'hui, mais cette fois parce que plusieurs propriétaires d'entreprises n'ont pas de successeur.

Si les années entre 1760 et 1815 ont été plutôt prospères, la période qui a suivi (1815 à 1850) sera plus difficile. Le commerce de la fourrure disparaît, la population des seigneuries explose, l'agriculture est en crise, le prix du bois fluctue énormément et des cohortes d'immigrants irlandais arrivent au Québec, amenant avec eux le choléra.

C'est aussi l'âge de l'industrialisation et de la libéralisation du commerce et une grande crise économique marquera les années 1848 et 1849 avec l'affaissement du prix du blé.

Certains entrepreneurs francophones réussissent néanmoins à faire partie des mêmes réseaux de pouvoir et d'influence que l'élite commerçante, financière et industrielle du pays.

Le « Paul Desmarais » de l'après-Conquête s'appelle Joseph Masson. Né en 1791, il passe pour le premier millionnaire canadien-français. Comme Paul Desmarais, il est l'homme des réseaux et des contacts. Selon l'historien Fernand Ouellet, il est celui qui a le mieux réussi à s'imposer parmi les fournisseurs de la Grande-Bretagne, et l'un des seuls à avoir fait affaire jusqu'à Toronto.[38]

Joseph Masson entreprend sa carrière comme commis stagiaire chez un commerçant britannique. C'est là qu'il est initié à tous les aspects de l'activité commerciale et qu'il apprend l'anglais.

Une fois sa formation terminée, il part pour Montréal où il rencontre le marchand écossais Hugh Robertson, représentant local d'une firme de Glasgow qui exporte des lainages et d'autres textiles en échange de potasse, de blé et de certains produits forestiers.

Sa progression dans l'entreprise est fulgurante. Il devient associé du bureau de Montréal, puis son principal dirigeant avant de devenir partenaire de toute l'entreprise. Sous sa direction, la Robertson, Masson and Company devient propriétaire de bateaux pour le transport des marchandises. En 1832, il participe à la formation de la Compagnie des propriétaires du chemin à lisses (les rails pour les trains étaient en bois) de Champlain et du Saint-Laurent avec d'autres marchands et industriels comme John Molson et Peter McGill.

Il possède plus du tiers des actions de la Compagnie de l'éclairage par le gaz de Montréal, fonde une entreprise similaire à Québec, en plus de travailler à la création de celle qui naîtra à Toronto.

Preuve de sa grande influence, il est le vice-président du conseil de la Banque de Montréal, la plus importante institution financière de l'époque. Preuve de sa grande richesse, il achète en 1832 la seigneurie de Terrebonne, un complexe industriel important à l'époque qui n'avait appartenu à nul autre que Simon McTavish, le magnat de la fourrure. Ce dernier y avait fait construire deux moulins à farine, une boulangerie ainsi qu'une scierie ; Masson ajoutera un troisième moulin.

On peut voir sur le site historique de l'Île-des-Moulins, la reconstitution du manoir et des moulins construits au 19ᵉ siècle.

Joseph Masson n'est pas le seul entrepreneur francophone digne de mention. Augustin Cantin pourrait être cité dans les meilleurs livres de gestion tant les défis qu'il a affrontés et les solutions qu'il a choisies apparaissent actuels.

Augustin Cantin possédait non seulement le plus gros chantier naval de Montréal, mais aussi « la plus grosse, la plus complète et la mieux organisée des usines de la ville », selon un agent de la maison d'évaluation du crédit des sociétés R. G. Dun and Company.[39]

Selon le même agent, il était « l'un des Français les plus entreprenants de la ville ».

Augustin Cantin est né en 1808 à Cap-Santé, à 40 kilomètres au sud-ouest de Québec. C'est là qu'il apprend son métier de charpentier de navire.

Il s'établit à Montréal en 1831 où il parfait sa formation chez différents constructeurs navals. Il fonde son entreprise quelques années plus tard, mais l'abandonne subitement pour aller étudier les plus récentes techniques de construction navale à Liverpool et à New York.

Il démarre un nouveau chantier en 1837, près de l'entrée du canal de Lachine, dans Griffintown, au sud-ouest de Montréal. Les contrats affluent et la rapide expansion semble le prendre de court. Il déclare faillite en 1843.

Découragé? Abattu? Il se met immédiatement à la recherche de nouveaux capitaux et il relance la Montreal Marine Works en 1846, cette fois avec une cale sèche. Il ajoute une fonderie de moteurs et une scierie à ses installations qui s'étendent sur 14 acres. Il n'y a plus que trois chantiers navals à Montréal et il est le seul à être entièrement intégré, pouvant à la fois construire et assurer l'entretien du moteur et de la coque.

Ce chantier produira une centaine de navires. En 1856, de 150 à 250 employés y travailleront. À partir de 1875, l'entreprise fabriquera plutôt des remorqueurs pour éviter la concurrence directe des chantiers navals ontariens et surtout britanniques.

Augustin Cantin dirigera la Montreal Marine Works jusqu'à sa mort, en 1893, et l'un de ses fils lui succédera. Sous divers noms et propriétaires, le chantier naval demeurera en activité jusqu'en 1960.

C'est en consultant un livre d'Édouard Montpetit, l'un des premiers économistes canadiens-français, que j'ai pris connaissance de l'existence et du rôle économique majeur joué au 19e siècle par Joseph Barsalou, né à Montréal en 1822. «Sait-on que la *Canadian Rubber Company*, la *Dominion Oil Cloth*, la *North West Buffalo Robes Company*, la *Dominion Glass Company* ont été conçues et organisées avec le concours de M. Joseph Barsalou, dont le nom n'a rien de japonais, et qui, de plus, a fondé la maison *Joseph Barsalou et Compagnie*? Est-il même besoin du passé? La liste des membres de nos chambres de commerce nous instruirait singulièrement si nous y cherchions les éléments d'une addition d'un genre nouveau et qui aurait son poids. Cela ne veut pas dire qu'il faille crier: «Honneur à la province de Québec»; mais bien que la province de Québec peut être à l'honneur. Qui n'admettra, à ce dernier trait, que les forces économiques ne soient des forces nationales? Notre vie fut une lutte. Comment y persévérerons-nous si nous négligeons ce que notre temps nous apporte de valeur ? »[40]

Joseph Barsalou était ce qu'on appelle aujourd'hui un entrepreneur en série. C'est un hyperactif qui mène toujours plusieurs affaires de front.[41]

Son port d'attache est la Young & Benning, une firme de marchands à commission et d'encanteurs pour laquelle il travaille depuis 1847. Six ans plus tard, il devient l'associé de James Benning et la raison sociale devient la Benning and Barsalou. Elle passe pour la plus importante firme montréalaise de ce domaine et se spécialise dans le financement d'hypothèques et le prêt commercial et industriel.

En 1863, avec des partenaires, il acquiert une fabrique d'articles en caoutchouc qui s'étendra dans toutes les villes canadiennes et achètera plusieurs de ses concurrentes.

À la même époque, il s'associe à la famille Dessaulles de Saint-Hyacinthe dans la gestion d'un moulin à farine et d'une fabrique de lainage dans cette ville et il crée en 1873 une compagnie qui fait l'élevage de chevaux importés d'Europe.

Vers 1875, ses fils et lui construisent une fabrique de savon qui utilise une technologie nouvelle éliminant les mauvaises odeurs et réduisant les étapes de fabrication et les coûts de production. L'entreprise fabrique 6000 livres de savon en une heure et demie au lieu d'une semaine avec la méthode artisanale et écoule un million de livres de savon au cours de sa première année d'exploitation.

Joseph Barsalou participe à la fondation de la Compagnie des prélarts du dominion en 1872, la Compagnie d'assurance royale canadienne en 1873, la Compagnie d'abattoirs de Montréal en 1880, la Dominion Glass Company en 1885 et la Montreal Terra Cotta Lumber Company, une manufacture de tuiles en 1887. Il trouve même le temps d'être maire de Maisonneuve, alors une ville indépendante et prospère, pendant sept ans. Benning and Barsalou fermera ses portes en 1906.

En 1870, raconte Paul-André Linteau dans son *Histoire de Montréal depuis la Confédération*, la métropole est le plus important centre industriel du Canada. L'industrie manufacturière compte 1095 établissements, qui emploient 21 187 personnes.[42]

Le Québec n'est plus une société exclusivement rurale et paysanne, malgré le culte que l'Église voue à la terre. En 1901, le pourcentage de la population urbaine (ville de 10 000 habitants et plus) est plus élevé qu'en Ontario et en 1961, il sera plus élevé qu'aux

États-Unis. En 1931, plus de 70 % de la population francophone travaille pour des entreprises du secteur secondaire (industriel) ou tertiaire (service).

La période qui marquera la fin du 19ᵉ siècle et le début du 20ᵉ siècle verra aussi le déploiement du capital financier et une immense vague de concentration économique emportera plusieurs marchands et industriels.

Victor Hudon, né en 1812, est l'archétype de ces entrepreneurs malheureux. Après avoir ouvert trois petits commerces en campagne, il fonde en 1842 à Montréal une entreprise de marchandises sèches et d'épicerie. Il importe et exporte un large éventail de marchandises, notamment du sucre et de la mélasse de Cuba qu'il échange contre du bois d'œuvre canadien. Il est aussi un des fondateurs de la Banque Jacques-Cartier en 1861.[43]

En 1874, il inaugure en grande pompe l'usine de la Compagnie des moulins à coton de V. Hudon, qui emploie dès l'inauguration 250 ouvriers. Le contexte est difficile, car depuis 1873 une grave crise économique frappe le monde occidental et perdura jusqu'en 1878. Les faillites sont nombreuses.

En voulant financer ses projets d'expansion, Victor Hudon perdra le contrôle de son entreprise. Ses repreneurs fusionnèrent finalement 14 grandes filatures canadiennes pour former ce qui deviendra la Dominion Textile.

Ce mouvement de concentration touchera tous les secteurs de l'économie et n'épargnera personne, même les dynasties d'affaires les mieux établies. La Banque Molson, créée en 1855 par les fils du fondateur de la brasserie, sera achetée par la Banque de Montréal en 1925. Ce mouvement de consolidation emportera plusieurs entreprises, y compris certaines appartenant à des anglophones, et des francophones font quelquefois partie des consolidateurs.

Napoléon dans Charlevoix

Les personnages qui suivent joueront un grand rôle dans l'une des entreprises privées les plus controversées de notre histoire, la Montreal Light, Heat & Power, la société de production et d'électricité qui aura un monopole à Montréal jusqu'à sa nationalisation en 1944 par le gouvernement libéral d'Adélard Godbout.[iv]

[iv] Cette nationalisation marque la naissance d'Hydro-Québec.

Cette société, qui passe pour l'emblème de la domination anglophone sur l'économie québécoise, est la création de deux financiers et entrepreneurs francophones, Louis-Joseph Forget (1853-1911) et son neveu Rodolphe Forget (1861-1919).

Louis-Joseph Forget fonde sa maison de courtage en 1876. À 21 ans, il est le premier Canadien français à être membre de la Bourse de Montréal et il deviendra le premier Canadien à établir une filiale à Paris. L.-J. Forget & Cie devient le plus important courtier montréalais. Un site généalogique et historique indique que la maison de courtage effectuait 50% des transactions du parquet, grâce, semble-t-il, aux investissements des communautés religieuses.[44] Il devient d'ailleurs président de la Bourse en 1895 et il fait partie de l'élite financière du pays.

Il participera à la création de la Dominion Textile qu'il présidera jusqu'à sa mort, en 1911. En 1894, Louis-Joseph Forget achète la Richelieu & Ontario Navigation Company dont la flotte de luxueux navires amène les touristes sur la côte de Charlevoix et sur le Saguenay. Il collabore à la formation de la compagnie d'électricité Shawinigan Water & Power et il préside le réseau de tramways de Montréal de 1886 à 1910. Il y implante les premiers tramways électriques.[45]

Son neveu Rodolphe Forget (1861-1919) sera surnommé «le jeune Napoléon de la rue Saint-François-Xavier», car il présidera lui aussi la Bourse de Montréal de 1907 à 1909. Élu député fédéral de Charlevoix en 1904 pour le Parti conservateur, il représente la circonscription jusqu'en 1917. Il est l'instigateur du chemin de fer reliant Québec et La Malbaie et il est à l'origine de la compagnie qui allait devenir la papetière Donohue. La Richelieu & Ontario, dont il est l'un des dirigeants avant de succéder à son oncle à la présidence en 1904, fera construire le premier manoir Richelieu en 1899. Il est aussi l'architecte du regroupement qui donne naissance à la Canadian Steamship Lines en 1913. Sa propriété estivale à Saint-Irénée deviendra le Domaine Forget, la fameuse académie de musique et de danse de réputation internationale de la région de Charlevoix.

Rodolphe Forget ne limite pas ses activités à Montréal et dans Charlevoix. Il est du petit groupe d'investisseurs qui font construire la première usine de papier de Trois-Rivières, la Wayagamack Pulp and Paper, en 1910. Il est assez riche pour faire un don de 250 000 $ à l'hôpital Notre-Dame de Montréal, en 1911.

Les Forget financèrent la fusion entre leur propre entreprise, la Compagnie royale d'électricité et la Montreal Gas, du financier Her-

bert Samuel Holt. La Compagnie royale d'électricité a déjà le monopole de l'éclairage des rues et domine le marché de la vente au détail
à Montréal. La nouvelle entreprise, créée en 1901, aura également le
monopole sur la distribution du gaz. Louis-Joseph et Rodolphe Forget
en détiendront la majorité des actions jusqu'en 1910.

Son gendre, Pierre Casgrain, lui succède comme député de Charlevoix, mais pour le Parti libéral cette fois. Pierre Casgrain représen-
tera la circonscription de 1917 à 1942 et il présidera la Chambre des
communes pendant dix ans. Sa femme, Thérèse (Forget) Casgrain,
dirigera le CCF[v] au Québec et fondera la Fédération des femmes du
Québec. Les arrières petits-enfants de Rodolphe Forget sont encore
actifs dans le domaine de la finance. Casgrain, le nom de leur firme,
est la seule maison de courtage canadienne n'appartenant pas à une
banque et qui participe à toutes les adjudications d'obligations du
gouvernement fédéral en sa qualité de négociant principal de la
Banque du Canada.

Joseph-Marcellin Wilson (1859-1940) siège lui aussi au conseil
de la Montreal Light, Heat & Power et il est membre du conseil
d'administration du Canadien Pacifique.

Il présidera aussi pendant un an aux destinées de la Banque
Canadienne Nationale (BCN), née de la fusion de la Banque Ho-
chelaga, fondée en 1874, et d'une banque de la ville de Québec, la
Banque Nationale.

Un autre homme d'affaires important de cette époque est Frédé-
ric-Liguori Beïque (1845-1933). Président de la BNC entre 1928 et
1933, il participe à la création du Trust Général du Canada et siège
au comité exécutif du Canadien Pacifique.

L'autre grande banque québécoise est la Banque Provinciale du
Canada, qui succède en 1900 à la Banque Jacques-Cartier, fondée en
1861. Elle sera dirigée pendant 27 ans par Hormidas Laporte (1850-
1934). Celui-ci devient d'abord propriétaire d'une épicerie au détail. Il
se lance par la suite dans le commerce du bois et du charbon avant
de fonder une épicerie en gros, Laporte, Martin et cie. En 1904, il est
élu maire de Montréal pour un mandat de deux ans, notamment pour
combattre le monopole détenu par la Montreal Light, Heat & Power. Il
est nommé président de la Banque Provinciale en 1907, et en fait l'une
des banques les plus dynamiques et les plus profitables au Canada.[vi]

---

[v] Co-operative Commonwealth Federation ou Parti social démocratique du Canada (PSDC).
Ancêtre du NPD.

[vi] La Banque Provinciale et la Banque Canadienne Nationale fusionneront en 1979 pour former la
Banque Nationale du Canada.

Le siècle de l'enrichissement

Je m'éloigne ici un peu, mais si peu, du récit des premiers entrepreneurs québécois. L'histoire du développement économique du Québec des années 1900 à 1960 mérite d'être abordée tant les contextes et les enjeux ressemblent à ceux d'aujourd'hui. Plus loin dans le livre, quand nous aborderons les marchés et opportunités qui s'offrent au Québec, vous verrez que l'histoire n'arrête pas de se répéter.

À deux moments au cours de ce siècle, des intérêts étrangers misent gros sur le développement des ressources du Québec, la première fois au début du siècle et la seconde après la Deuxième Guerre mondiale. À chaque fois, les gouvernements en place sont la cible des nationalistes économiques – ou nationalistes tout court – qui les accusent d'avoir bradé les richesses du Québec.

Dans un texte publié en 1965, l'économiste et historien Albert Faucher raconte l'industrialisation du Saguenay–Lac-Saint-Jean.[46] L'épisode montre la vulnérabilité des premiers entrepreneurs et comment un acteur finit par s'imposer. L'enchaînement des événements est tout aussi intéressant. Vous verrez aussi qu'un investissement en génère plusieurs autres.

Premier acte. Des entrepreneurs canadiens-français implantent les premières usines de pâtes à papier. Les pionniers s'appellent Julien-Édouard-Alfred Dubuc, Damase Jalbert ou Joseph Perron. Dubuc est le plus remarquable des trois. Cet ancien banquier devient directeur-gérant de la Compagnie de Pulpe de Chicoutimi en 1896. Deux ans plus tard, il achète la compagnie de téléphone de Chicoutimi, dont il étend le réseau jusqu'à Québec. Il acquiert aussi quelques années plus tard l'usine de Damase Jalbert.

Avec l'aide d'intérêts américains, il fonde et préside la North American Pulp and Paper Companies, devenue le plus grand producteur nord-américain de pâtes et papier. Il est le fondateur de Port-Alfred, nommée en son nom, où il établit une usine qui fabrique une nouvelle pâte chimique.

Deuxième acte. Les affaires commencent malheureusement à aller moins bien et William Price, de Price Brothers & Company, devient l'actionnaire principal de l'entreprise.

William Price n'est pas un nouveau venu. Il a acheté l'usine de Joseph Perron en 1900. En 1909, il installe à Jonquière la première machine à papier et commence à fabriquer du papier journal en 1912. Pour alimenter son usine, la Price Brothers avait fait construire l'année précédente une centrale électrique sur le site qui est devenu Kénogami, la ville sœur de Jonquière. William Price mourra d'ailleurs dans cette ville et ses descendants habitent toujours le Québec.[vii]

Troisième acte. L'entreprise devient la plus grande consommatrice d'électricité de la région et il lui faut plus d'énergie pour soutenir son expansion. William Price est confronté à un dilemme, car les coûts de construction d'un barrage sur le Saguenay sont énormes. Il fait donc appel à un riche industriel américain pour piloter le projet avec lui. Il revend ensuite sa part à l'Aluminium Company of America[viii] qui est à la recherche de sites hydro-électriques pour implanter une aluminerie.

À l'été de 1925, *Le Devoir* s'insurge (déjà!) et demande des explications au gouvernement sur ses transactions avec les capitalistes américains. Le premier ministre Louis-Alexandre Taschereau rappelle que les concessions d'électricité avaient été concédées il y a déjà 25 ans. Il fait aussi valoir que l'Aluminium Company of America (ALCOA à partir de 1929) allait investir 75 millions pour constituer « un centre mondial de production d'aluminium ». « Nous avons besoin pour nous développer de l'or de nos voisins », dit M. Taschereau, tel que reporté dans *Le Devoir* du 18 août 1925.[47]

« L'or de nos voisins ». L'image est bien choisie, car les États-Unis s'imposent dorénavant comme la puissance économique dominante. Si, en 1900, les fonds britanniques accaparent 85 % des investissements non canadiens, les intérêts américains seront responsables de 61 % des investissements étrangers en 1930.[48] Les États-Unis accaparent 35 % de la production mondiale et ils ont besoin de matières premières.

Ce sont leurs capitaux qui vont industrialiser le Québec. Ils implanteront les premières alumineries et investissent dans les entreprises de pâtes et papier, des secteurs qui alimenteront nos exportations et qui permettront le développement de l'hydro-électricité.

En 1920, le Québec compte 30 usines de pâtes de bois et de papier. Il y en aura 54 en 1950. « Elles étaient localisées, pour la plupart en des territoires nouveaux où elles apportaient l'électrification et des

---

[vii] Price Brothers fusionnera avec Abitibi Pulp and Paper pour devenir en 1981 Abitibi-Price, qui formera plus tard Abitibi-Consolidated, puis AbitibiBowater et enfin Produits forestiers Résolu, dont le siège social est à Montréal.

[viii] À la suite des pressions contre les monopoles américains, les actifs de Aluminium Company of America seront cédés en 1928 à une nouvelle entreprise nommée Aluminium Company of Canada, qui prendra le nom d'Alcan en 1966. Alcan sera absorbée par le géant minier anglo-australien Rio Tinto en 2007. Sa branche aluminium est connue sous le nom de Rio Tinto Alcan.

routes», raconte Albert Faucher.[49] Ces usines donnèrent naissance à des villes comme Shawinigan, Grand-Mère, Dolbeau ou Kénogami.

Albert Faucher conclut : « En acceptant de s'associer à cet industrialisme, la province de Québec s'assurait un marché soutenu, des investissements de capital et une collaboration technique. Du même coup, elle s'engageait cependant dans la voie d'un développement qui allait profondément bouleverser ses structures sociales ».[50]

Chacun fera son bilan et jugera les événements passés. Sachez néanmoins qu'au cours du 20e siècle, le revenu réel par habitant des Québécois a été multiplié par 10, passant de 2000$ au début du siècle à plus de 20 000 $ en 2000, un résultat qualifié «de vraiment spectaculaire» par l'économiste Roma Dauphin dans un texte écrit pour l'Institut de la statistique du Québec en 2002.[51] Selon lui, la progression est supérieure à celle enregistrée par les Pays-Bas, la Norvège et la Suède au 20e siècle. Pas mal pour des soi-disant «porteurs d'eau»! Les esprits attentifs constateront que la grande partie de cette croissance a été enregistrée avant 1980.

Revenu personnel réel par habitant et taux de croissance décennal, Québec, 1900-2000

Année	Revenu personnel réel par habitant $[1]	Période	Taux de croissance décennale %
1900	1 500		
1910	2 500	1900-1910	66,7
1920	3 000	1910-1920	20,0
1930	3 752	1920-1930	25,1
1940	3 827	1930-1940	2,0
1950	5 851	1940-1950	52,9
1960	7 786	1950-1960	33,1
1970	11 855	1960-1970	52,3
1980	18 071	1970-1980	52,4
1990	20 441	1980-1990	13,1
2000	22 993	1990-2000	12,5
2010	25 971	2000-2010	13,0

[1] Dollars constants de 1992.
Source : Statistique Canada, Cansim D105036 et V 691 916 (pour les années 2000 et 2010);
Cansim D20707 (pour les années 1980 et 1990); statistiques historiques du Canada (pour les années 1930 à 1970);
Estimations de M. Roma Dauphin (pour les années 1900 à 1920).

La première décennie donnera le ton. Entre 1900 et 1910, la production manufacturière effectue un bond de 76 %, le revenu personnel par habitant s'accroît de 66,7 %, la population québécoise grimpe de 20 % et celle de l'île de Montréal de 35 %.

Entre 1900 et 1913, le capital étranger passe de 31,7 millions à 546,7 millions et entre 1901 et 1929, la production brute des manufactures passe de 96 $ à 403 $ par personne.[52]

Roma Dauphin affirme que presque la moitié de ce que le Québec produisait en 1920 provenait des papetières, des alumineries, des centrales électriques et des mines. Le boom industriel soutenu par l'exploitation des matières premières permet d'alléger les conséquences d'un autre phénomène moins favorable au Québec. Ces années marqueront en effet l'émergence de l'Ontario comme centre économique le plus important au pays. L'industrialisation américaine se déplace vers les Grands Lacs et la proximité joue en faveur de la province voisine. La croissance économique des plaines de l'Ouest accentue la migration vers Toronto. En 1934, 16 % des filiales manufacturières américaines sont établies au Québec et 66 % en Ontario.[53]

Les institutions financières suivront. Entre 1941 et 1961, bien avant les lois linguistiques ou les menaces d'indépendance, 23 compagnies d'assurance qui avaient leur siège social à Montréal déménagent à Toronto.

Malgré les vents contraires, le Québec tient bon. Une étude du professeur André Raynauld en 1961 révèle que les niveaux de croissance de la production manufacturière de 1870 à 1957 sont comparables à l'Ontario et la croissance industrielle globale est même supérieure pour le Québec de 1935 à 1955.

Quatre industries qui n'existaient pas dans les années 1930 occuperont en 1950 20 % de la production manufacturière. Ce sont les industries chimiques, le matériel de transport (avions et navires), les produits électriques et les produits métalliques.[54]

Les années qui suivront la Deuxième Guerre mondiale sont marquées par la hausse des dépenses de l'État et la forte demande pour les ressources naturelles, qui avait ralenti pendant la grande dépression des années 1930.

Cela va en étonner plusieurs, mais les dépenses de l'État ont plus que doublé en dollars constants par habitant entre 1944 et 1959, sous le régime de Maurice Duplessis, et les effectifs de la fonction publique et des ministères augmenteront dans la même proportion.[ix-55]

[ix] En 1959, le gouvernement Duplessis allouait 22,7 % de son budget à l'éducation. En 2011-2012, les dépenses pour l'éducation ne représentent que 18,5 % des dépenses consolidées du gouvernement.

Les Américains ont besoin de fer, d'aluminium, d'amiante, de cuivre, de bois et de pâtes et papier pour alimenter leur industrie qui roule à pleine vapeur. Un rapport[56] soumis au président Truman en 1952 recommande aux entreprises d'accroître leurs investissements à l'étranger pour assurer un approvisionnement régulier et durable en matières premières.

Le Québec en bénéficiera et les secteurs mentionnés plus haut représentent 60 % des exportations du Québec entre 1950 et 1970. Le Québec accapare environ 24 % de l'investissement total au Canada en 1959, un pourcentage qui ne sera atteint qu'une seule fois depuis, lors des années précédant Expo 67.

Dans un texte portant sur l'industrialisation du Québec, Albert Faucher écrivait en 1953 que « le développement du Québec est aujourd'hui basé sur ses ressources naturelles et non plus sur la main-d'œuvre docile et à bon marché comme a voulu nous le faire croire une certaine propagande. »[57]

Porté par une vague sans précédent de prospérité qui balaie tout l'Occident, le P.I.B. du Québec augmente d'environ 45 % de 1946 à 1956, la population de 40 % et la production manufacturière de 168 %.[58] En 1940 et 1950, le revenu personnel réel par habitant augmente de 52,9 % et il augmentera de 33,1 % entre 1950 et 1960. André Raynauld affirme que le Québec détenait en 1953 le deuxième revenu par personne le plus élevé au monde après les États-Unis (en excluant le reste du Canada).[59]

L'économiste Pierre Fortin montre par ailleurs le caractère *relatif* de cette croissance quand on considère la taille de l'économie dans son ensemble (PIB) et pas seulement la production industrielle. « En 1960, l'économie du Québec héritée du régime Duplessis occupait le quatrième rang parmi les cinq grandes économies régionales du Canada, loin derrière l'économie dominante de l'Ontario et tout juste devant celle des provinces de l'Atlantique. »[60]

La genèse de Québec inc.

« Le Québec n'a rien d'un pays sous-développé », constate l'historien Jacques Rouillard[61], mais il y a un net écart entre les revenus des francophones et des anglophones. Le rapport Laurendeau-Dunton nous apprend en 1961 que le Québécois francophone a un revenu moyen inférieur d'environ 35 % à celui d'un Québécois anglophone. Pierre Fortin estime cet écart à 52 %.[62]

Malgré les faits d'armes de plusieurs financiers et industriels francophones, le pouvoir financier appartient dans une très large mesure à des anglophones. Une enquête de Gilles Piédalue, qui a été professeur d'histoire à l'Université de Montréal et chercheur à l'UQAM, a révélé que les francophones ne forment que 2,4 % des membres de l'élite économique en 1910 et que 4,6 % en 1930[63].

John Porter et Wallace Clement ont de leur côté recensé 6,7 % de francophones en 1951 et 8,4 % en 1972 parmi les leaders économiques canadiens.[64]

Par contre, les francophones créent presque autant d'entreprises que les anglophones. En 1979, Jean-Marie Toulouse, l'ancien directeur de HEC Montréal, a observé que pour les années 1954 à 1975, les francophones étaient responsables de la création de 75,6 % des entreprises contre 24,4 % pour les anglophones, ce qui correspondait à peu près à leur proportion dans la population québécoise.[65]

Il y a des entrepreneurs francophones partout au Québec. En 1938, ce qui deviendra la Fédération des chambres de commerce du Québec compte 49 chambres locales dans ses rangs.

Les entrepreneurs francophones occupent un vaste terrain. En 1931, ils contrôlent 57 % des entreprises manufacturières du Québec, 75 % des entreprises du secteur de la construction et 71 % des commerces. Ce sont surtout des petites entreprises qui dépassent rarement le territoire régional ou provincial.[66]

En 1941, on comptait 34 046 administrateurs et propriétaires francophones au Québec. Ils seront 89 987 en 1961.[67]

La propriété des plus grandes entreprises échappe encore aux francophones. « Au fil des ans, ces entrepreneurs ont néanmoins accumulé un capital, une expérience et des réseaux qui ont pu être mis à profit », dit Paul-André Linteau, qui ne croit pas à l'apparition magique d'une « économie nationale » à partir de la Révolution tranquille. « La phase actuelle est un chapitre de la même histoire ».

Cette effervescence francophone entre les années 1800 et 1960 n'est pas très considérée par les historiens et économistes des années 1960 et 1970 qui mesurent souvent le succès économique aux seules grandes entreprises. Si ces dernières étaient trop peu nombreuses, comme au Québec, c'est que la société était trop peu innovatrice et pas assez entreprenante. Quand elles étaient abondantes, comme en Ontario, on leur reprochait d'appartenir à des intérêts étrangers et on évoquait même l'ancien statut colonial du pays.[x-68]

L'entrepreneuriat et les PME étaient banalisés à cette époque. Or, celles-ci jouaient déjà un plus grand rôle dans l'économie québécoise.

Our English Friends

Impossible de parler du développement économique du Québec sans faire mention des entrepreneurs de différentes origines qui se sont établis au Québec. C'est tout le Bas-Canada (le nom du Québec entre 1791 et 1841) et le Québec qui s'enrichit ou s'appauvrit en même temps.

La dynastie d'affaires d'origine anglaise la plus ancienne et la plus connue est sans contredit celle de la famille Molson. Alors que 90 % des entreprises familiales ne se rendent pas jusqu'à la troisième génération[69], la famille Molson a réussi l'exploit de passer le flambeau jusqu'à la septième génération des descendants de John Molson, le fondateur de la célèbre brasserie en 1786.

« John Molson était un rassembleur. Il a été à l'origine des premiers bateaux à vapeur sur le Saint-Laurent, du premier train, du premier théâtre et de l'Hôpital général de Montréal et ses fils William et John créeront la Banque Molson », raconte Andrew Molson, président du conseil de Molson Coors.

Andrew et ses frères Geoff et Justin sont les propriétaires des Canadiens de Montréal et de Res Publica, la société de portefeuille qui possède le cabinet de relations publiques National. « Trois organisations patrimoniales », dit-il.

Malgré de nombreuses déconvenues et plusieurs échecs, la famille Molson reste le coactionnaire de contrôle de Molson Coors, le septième brasseur en importance au monde. Les bateaux et les trains sont abandonnés depuis longtemps et les incursions plus récentes dans l'industrie chimique (Diversey) ou la quincaillerie (Castor Bricoleur) ont fait long feu.

De 1763 à 1970, les anglophones ont contrôlé la majorité des grandes entreprises du Québec. Leur empreinte est profonde et les legs nombreux, mais on compte très peu de vieilles familles anglophones toujours actives dans les affaires au Québec. Elles

---

[x] Ce sont les mots mêmes du rapport sur les investissements étrangers soumis en 1971 par le ministre du Revenu Herb Gray au cabinet de Pierre Elliott Trudeau.

ont été, comme les entreprises francophones, victimes des crises économiques, des mouvements de concentration économique, de la concurrence américaine et de l'irrésistible migration des centres décisionnels vers Toronto et aujourd'hui vers Calgary.

Parmi les survivants, il y a évidemment les Simons, dont le premier magasin ouvre à Québec en 1840. La famille Kruger est active depuis 1904 dans la fabrication de papier et de bois d'œuvre.

À la tête de Claridge, Stephen Bronfman est un important financier et promoteur immobilier, mais il n'est pas à la tête d'un véritable empire comme son grand-père Samuel l'était aux jours fastes de la distillerie Seagram. Il n'a pas non plus la renommée qu'avait son père, Charles Bronfman, propriétaire fondateur des Expos. La seule autre membre active de ce qui était la plus formidable dynastie d'affaires du Québec du 20e siècle est Phyllis Lambert qui a donné à Montréal le magnifique Centre canadien d'architecture et dont les contributions au patrimoine de la ville sont inestimables.

À part les personnes que je viens de mentionner, la plupart des noms que j'ai en tête font malheureusement référence à des immeubles ou à des fondations. Pendant 150 ans, de 1821 à 1974, la famille Price a été une des pionnières de l'exploitation forestière et le premier ministre du Québec loge dans l'ancien siège social de l'entreprise à Québec.[xi]

Le musée Stewart à l'île Sainte-Hélène, spécialisé dans l'histoire du Canada, a été fondé en 1955 par David Macdonald Stewart, ancien propriétaire de MacDonald Tobacco (Export A). Sa veuve Liliane préside la fondation qui en assure l'entretien et qui s'est portée acquéreur du Manoir Jacques-Cartier à Saint Malo et de l'église de Brouage, dans le pays natal de Samuel de Champlain.

L'une des plus importantes fondations au Canada est celle mise sur pied par J.W. McConnell (1877-1963), propriétaire du quotidien *Montreal Star* et de Sucre St-Laurent, et actionnaire du réseau privé de transport public de Montréal.

Mortimer B. Davis (1866-1928) a été pendant longtemps le plus puissant homme d'affaires issu de la communauté juive montréalaise. Il sera le premier président de l'Imperial Tobacco au Canada. Il léguera 75 % de sa fortune à la création d'un hôpital juif qui portera son nom à Montréal. Ce sera évidemment l'établissement que tous les Montréalais nomment spontanément « *le* Jewish ».

[xi] La famille Price est propriétaire de l'Auberge Saint-Antoine et du Musée du Fort, à Québec.

Que reste-t-il des marchands anglophones qui ont fondé les premières chambres de commerce du Québec, le Quebec Board of Trade en 1808 et le Montreal Board of Trade en 1822 ? De la famille d'Aaron Hart, ce marchand juif qui rêvait de bâtir une dynastie d'affaires à partir de Trois-Rivières à la fin du 18ᵉ siècle ?

Il n'y a plus à Montréal l'équivalent d'un Mathew Hamilton Gault, cet Irlandais qui a fondé en 1865 la Sun Life, la plus formidable compagnie d'assurances de son époque avec des activités en Chine, en Inde et en Afrique dès ses premières années d'activités. Son siège social, en face du carré Dominion, a été le plus imposant de l'Empire britannique.

Fini le temps où un Herbert Samuel Holt (1856-1941) pouvait, de Montréal, présider pendant 26 ans aux destinées de la Banque Royale.

Et il ne reste plus rien de l'entreprise créée par Sam Steinberg en 1934. Ni de la brasserie fondée par William Dow un siècle plus tôt.

Faut-il s'en étonner compte tenu de la longévité moyenne des entreprises et de la migration de certains sièges sociaux vers Toronto ? Une statistique est cependant révélatrice. Les anglophones, qui représentaient 45 % des habitants de Montréal (ville) en 1871, ne comptaient plus que 12,5 % de sa population en 2006. Selon Jacques Henripin, entre 10 000 et 13 000 anglophones quittent le Québec chaque année pour les autres provinces.[70] Ne sous-estimons toutefois pas leur importance, car ils sont nombreux et importants dans la nouvelle économie technologique, comme nous le verrons plus tard.

3. QU'EST-CE QU'UN ENTREPRENEUR?

La devise de Francine Mondou, d'Harmonium International :
« J'ai voulu être moi-même, convaincue qu'on peut réussir
en étant soi-même. »

Risque, rêve et passion

L'origine du mot est ancienne. Dès le 13e siècle, il signifie la personne qui entreprend quelque chose. Depuis le début du 19e siècle, on définit l'entrepreneur comme « la personne qui dirige une entreprise ».[71]

L'acception moderne en fait plutôt un innovateur qui court des risques à la tête de sa propre entreprise. « Un entrepreneur croit pouvoir apporter un changement dans le monde grâce à son innovation », dit Chris Arsenault, associé principal chez iNovia Capital, une société de capital de risque.

L'OCDE dit « que l'entrepreneuriat est une façon de voir les choses et un processus pour créer et développer des activités économiques à base de risque, de créativité et d'innovation à gérer à l'intérieur d'une nouvelle ou d'une organisation existante ».[72]

L'entrepreneur « est au cœur de la création d'une entreprise et de son développement »,[73] mais il peut œuvrer dans d'autres sphères d'activité. Il a quatre caractéristiques : « Il apporte des capitaux, il saisit une opportunité, il organise une entreprise, il innove ».[74]

C'est un être paradoxal, écrit encore Pierre-André Julien : « Ils (les entrepreneurs) recherchent l'indépendance, en espérant prendre ainsi leur propre destinée face à la société, mais ils ont systématiquement besoin du milieu dans lequel ils agissent pour en tirer idées de démarrage, ressources pour le développement de leur organisation et information nouvelle pour poursuivre leur projet ».[75]

S'il fallait trouver trois qualités essentielles chez l'entrepreneur, la créativité, l'optimisme et la passion seraient celles que je privilégierais. Il faut être créatif pour apporter quelque chose de nouveau dans le marché et posséder une grande confiance dans son propre avenir. L'entrepreneur est aussi un être de passion.

Il faut de la passion pour commencer un projet d'entreprise à zéro. Il en faut autant pour succéder à un entrepreneur à succès et porter l'entreprise encore plus loin. C'est la passion qui permet de prendre des décisions impliquant des centaines de milliers de dollars sans craindre la foudre. Il en faut pour motiver ses troupes dans l'adversité et pour convaincre banquiers, investisseurs et clients qu'on représente une bonne affaire. Il en faut beaucoup pour rebondir après avoir failli tout perdre ou vouloir recommencer un nouveau projet entrepreneurial.

Le rêve alimente cette passion. Jacques Birol, l'un des spécialistes français de l'entrepreneuriat, écrit que le rêve devient le carburant de ceux qui entreprennent et qui innovent. «La réalité inflige un cinglant démenti à la "raison". Il est raisonnable de rêver. Le rêve permet aux entrepreneurs de voir ce que les autres ne voient pas. Steve Jobs rêve que l'ordinateur se rapproche de l'homme, quand IBM voulait que ce soit l'inverse. Le rêve pèse aujourd'hui en bourse deux fois plus que le réalisme. […] La seule chose que les entrepreneurs ne peuvent jamais sacrifier, c'est leur rêve. Souvent même plus que leur indépendance. Le rêve est leur énergie vitale. »[76]

Saras Sarasvathy, qui enseigne à l'Université de Virginie, a comparé le mode de fonctionnement de dizaines d'entrepreneurs qui ont connu beaucoup de succès à celui de gestionnaires de grandes entreprises. On dirait que les entrepreneurs et les cadres n'ont tout simplement pas le même type de cerveau. Le magazine *Inc.* consacre un article à cette recherche fascinante.[77]

Le manager veut mesurer, calibrer, étudier et envisager avant de décider. L'entrepreneur fonce dans le tas. Il se donne évidemment des cibles et des objectifs, mais ils peuvent facilement évoluer en cours de route.

Le gestionnaire ne jure que par les études de marché, la segmentation de la clientèle et par une planification quasi militaire des processus. Le nouvel entrepreneur est impatient et veut entrer dans le marché le plus rapidement possible.

Le gestionnaire croit qu'il peut prédire l'avenir et ainsi le contrôler. L'entrepreneur ne croit pas aux prévisions, mais beaucoup en lui-même. Pas besoin alors de chercher à prédire l'avenir, car il *est* l'avenir!

Le magazine *Inc.* avait fait sa propre enquête auprès des entrepreneurs. 60 % d'entre eux n'avaient pas fait de plan d'affaires avant de démarrer leur entreprise et seulement 12 % des répondants avaient effectué une étude de marché.

Certains diront que cela explique le taux d'échec élevé et ils ont sans doute raison. Je dirais quand même que cette confiance naïve en leur bonne étoile explique *aussi* les grands succès.

J'ai demandé à une quinzaine d'entrepreneurs quels étaient leurs principales qualités et leurs plus gros défauts. Les deux tiers des entrepreneurs interviewés se disaient impatients. Certains ont la délicatesse de dire qu'ils « ne sont pas toujours patients », mais on saisit quand même le trait de caractère.

Cette impatience se manifeste de deux façons. Il y a ceux qui se disent « prompts », « rapides sur la gâchette » ou qui « s'emportent un peu ». Les patrons ont un niveau d'exigence élevé et n'ont jamais aimé les collaborateurs qui ne mettent pas les efforts nécessaires.

Il y a aussi ceux qui trouvent que ça ne va pas assez vite à leur goût. « Il faut bouger vite », disent-ils. Ils sont par ailleurs les premiers à se reprocher « d'avoir voulu aller trop vite » et à reconnaître qu'ils « ont pris quelquefois des décisions trop rapidement », ce qui les a conduits « à tourner les coins un peu ronds ».

Il n'y avait qu'un seul entrepreneur qui s'est confessé de prendre trop de temps avant de prendre une décision.

Les entrepreneurs ont la mèche courte. Ils n'ont pas tous un sale caractère comme celui de Steve Jobs, tel que dépeint par son biographe Walter Isaacson, mais la patience ne fait pas partie de leurs vertus. Isaacson raconte comment Jobs ne craignait pas d'humilier ses collaborateurs et s'appropriait sans vergogne leurs idées, même après les avoir violemment combattues.[78]

Les entrepreneurs sont d'incorrigibles fonceurs. C'est à leur cran et à leur capacité de saisir les bonnes occasions qu'ils doivent leur succès. La rapidité de décision et d'exécution est une condition de réussite. Reste à polir certains traits de caractère qui pourraient paraître un peu abrasifs aux autres…

Quel type d'entrepreneur êtes-vous ?

Les entrepreneurs ne sont cependant pas tous pareils. Pour le plaisir de l'exercice, j'ai divisé en trois catégories la trentaine d'entrepreneurs que j'ai rencontrés avant d'entreprendre l'écriture de ce livre. Dans ma typologie, il y a les « purs », les « passionnés » et les « gestionnaires ». Ce sont des divisions bien imparfaites et qui ne rendent pas compte d'une réalité plus complexe. Disons que ce sont des dominantes chez chacun de ces entrepreneurs.

Les purs, ce sont ceux qui auraient été entrepreneurs quoi qu'il advienne et qu'importe le secteur. Ils aiment bâtir, négocier et vendre. Ils adorent réussir des transactions et sont constamment dans le mode «on vend et on recommence». Ce sont surtout, mais pas exclusivement, des entrepreneurs technologiques.

Alexandre Taillefer, associé directeur de XPND Capital et créateur de plusieurs entreprises, affirmait lors d'un colloque du Réseau Capital que la majorité de ses amis entrepreneurs avaient lancé une entreprise de T-shirts au secondaire.

Nicolas Bélanger, cofondateur de DTI Software, vendait des kangourous molletonnés aux autres étudiants de son école. Un peu comme ceux que portait le personnage de Mark Zuckerberg (Facebook) dans le film *The Social Network*.

Martin-Luc Archambault, de Bolidéa, un «accélérateur» de développement de sites Internet, est en affaires depuis qu'il sait compter. Au primaire, il vendait des pétards à mèches. Il se vante même d'avoir vendu du nettoyant pour tapis à des gens qui n'avaient pas de tapis, dans le cadre d'un emploi en télémarketing pendant son cours secondaire.

Durant ses études collégiales, il a créé un site de *day trading* (spéculation boursière en séance), canadiandaytrader.com. À sa sortie de HEC Montréal, il ne démarre pas une, mais cinq entreprises qu'il vendra en 2005 à Zango, un holding de Seattle.

En sixième année, Nicolas Arsenault, de la Fondation Mobilys contre le décrochage scolaire, avait fabriqué une machine pour lever sa main en classe! «J'avais acheté un bouton relais chez Radio Shack qui allumait une lumière qui scintillait jusqu'au moment où l'enseignant voyait que je voulais répondre à la question.» Le professeur n'avait pas apprécié…

Il faisait aussi ses propres mouches pour la pêche qu'il essayait de vendre à Victoriaville et il avait lancé une ligue de hockey sous-marin quand son école secondaire de Warwick a été dotée d'une piscine intérieure!

Un autre entrepreneur me racontait qu'il a commencé en affaires dès sa sortie de l'université en vendant à Montréal des habits sur mesure qu'il faisait confectionner à Hong-Kong ou à Bangkok, où il habitait une partie de l'année.

À 16 ans, Éric Quenneville, de Biomomentum, un fabricant d'instruments médicaux, avait sa petite entreprise de graphisme et il utilisait l'équipement de son père pour produire des cartes professionnelles pour les commerçants et les professionnels de sa ville.

Le plaisir des affaires se découvre souvent jeune. Mark Zuckerberg crée Facebook à 20 ans, le même âge où Bill Gates lance Microsoft, et Steve Jobs fonde Apple à 21 ans. Le record absolu est probablement Richard Branson, fondateur de Virgin qui, à 8 ans, possède une plantation de sapins avant de faire l'élevage de perruches!

Peut-on dire pour autant que l'on naît entrepreneur? J'ai rencontré un ancien haut fonctionnaire qui a lancé une belle entreprise, la mi-temps de sa carrière déjà bien engagée, et un ancien banquier qui en est déjà à son deuxième projet entrepreneurial.

Contrairement aux entrepreneurs «de pure race», les gestionnaires sont souvent *devenus* des entrepreneurs. Ils ne sont pas les fondateurs de leur entreprise, mais ils l'ont amenée plus loin. Ils lui ont donné de l'ordre et de la rigueur, mais sans émousser pour autant le goût du risque. J'aurais bien vu certains d'entre eux à la tête de sociétés appartenant à de grands groupes.

Au-delà de toutes les qualités et de tous les talents, il y a une mystérieuse part de chance et d'appel du destin.

Louis-Marie Beaulieu a vécu sa jeunesse dans la pauvreté. Son père est bûcheron et sa mère s'occupe des 13 enfants. La famille élève quelques animaux pour assurer sa subsistance. À l'âge de 6 ans, il ramasse des pierres sur les terres des voisins pour rapporter quelques sous à la maison. Vers 12 ans, il allait dans le bois enlever avec une barre de fer l'écorce des trembles qui aurait des propriétés vermifuges et anti-inflammatoires. «Je me faisais manger par les mouches. Ça me motivait à continuer mes études», m'a-t-il confié.

Voilà pourquoi il n'a pas trop rechigné pendant les 80 kilomètres quotidiens de transport qu'il a faits pendant les cinq années à l'Externat classique de Rivière-du-Loup. Voilà ce qui montre le caractère et la ténacité du type. Le reste appartient au destin.

Après ses études, il reçoit des offres d'emploi de deux cabinets de vérification de Québec où il a décidé de s'installer. Il hésite, puis finit par choisir celui qui a un stationnement.

Le voilà donc chez Malette Maheu où il se joint au groupe de vérification de Gérard Beaulieu. Parmi les clients de ce dernier, il y a le Groupe Desgagnés, une entreprise de transport maritime de Charlevoix.

En 1981, Louis-Marie Beaulieu quittera le cabinet de vérification pour le Groupe Desgagnés. Il en deviendra président six ans plus tard. Sous sa gouverne, l'armateur, dont le siège social est maintenant à Québec, a multiplié par 12 son chiffre d'affaires.

Directrice générale de l'Institut Rosell, alors une filiale de Rougier Pharma, Francine Mondou réussit à rentabiliser sa division en moins de deux ans. En 1998, son unité est vendue. Au fil des semaines, elle constate qu'elle ne partage pas la vision de ses nouveaux employeurs. Après une journée difficile, elle s'emporte contre son enfant après l'avoir pris à la garderie. Voulant s'excuser, elle lui explique que son geste d'impatience est motivé par ses soucis au bureau et non par son comportement. « C'est comme quand quelqu'un déchire ton dessin », lui dit-elle pour expliquer sa frustration.

Le petit garçon de 3 ans lui répond du tac au tac : « Maman, si tu ne veux pas que les autres détruisent ton dessin, pourquoi ne le fais-tu pas à la maison ? »

C'est cette réflexion, tout enfantine en apparence, qui est à l'origine de la création de Harmonium International, qui domine le marché canadien des probiotiques. L'entreprise compte près de 100 employés dans deux usines et affiche des revenus de plus de 20 millions de dollars.

Le troisième grand groupe d'entrepreneurs, je les appelle les passionnés. Ils ont été amenés à l'entrepreneuriat par leurs connaissances pointues, leur talent et l'amour d'un métier ou d'un produit. Je retrouve dans ce groupe des agriculteurs, des scientifiques, des manufacturiers, et on pourrait facilement y trouver des commerçants.

L'effervescence culturelle du Québec est une preuve de la créativité et du cran des Québécois, car les artistes s'apparentent beaucoup à ce groupe de passionnés qui décident de prendre en main leur destinée.

L'artiste est peut-être l'entrepreneur ultime. Il est porté par une mission pour laquelle il est prêt à prendre les paris les plus audacieux et à faire les plus grands sacrifices. Je me souviens d'un vernissage du peintre Marcel H. Poirier à l'hiver 2011.

Cet artiste est l'un des plus réputés du Québec. Son œuvre est connue internationalement et elle est citée dans des livres d'art de référence. C'est Gilbert Rozon qui présentait l'exposition. Le président fondateur de Juste pour rire énumérait les conditions qui pouvaient assurer le succès d'un artiste.

Première condition : Avoir un style et se différencier. Je ne suis pas un connaisseur, mais je remarque que Marcel H. Poirier utilise des couleurs chaudes et vives. Son style est figuratif, mais toute l'expression de ses personnages est exprimée par les corps alors que les visages sont absents. La lumière est vive et les jeux d'ombre sont nombreux. Bref, on reconnaît facilement son style. De la même façon, un projet d'entreprise doit innover et se distinguer de ce qui est déjà offert dans le marché.

Deuxième condition : Les grands artistes sont dans une quête de l'absolu. Paul Cézanne a peint presque 80 fois la montagne Sainte-Victoire, à l'est d'Aix-en-Provence, jamais satisfait de son travail. Depuis six ans, Marcel H. Poirier traverse l'Asie plusieurs mois par année. Il y dessine des croquis, prend des photos, enregistre des images qu'il peint une fois de retour au Québec. Parallèlement, combien de fois entend-on dire que tel entrepreneur est obsédé par son projet ou son entreprise. Les entrepreneurs sont animés par le même désir de dépassement.

Troisième condition : L'artiste se révèle dans son art. Il se met à nu. Un entrepreneur aussi se met en danger et se remet constamment en question. Sa conquête est d'abord une quête et le parcours est souvent éprouvant. C'est le prix du succès.

Gilbert Rozon a qualifié Marcel H. Poirier d'excentrique. La définition de Gilbert : « Un excentrique, c'est un fou qui a de l'argent ». Cela décrit très bien plusieurs entrepreneurs que je connais !

« *Every entrepreneur I have ever met is an artist. They are all forced to become comfortable with failure. And for entrepreneurs, their canvas is their company* », racontait John Macda, le président de l'École de design de l'État du Rhode Island, au fondateur et président de Behance, Scott Belsky. Behance est une société new-yorkaise qui produit des outils, méthodes et plateformes pour le travail créatif.[79] « Pour les entrepreneurs, la toile est leur entreprise » : avouez que c'est joliment dit.

Pas étonnant non plus que plusieurs artistes deviennent des gens d'affaires. Gregory Charles, raconte Isabelle Massé dans le magazine de *La Presse Affaires*, gère 13 entreprises dont le chiffre d'affaires oscille entre 10 et 12 millions de dollars et embauche 15 personnes à temps plein.[80]

En 2009, 11 des 12 diplômés du programme Formation supérieure en cuisine de l'Institut de l'hôtellerie du Québec (ITHQ) voulaient ouvrir leur restaurant. Comme pour les artistes et les autres passionnés, peut-on s'étonner que les jeunes les plus créatifs et les plus talentueux aspirent à devenir leur propre patron ?

Comme pour tous les entrepreneurs, le parcours sera parsemé d'embûches. Le taux de survie après cinq ans des nouvelles entreprises dans le secteur de l'accueil et de l'hébergement n'est que de 30 %.

Pour moi, ce sont tous des entrepreneurs. Ils ont des rythmes différents. Les entrepreneurs technologiques ont été ou seront souvent des investisseurs de capital d'investissement. Ils sont nerveux, réactifs et volontaires. Les passionnés m'apparaissent plus prudents et les gestionnaires plus analytiques.

Le résultat tient sans doute du hasard, mais il m'apparaît intéressant : j'ai rencontré exactement le même nombre d'entrepreneurs des trois catégories. Je pense également que chaque entrepreneur a en lui chacune des dimensions.

Différents parcours

Les entrepreneurs naissent-ils dans la ouate et sont-ils majoritairement issus de milieux aisés ? L'entrepreneuriat est-il une caractéristique génétique qu'on hérite de ses parents ?

Le grand avantage à poser les mêmes questions à tous les entrepreneurs que j'ai rencontrés pour la série *Une idée pour gagner*, c'est de pouvoir faire des regroupements. Je n'ose surtout pas employer le mot *statistique,* car l'échantillon n'est pas représentatif.

On a sans doute plus de chance de devenir entrepreneur quand l'un des deux parents a possédé sa propre affaire. Par contre, il y a des entrepreneurs issus de tous les milieux.

Une forte majorité des entrepreneurs visités sont issus de la classe moyenne. Deux entrepreneurs proviennent d'un milieu aisé et trois autres de familles moins nanties.

Des 20 entrepreneurs rencontrés pour le projet *Une idée pour gagner,* huit ont un parent qui possédait sa propre entreprise. Avec son frère, Jacques Latendresse a succédé à son père à la tête d'Ezeflow. Pour Rémi Roy, du Groupe Canmec, et Robert Michaud, de Ramp-Art, leurs pères étaient garagistes. Les trois dirigeants d'entreprises agroalimentaires visités, Gerry Van Winden, de Veg-Pro International, Jean Fontaine, de Jefo, et Gérard Trudeau, de Marvini, avaient des parents agriculteurs. La mère de Martin Garon, de Biomomentum, était coiffeuse et le père de son complice Éric Quenneville était organisateur de foire agricole.

Le père de Marc Gingras, fondateur de deux entreprises technologiques, était jésuite et sa mère une religieuse indienne. Ils se sont connus alors qu'ils étaient missionnaires aux Philippines. Après avoir quitté la prêtrise, son père a travaillé à l'ACDI et sa mère, Bala Theresa Singareddy, a fondé Sopar, un organisme à but non lucratif formé en 1977 pour parrainer l'éducation d'enfants pauvres en Inde.

Le père de Catherine Privé, cofondatrice et présidente d'Alia Conseil, était policier à la Sûreté du Québec et garde du corps de trois premiers ministres du Québec. Sa mère était infirmière.

Par ailleurs, les mères de Martin-Luc Archambault, de Bolidéa, et de François-Xavier Souvay, de Lumenpulse, étaient des dirigeantes de divisions de grandes entreprises, l'une chez Metro, l'autre chez Quebecor.

D'autres entrepreneurs ont eu une enfance beaucoup moins feutrée.

Francine Mondou, cofondatrice et présidente d'Harmonium International, me racontait qu'elle avait perdu son père très jeune, ce qui avait obligé sa mère à retourner sur le marché du travail à 48 ans pour nourrir ses quatre enfants.

Pierre Blais de MultiCorpora, une entreprise qui édite une suite de logiciels pour la traduction, me confiait que sa mère s'est retrouvée veuve avec sept enfants et un poste d'assistante infirmière pour assurer la subsistance des siens. La mère de Louis-Marie Beaulieu, le président du Groupe Desgagnés, est redevenue institutrice après avoir élevé presque seule ses 13 enfants.

Mon amie Nathalie Francisci, administratrice de sociétés et chef du développement corporatif chez Jobwings, a fort bien résumé la situation dans un commentaire qu'elle m'adressait sur Facebook: « Je crois que les entrepreneurs naissent partout, peu importe leur rang et leur statut social. Ils ont faim et soif de réaliser un rêve, de prendre leur revanche, de se prouver face aux parents ou à la société ou encore de survivre. Il y a une part de génétique, mais surtout un contexte. Ceux issus de milieux plus aisés l'ont plus facile, mais cela ne change rien à leur appétit... »

Plus important que l'origine sociale, il y a peut-être les valeurs familiales. Le père de Gilles Fortin, copropriétaire des magasins Tristan avec son épouse Denise Deslauriers, n'était pas un entrepreneur, mais il s'intéressait aux entreprises de sa communauté et à leurs bons coups. Il en parlait avec envie, mais surtout admiration. Fonder son entreprise a été pour Gilles Fortin quelque chose d'excitant et de noble.

Éric Dupont n'est pas issu du milieu des affaires et son ascension sociale tient autant des sacrifices des générations qui l'ont précédé que des valeurs qui lui ont été transmises.

Joseph Dupont, le grand-père, est un cadre subalterne à la Consolidated Paper, à Port-Alfred, une municipalité qui fera plus tard partie de La Baie avant d'être intégrée à Saguenay. En accord avec sa femme Julienne, il utilise toutes ses économies pour inscrire ses deux fils, Louis et André, au prestigieux Collège Brébeuf, à Montréal. C'était une dépense insensée.

Dr. André Dupont sera l'un des grands chercheurs de son époque. Il deviendra directeur de l'unité de recherche clinique du département d'endocrinologie moléculaire de l'Université Laval en 1981 et chef de la clinique de cancers hormono-dépendants en 1987. Directeur de la recherche clinique du Centre hospitalier universitaire de l'Université Laval (CHUL) en 1991 et il participe, avec le Docteur Fernand Labrie, à la mise au point d'un traitement pour le cancer de la prostate et au dépistage du cancer. Ce traitement hormonal est utilisé à travers le monde depuis plus de 20 ans. Il est aussi auteur ou coauteur de plus de 185 publications et de 125 présentations.

Son frère Louis sera policier à Chicoutimi, mais il partage la même conviction de ses parents. «Mes parents venaient d'une famille modeste, mais ils ont toujours valorisé l'éducation. Ils ont fait d'énormes sacrifices pour que leurs trois enfants puissent faire des études supérieures. C'est le plus cadeau qu'ils nous ont fait», raconte Éric Dupont. Luc, son frère et grand complice, est bachelier en administration et sa sœur Sonia détient un MBA.

L'intérêt pour la science, il le doit évidemment à son oncle André. Dès l'âge de 15 ans, Éric passe ses étés à Québec où il travaille au CHUL sur les projets d'André Dupont. La passion des études s'est transmise comme une maladie contagieuse! Éric obtiendra un doctorat de l'Université Laval en physiologie-endocrinologie et il fera des études postdoctorales en neuro-endocrinologie à l'Université de Montréal. Il est également titulaire d'un certificat en administration.

Risque, misère et succès

J'ai demandé aux «amis» Facebook de la page *Une idée pour gagner* de me dire pourquoi l'entrepreneuriat les intéressait. Voici les 10 principales raisons qu'ils m'ont données.

1. La liberté. Pas de boss.

2. Pour changer le monde.

3. La possibilité d'aller de l'avant, d'écrire son avenir, de croître.

4. L'autonomie.

5. La réalisation de soi.

6. Gérer une équipe. La collaboration et l'interaction. Partager l'enthousiasme.

7. La concurrence.

8. Faire des rencontres exceptionnelles.

9. J'ai trop d'idées, trop de projets.

10. L'imputabilité.

Secor et la Jeune Chambre de commerce de Montréal (JCCM) ont demandé à plus de 700 jeunes gens d'affaires leur opinion sur l'avenir économique du Québec et ses principaux enjeux. Ils ont en moyenne entre 26 ans et 30 ans, travaillent à temps plein, sont dans la vie active depuis plus de cinq ans, ont un bac universitaire et ils gagnent entre 51 000 $ et 100 000 $ par année.[81]

Il y avait 135 propriétaires d'entreprises parmi les répondants et 226 répondants (31 %) ont déjà créé ou fermé une entreprise. De plus, 389 autres personnes souhaitent être entrepreneurs, seuls ou à plusieurs. S'il fallait que tous ces gens d'affaires décident de devenir entrepreneurs, le Québec ne s'en porterait que mieux.

Quand on demande à l'ensemble des répondants ce qui pourrait les inciter à créer ou à reprendre une entreprise, 80 % répondent que c'est pour avoir un projet stimulant dans leur vie et 65 % (les choix multiples étaient permis) pour être leur propre patron. 56 % disent que c'est pour réaliser leur idée et 51 % pour augmenter leur niveau de vie. On songe à se lancer en affaires pour l'autonomie, la réalisation ou pour créer des emplois.

L'argent? Demandez à un entrepreneur ce qui l'a motivé à lancer sa propre affaire et vous aurez droit à toutes les raisons du monde, sauf celle-là.

On se lancerait en affaires pour s'accomplir, pour changer le monde, pour relever un défi, pour succéder à son père ou à son beau-père, pour gagner un prix Nobel, pour se trouver un job, pour sauvegarder des emplois qui auraient autrement été menacés, pour produire au Québec ce qui a été fait ailleurs, parce qu'on ne peut pas souffrir d'avoir un patron, parce qu'une occasion vous est tombée dans les bras; vous entendrez n'importe quoi, sauf l'argent.

Manque de candeur? Je ne crois pas. Ont-ils peur de se faire juger par une société qui se méfie de ceux qui s'enrichissent? Peut-être. Pour trop de Québécois, l'enrichissement est louche et se fait forcément aux dépens des autres. Les entrepreneurs, on semble les aimer pauvres, ou pas trop riches.

Moi, je les aime tous, y compris ceux qui sont riches. Pour réussir en affaires ou dans un projet artistique ou social, il faut beaucoup de travail, d'intelligence, d'intuition, de courage, d'ardeur et de ténacité. Certains seront sur les bons créneaux et au bon moment et vont s'enrichir davantage. Je dis bravo! Leur produit ou leur service répond à un véritable besoin, leur entreprise emploie plusieurs personnes et contribue au mieux-être de la société.

L'entrepreneuriat est un pari sur l'avenir, sur son propre avenir. L'entrepreneur ne veut pas (ou ne veut plus) de l'existence confortable ou prévisible que pourrait lui procurer une entreprise existante. Il ose s'affranchir et marcher seul. Il sait qu'il va souffrir en cours de route et manger des coups, mais il relève le défi et poursuit son chemin.

Pendant qu'il présidait DTI Software, Nicolas Bélanger a dû emprunter à un ami 56 $ pour payer du lait maternisé et des couches jetables à la pharmacie. Il n'avait pas un cent en poche, sa carte de crédit avait rendu l'âme, ses comptes en banque étaient vides ainsi que ceux de l'entreprise.

La mère de son partenaire, Louis Bélanger-Martin, a rouvert son hypothèque et prêté 20 000 $ à son fils pour qu'il puisse payer ses employés et maintenir l'entreprise à flot quelques semaines de plus. DTI Software est aujourd'hui le géant mondial du divertissement à bord des avions.

Pendant ses 18 premiers mois d'existence, Influence Communi-cation, l'entreprise de Jean-François Dumas, avait affiché des reve-nus de 17 500 $. Bombardier a été son premier client en 2003. « J'ai offert gratuitement nos services pendant six mois pour leur permettre d'en faire l'essai. J'étais endetté jusqu'aux oreilles et mon niveau de stress était très élevé. Au bout de neuf mois, on m'a dit que cela les intéressait, mais qu'il fallait aller en appel d'offres!» Influence Communication a finalement obtenu le contrat.

En 1994, à Québec, Catherine Privé, alors âgée de 22 ans, Patrick Rivard et Claude Fortin (qui quittera rapidement) créent FRP Groupe Conseil, un nom formé à partir de la première lettre de leur nom de famille. «Mon but, c'était de bâtir une entreprise. Quand j'étais jeune, je jouais au bureau!», dit-elle.

La première année a été misérable. «Nous étions très naïfs. Nous n'avions aucune expérience et aucun client. C'était l'année où tout le monde nous a dit non». Moins de 20 ans plus tard, Alia Conseil aide plus de 500 entreprises québécoises, dont 300 PME, à rendre leur organisation plus performante et à développer leurs leaders.

En 1988, Alvin Segal, propriétaire de Vêtements Peerless, fait construire un immense entrepôt à St. Albans, au Vermont, et fait tourner son usine montréalaise à plein régime pour le remplir, même s'il n'a pas un seul client aux États-Unis. Il réussit ainsi à accaparer 80% des quotas qui seront attribués aux manufacturiers canadiens lors de l'entrée en vigueur de l'accord de libre-échange signé entre le Canada et les États-Unis. Ces quotas étaient établis en fonction des ventes réalisées aux États-Unis l'année précédente.[82]

Un autre entrepreneur me racontait qu'il a évité la catastrophe de justesse en promettant pour bientôt à un partenaire une solution qui n'était alors qu'une vague idée. Le pari a été remporté, mais c'était là aussi un véritable coup de poker.

Les entrepreneurs risquent gros et souvent. Voilà pourquoi ils méritent une récompense appropriée et qu'ils ne doivent pas en avoir honte.

Choisir son entreprise

Jean-François Dumas, d'Influence Communication, avait posé trois conditions en créant son entreprise à l'automne 2001. Ces conditions se sont avérées la base de son plan d'affaires.

Il voulait d'abord créer une entreprise dont les revenus étaient récurrents. Il n'avait pas le goût de passer son temps à trouver de nouveaux clients pour compenser ceux dont les mandats étaient terminés.

Il ne voulait pas non plus d'un *one man show,* d'une compagnie où il était indispensable dans la livraison du service. Son service de courtage en information se fait tôt le matin, avant même qu'il ne mette le pied au bureau. Parce que ce sont ses employés qui font l'analyse des médias pour les mêmes clients jour après jour, « je sais combien de dollars de profits j'ai faits le matin en me levant », dit-il.

Troisième condition, il voulait que ses services soient exportables. Ses clients peuvent en effet provenir de partout au monde.

Pendant plus d'un an, d'avril 2009 à juillet 2010, Robert Michaud « produisait du bonheur en famille ». C'est une façon gentille de dire qu'il rongeait son frein à la maison après avoir vendu sa participation dans un fabricant de portes et fenêtres de la région de Québec.

« Les trois premiers mois, j'étais en quasi dépression. Je devais faire mon deuil d'une entreprise que j'avais contribué à bâtir et qui était passée de 3 à 40 employés pendant les 10 années où j'y étais. »

Robert Michaud a lui aussi posé des conditions très strictes avant de choisir une entreprise à acheter. « J'avais trois critères : un secteur où il était possible de générer de la croissance, une entreprise déjà établie et rentable, mais qui n'avait ni l'organisation ni la structure pour aller plus loin », disait-il.

Il a jeté son dévolu sur Ramp-Art, une entreprise de Lévis. Ramp-Art fabrique des garde-corps en aluminium pour la construction résidentielle et commerciale. « Ramp-Art avait une expertise reconnue et une solide réputation au Québec. C'était un leader dans sa niche et elle affichait une belle rentabilité. » Robert Michaud a néanmoins vu dans son organisation quelque chose qu'il pouvait rapidement améliorer.

Il y a beaucoup de sagesse dans une démarche structurée où les goûts, les besoins et les attentes sont clairement définis.

Les défis des entrepreneurs

« La première chose que j'ai ressentie en côtoyant les jeunes entrepreneurs, c'est leur solitude comme chef d'entreprise. Les enjeux sont grands et la pression est énorme. Or, ils ne peuvent pas se confier à leurs employés ni même à leurs cadres parce qu'ils pourraient les inquiéter ou les critiquer sans le vouloir », me raconte Nathaly Riverin, directrice générale de l'École d'entrepreneurship de Beauce (ÉEB).

Nathaly Riverin est une passionnée de l'entrepreneuriat. Éco-nomiste de formation, elle est détentrice d'un diplôme de troisième cycle en gestion de l'Institut d'administration des entreprises d'Aix-en Provence et diplômée du *Entrepreneurship Development Program* du Massachusetts Institute of Technology (MIT). Elle a été professeure adjointe en gestion des PME à HEC Montréal pendant plusieurs années, avant de joindre la Fondation de l'entrepreneurship et de participer ensuite à la création de l'ÉEB, à Saint-Georges de Beauce.

Je l'ai rencontrée pour la première fois alors qu'elle migrait de la Fondation de l'entrepreneurship au projet de Marc Dutil dans la Beauce. Elle est incollable sur toutes les questions qui touchent à ce sujet. J'étais bien curieux, une année plus tard, de voir ce qu'une «intellectuelle» de l'entrepreneuriat avait appris à fréquenter les entrepreneurs de si près.

En plus de la solitude, elle a été très étonnée par leur réactivité. «En entreprise, ça bouge dix fois plus vite que dans mon ancien uni-vers!» Elle a aussi pu se rendre compte concrètement de tout ce qu'un entrepreneur doit connaître pour maîtriser son entreprise. «Il doit devenir un bon généraliste et se débrouiller avec les questions légales, comptables, commerciales, économiques, en production et en ressources humaines. Il doit apprendre à bien recruter, mais aussi à congédier si l'employé ne fait pas l'affaire», dit-elle.

Je lui ai demandé quel était le plus grand obstacle auquel étaient confrontés les jeunes entrepreneurs. «Sans doute la conciliation travail-famille», me répond-elle. «Ils ont de la difficulté à harmoniser leur vie d'entrepreneur et celle à l'extérieur de l'entreprise. Il faut leur apprendre à déléguer et à devenir des stratégistes et pas seulement des *opérateurs*».

L'entrepreneur avant tout

Demandez à n'importe quel investisseur quel est le premier élé-ment qu'il considère avant d'investir dans une entreprise, la réponse est toujours la même.

La technologie de l'entreprise? Il faut en tenir compte, mais il difficile de prévoir à coup sûr que l'entreprise détient *la* bonne tech-nologie, qu'elle ne sera pas désuète dans six mois et qu'il n'y a pas 343 autres entreprises qui sont en train de préparer un service ou un produit similaire.

Louis Paquet est un conseiller financier et un investisseur réputé de la région de Québec. Il est demeuré affilié à la Financière Banque Nationale, dont il a dirigé le bureau de Québec jusqu'en 2006.

Son premier grand coup a été d'accompagner le financement public de Télésystème en 1985. Il avait été séduit par la vision de Charles Sirois qui voulait à l'époque consolider l'industrie du téléavertisseur, mais qui parlait déjà de l'avenir de la téléphonie cellulaire, du numéro de téléphone unique et de l'impact de la mobilité sur les télécommunications.

En 1986, il avait aussi accompagné le premier appel à l'épargne publique de Biochem Pharma, qui proposait un premier médicament contre le sida. En tout, il aura été associé à une vingtaine de financements publics d'entreprises québécoises. Ces dernières années, il a été actif au sein du FIER Cap Diamant qui a investi dans quelques entreprises à fort potentiel comme Innoventé (production d'électricité par biomasse) et Mediago (fabrication de vaccins à partir des feuilles de tabac).

« Huit fois sur dix, je vais choisir l'entrepreneur avant le produit, car si on a un champion, on va trouver un bon produit », dit-il.

« On a plus à investir dans un bon entrepreneur que dans une bonne entreprise », dit François Gilbert, le président d'Anges du Québec, un regroupement d'investisseurs dans de jeunes entreprises.

Chris Arsenault, de la société de capital de risque iNovia Capital, renchérit : « Il est difficile de faire quelque chose d'extraordinaire quand on n'a pas un ingrédient extraordinaire », dit-il. Cet ingrédient, vous l'aurez deviné, c'est l'entrepreneur. « Nous, on cherche des entrepreneurs exceptionnels. Il n'y a rien de plus fort que la passion et la détermination d'un fondateur pour surmonter des défis. »

Qu'est-ce qu'un bon entrepreneur ? « C'est quelqu'un qui voit rapidement les problèmes, les assume et les corrige. On se plante dans chaque projet qu'on entreprend, puis on s'ajuste. Le but, c'est de se planter le plus vite possible ! » me répond Martin-Luc Archambault, de Bolidéa.

Nicolas Bélanger, dont le Groupe W investit dans une vingtaine d'entreprises, est du même avis. Au-delà des recommandations ou des données, c'est la personnalité de l'entrepreneur qui fera pencher la balance dans sa décision d'investir dans une entreprise. « La réussite dépend ultimement de lui. Je n'embarque pas si je ne crois pas l'entrepreneur capable de passer à travers ce que j'ai vécu. »

Les amateurs de bandes dessinées, et particulièrement ceux de Largo Winch, ne peuvent s'y tromper. Le Groupe W, la société d'investissement créée par Nicolas Bélanger et Louis Bélanger-Martin, est directement inspiré de l'œuvre de Philippe Francq et de Jean Van Hamme. Dans la bande dessinée, Largo Winch est en effet l'unique propriétaire du Groupe W, « le plus grand conglomérat d'entreprises multinationales jamais possédé et dirigé par un seul homme ». Choisir un tel nom, c'est plus qu'un clin d'œil et presque un objectif.

Nicolas Bélanger ressemble même à Largo Winch. Sportif, la mèche blonde, la chemise très ajustée, l'allure sportive. Il y a aussi chez lui quelque chose de Richard Branson, son héros dans la vraie vie, dont il souligne le côté rebelle et « le génie en marketing ». « Il n'a pas peur et il fonce », dit-il.

Lui non plus. À 23 ans, sans argent, sans diplôme et sans un seul mot de tchèque, il va ouvrir un café à Prague. L'expérience ne durera que neuf mois, mais il repart avec une passion pour les pays étrangers et l'embryon d'une grande idée. Grâce à ses contacts dans l'hôtellerie pragoise, il songe à une console interactive permettant aux clients de jouer au casino à partir de leur chambre d'hôtel.

Il rencontrera plus tard Louis Bélanger-Martin (ils ne sont pas parents) et une série de concours de circonstances transformeront cette console pour casinos d'hôtels en une console aujourd'hui utilisée dans 110 compagnies aériennes à travers le monde.

« DTI a été notre école en affaires. Nous avons passé à travers presque toutes les étapes de la vie d'une entreprise. Nous voulons aider les entrepreneurs à faire mieux que nous et plus rapidement », dit Nicolas Bélanger. Leur faire profiter, surtout, de tout ce que les deux propriétaires du Groupe W ont appris sur les marchés internationaux.

Jusqu'à maintenant, le Groupe W a investi 15 millions dans une vingtaine de sociétés, presque toutes québécoises. « Elles sont proches de nous et ce n'est pas le choix qui manque, car il y a beaucoup de talent au Québec », dit Nicolas Bélanger. Il a une définition très personnelle d'un bon entrepreneur. « Pour bâtir son entreprise, un entrepreneur doit avoir un côté artiste. Il doit être un peu fou et un peu naïf, ce qui lui permet de passer à travers les épreuves. »

Ce côté artiste ne doit pourtant jamais dépasser 50 % de la personnalité d'un dirigeant. Je ne sais pas comment cela se calcule au juste, mais le principe est clair. L'artiste vivrait d'espoir et ses attentes ne seraient pas toujours réalistes. « Un patron trop "artiste" manque de *focus* et ses idées l'entraînent dans toutes les directions », dit Nicolas Bélanger.

Nicolas Bélanger choisit donc des leaders avant de s'engager dans une entreprise. Et si ce leader ne s'avère pas à la hauteur ? «Aucun problème avec ça. Si je me suis trompé, je change le patron ! » De la même façon, rien ne lui fait plus plaisir que de voir un entrepreneur se développer. Cela passerait même avant l'argent et le rendement.

C'est que le patron du Groupe W reste pour beaucoup un entrepreneur, même si son travail ressemble maintenant à celui d'un financier. « Je suis un entrepreneur financier », dit-il, comme si cela expliquait quoi que ce soit.

« L'entrepreneur a toujours l'impression qu'il va réussir alors que le financier est toujours prudent », dit-il. Je lui demande comment une personne peut s'accommoder des deux personnalités. «Mes nuits sont plus courtes ! »

4. LE QUÉBEC A-T-IL ENCORE LA FIBRE ENTREPRENEURIALE?

La devise de Jean-François Dumas, d'Influence Communication :
« Il ne faut jamais penser que..., il faut plutôt être sûr de... »

Des signaux inquiétants

Le Québec serait en panne d'entrepreneurs. Les récentes données de la Fondation de l'entrepreneurship et du ministère du Développement économique de l'Innovation et de l'Exportation sont en effet consternantes et alarmantes.

Selon le sondage de la Fondation réalisé par Léger Marketing, il n'y aurait que 9,5 % de la population québécoise qui serait propriétaire d'une entreprise contre 16,3 % au Canada.

Les Québécois non francophones sont deux fois plus susceptibles que les francophones de posséder une entreprise. Sans égard à la langue, un Québécois qui quitte la province double ses chances de devenir entrepreneur. Les données de l'enquête menée par Léger Marketing auprès de 3002 répondants montrent le même type d'écart pour ce qui est de l'intention d'entreprendre ou des démarches entreprises en vue de lancer une entreprise.[83]

	Québec	Québec francos	Québec non-francos	Francos hors Québec	Canada
Propriétaires d'entreprise (% de la population)	9,5 %	7,9 %	17,1 %	14,9 %	16,3 %

	Québec	Canada
Intention d'entreprendre	7 %	11 %
Démarches pour devenir entrepreneur	5,5 %	8,4 %

Les statistiques confirment ce que les sondages appréhendent. Le nombre d'entrepreneurs demeure stable depuis 20 ans et le taux entrepreneurial (nombre d'entreprises par rapport à la population des 15 à 79 ans) est passé de 3,4 % en 1987 à 2,9 % en 2008.[84]

La part de nouvelles entreprises dans le nombre total de compagnies au Québec est passée de 14,6 % en 1991 à 11,2 % en 2006, alors qu'il augmentait de 13,9 % à 15,1 % en Ontario.[85]

Le Québec devrait fournir moins de 16 % des nouveaux entrepreneurs canadiens, nous apprend une étude du MDEIE.[86]

En réaction à toutes ces mauvaises nouvelles, le gouvernement Charest a mis de l'avant une stratégie québécoise de l'entrepreneuriat. Il veut hausser les intentions d'entreprendre auprès de 140 000 personnes, favoriser l'éclosion de 50 000 nouveaux entrepreneurs et augmenter de l'ordre de 15 % le taux de survie après un an des entreprises de cinq employés et plus.

Qui peut être contre ? Certainement pas moi.

Les données qui ont alerté les milieux économiques du Québec sont préoccupantes, mais elles méritent néanmoins d'être mises en contexte et d'être accompagnées d'une certaine perspective historique.

D'abord, ces données ne nous informent guère sur la qualité et la nature des entreprises ni sur leur taille. Qu'un travailleur autonome comme moi crée sa propre entreprise, c'est sans doute bien. Néanmoins, je peux prédire sans risque que l'économie du Québec n'ira pas plus mal le jour où elle ne sera plus en activité. Mes clients actuels signeront des ententes avec d'autres journalistes et rien n'y paraîtra.

C'est un peu la même chose quand un salon de coiffure, un restaurant ou une station-service ferment leur porte. Les clients de ces entreprises continueront de se faire coiffer, de manger ou de mettre de l'essence dans leur véhicule. Ils iront chez le voisin qui offre le même service. L'impact est tout autre quand une entreprise de 100 employés déménage ailleurs ou cesse ses activités et prive ainsi une communauté de 100 revenus faisant vivre 100 familles. Voilà pourquoi je porte moins attention quand on me parle de dizaines de milliers d'entreprises qui ne sont plus actives ou celles dont les propriétaires n'ont pas de repreneurs le jour où ils seront à la retraite. De quel type d'entreprises parle-t-on au juste ? Ces enquêtes ne répondent pas à cette question.

On pourrait aussi penser que la diminution du nombre d'entreprises, dans un marché de l'emploi plutôt stable, pourrait se traduire par des entreprises de plus grande taille, ce qui ne serait pas une mauvaise affaire.

« Il y a peut-être moins d'entrepreneurs, mais je constate qu'ils ont plus d'habiletés, de connaissances et sont plus portés sur les marchés internationaux », me dit Normand Tremblay, un consultant en gestion et un chargé de cours à l'Université du Québec à Trois-Rivières. Normand, que j'ai connu alors qu'il travaillait chez AEterna Zentaris, a siégé au conseil d'administration du Conseil national de recherche du Canada et il est membre du comité consultatif d'investissement de la SOVAR, la société de valorisation technologique de l'Université Laval.

Prudent, son collègue de l'UQTR, Pierre-André Julien, partage la même impression. Il soupçonne que les entreprises toujours actives s'en sortent *plutôt* bien et qu'elles résistent *relativement bien* à la concurrence internationale.

Seul bémol, je les trouve bien petites les entreprises du Québec. 90 % des entreprises québécoises comptent moins de 20 employés et 98 % d'entre elles moins de 100 employés. 71 % des entrepreneurs québécois gagnent moins de 100 000 $ contre seulement 60 % dans le reste du Canada.[87]

Natacha Jean, présidente-directrice générale du Concours québécois en entrepreneuriat, se dit irritée par le réflexe que nous avons au Québec de mesurer la notoriété d'une entreprise par le nombre d'employés qui en découle. « Les nouveaux entrepreneurs que je côtoie depuis tant d'années me répètent fréquemment à quel point c'est démobilisant de répondre sans cesse à la question qui tue : *Combien d'employés avez-vous ?* », écrivait-elle dans un commentaire obtenu pour la série *Une idée pour gagner*.

Elle a raison de dire que les entreprises, surtout celles en technologie, emploient peu de personnes et que leur taille n'a plus la même signification qu'auparavant. Connaissez-vous une société appelée Automattic ? Elle contrôle pourtant 15 % du trafic mondial sur le Web avec 616 millions de visiteurs par mois, juste derrière Facebook et Twitter. 72,3 millions de sites et de blogues au monde utilisent sa plateforme de contenu WordPress et elle en héberge la moitié d'entre eux. Les blogues de *La Presse* et de *L'actualité*, les sites de CNN ou de la NFL fonctionnent grâce à WordPress. Son président, Matthew (Matt) Mullenweg, a 28 ans. Combien de personnes sont-elles à l'emploi de cette entreprise ? 99, aux dernières nouvelles, réparties dans 74 villes de 21 pays et ils communiquent ensemble sur le Web et grâce à Skype.

De Montréal, Philippe Martin et deux partenaires situés à Lille, en France, « animent » La Fabrique de blogs sur le même modèle. La dernière fois que j'ai parlé à Philippe, il venait de vendre une extension (*plug-in*) conçue expressément pour le site Web d'un client français et réalisée par des programmeurs indiens. La petite entreprise a réalisé au fil des ans plus d'une centaine de mandats pour des entreprises canadiennes, européennes et même africaines.

Philippe Martin se définit comme une sorte d'« aiguilleur du ciel », arrimant les demandes des clients au travail des designers, programmeurs et rédacteurs qui réaliseront les sites, blogues et intranets ou qui prépareront le passage des entreprises sur les réseaux sociaux. « Tout cela permet à une petite entreprise du Québec d'effectuer des mandats partout au monde et d'en réaliser plusieurs à la fois », dit Philippe Martin.

Voilà des entreprises actives dans un marché bien particulier, me direz-vous. Vous avez raison, mais nous voici dans l'économie du 21e siècle avec des entreprises furtives, fragmentées et dématérialisées.

Ceci dit, ce ne sont pas toutes les entreprises qui peuvent aspirer au statut de géant national. Pierre-André Julien, de l'UQTR, se livre à une arithmétique implacable, qui s'appliquerait partout au monde. 70 % des entreprises resteront petites tout au long de leur existence. Ce groupe comprend les propriétaires de garages, de salons de coiffure, les psychologues et autres professionnels; pour l'essentiel des gens qui se sont trouvé un emploi pour eux-mêmes. 20 % des entreprises peuvent devenir relativement importantes et 10 % d'entre elles vont croître plus rapidement. Seulement 1 % des compagnies deviendront de grandes entreprises de plus de 500 employés.

Pierre-André Julien n'en fait pas une maladie. « Je veux que les petites entreprises deviennent des moyennes entreprises, mais devenir grandes n'est pas un objectif en soi. C'est inefficace et elles perdent de la flexibilité », dit-il. Le modèle qu'il semble privilégier est celui des *Mittelstand* allemandes, ces entreprises de taille intermédiaire qu'envient tous les autres pays européens. Elles comptent moins de 500 employés, mais elles sont souvent des leaders dans leur créneau. Ce sont des entreprises innovantes et très présentes sur les marchés étrangers. Elles ne sont pas cotées en Bourse et appartiennent, dans une proportion de 95 %, à leur famille fondatrice.

Je vous disais précédemment qu'il y avait 173 370 entreprises au Québec qui employaient plus de deux employés, soit 23 % des 750 652 sociétés semblables qui existent au Canada. Cela équivaut au poids de notre population au pays.[88]

L'Ontario compte 257 104 entreprises ayant les mêmes caractéristiques, soit 34,2 % du total canadien. C'est nettement *moins* que le poids des Ontariens dans la population canadienne qui est de 38,4 %. L'Ontario aurait-il un problème d'entrepreneuriat[xii] ?[89]

Par contre, la Colombie-Britannique, l'Alberta et la Saskatchewan ont une plus grande proportion de PME comparativement à la taille de leur population. Faut-il s'étonner que les provinces où la croissance économique est la plus forte, la croissance démographique la plus solide (entre 1981 et 2011, la population de l'Alberta a augmenté de 50 %) et l'augmentation du revenu personnel disponible la plus élevée soient celles où l'entrepreneuriat est le plus fort ? Loin de faire peur aux PME, les grandes sociétés minières et pétrolières semblent créer un terreau fertile pour la création d'entreprises.

Les États-Unis subissent eux aussi une crise de l'entrepreneuriat et personne ne met en doute la culture entrepreneuriale américaine. La Fondation Kaufman constate une baisse de 5,9 % du nombre d'entreprises créées aux États-Unis en 2011.[90] Les États-Unis comptent des millions de travailleurs autonomes de plus, mais le nombre de nouveaux établissements est au plus bas depuis 1994, année ou le Bureau of Labor Statistics a commencé à colliger des données sur le sujet. Les entreprises en démarrage ont créé seulement 2,5 millions d'emplois en 2010, comparativement à 4,7 millions en 1999.[91] Si le rythme de création d'entreprises avait été le même, 2,2 millions d'emplois supplémentaires auraient été créés !

Andy Grove, l'ancien président de Intel, s'inquiète lui aussi de la faible création d'emplois qui accompagne la création d'entreprises chez nos voisins. « Il ne faut pas idéaliser les entreprises en démarrage. Le passage essentiel consiste à passer du stade de l'idée à celui de la fabrication et de la commercialisation, c'est-à-dire la phase où les entreprises acquièrent une masse critique, mettent en application les concepts, construisent des installations et embauchent des personnes par milliers. Ce processus semble stoppé aux États-Unis », déplore-t-il.[92]

Savez-vous où l'entrepreneuriat est au plus mal aux États-Unis ? Dans des États qui souffrent économiquement, comme le Michigan et la Californie. Dans ce dernier État, la création nette d'entreprises est passée de 32 829 en 2008 à un solde négatif de 4 632 en 2010.[93]

La richesse personnelle est un facteur dans la décision d'entreprendre, car vous allez investir votre argent et vous obtiendrez un prêt d'une institution financière en fonction de la valeur de votre actif.

[xii] En février 2012, l'Ontario comptait par ailleurs 509 000 travailleurs autonomes de plus que le Québec. Les travailleurs indépendants y occupent 15,4 % des emplois, contre 13,6 % au Québec.

Quand la valeur de la propriété plonge ou n'est pas suffisamment élevée, l'argent se fait rare et le banquier plus revêche.

Naître au milieu de la tempête a quand même ses avantages : les coûts de main-d'œuvre sont moins élevés, les loyers sont moins chers et les taux d'intérêt sont plus bas. Ceux qui démarrent une entreprise par temps mauvais se font la main et acquièrent une expérience précieuse. Une étude américaine montre que 58 % des plus grandes entreprises américaines qui faisaient partie du classement du Fortune 500 en 2009 étaient nées soit en période de récession, soit quand le marché boursier était en forte baisse. La moitié des entreprises à forte croissance du magazine *Inc.* en 2008 étaient nées dans des conditions similaires.[94]

Plusieurs entreprises nées dans la tourmente et la confusion ont connu un immense succès. Pensons à FedEX (1973), GE (1873), HP (1939) ou CNN (1980). Pour paraphraser Yvon Deschamps, je trouve néanmoins qu'il vaut mieux être riche quand on lance une entreprise et dans un marché en bonne santé.

L'âge d'or

Retrouvons l'historien Paul-André Linteau pour donner une perspective historique aux grandes décennies de l'entrepreneuriat québécois. Elle est essentielle si on veut comparer, sans trop s'apitoyer, le Québec des années 1960 à 1990 à celui d'aujourd'hui.

Le Québec a été porté par une grande vague démographique et économique qui l'a considérablement enrichi. « À la fin des années 1930, la majorité des Québécois n'ont pas les moyens d'acheter une automobile. Vingt ans plus tard, tout le monde a la sienne. Avant même la question nationale, c'est l'enrichissement collectif phénoménal qui accompagne les Trente Glorieuses[xiii] qui permet le développement des entreprises québécoises », dit Paul-André Linteau.

L'économie mondiale est en effervescence de 1950 à 1973 et le Québec en profite. Dans les années 1960, le PIB réel (sans l'inflation) augmente de plus de 4 % par année. Le revenu personnel réel par habitant au Québec triple entre 1950 et 1980, passant de 5 851 $ par habitant à 18 071 $ (tableau p. 48).[95]

Les Québécois s'enrichissent et consomment. « La hausse considérable du pouvoir d'achat va permettre l'émergence et la croissance

---

[xiii] Les années de croissance économique quasi ininterrompues entre 1945 et 1973.

des entreprises fondées par des Péladeau ou des Coutu. Comme toutes les autres entreprises en Amérique du Nord, elles ont profité de ce phénomène », poursuit Paul-André Linteau.

Le deuxième facteur derrière le succès des entrepreneurs québécois sera la scolarisation accrue des francophones, historiquement la population la plus sous-scolarisée du Canada. « La réforme scolaire a joué un rôle, mais la pression démographique l'exigeait. Les parents voulaient des écoles pour leurs enfants. Maurice Duplessis a fait construire des écoles primaires ; ceux qui lui succéderont construiront des écoles secondaires et des collèges et inaugureront des universités. » Les résultats sont éclatants : entre 1971-1972 et 1981-1982, les effectifs des cégeps et des universités doublent presque.

Paul-André Linteau observe que le même phénomène s'est produit en Ontario, même si le retard était moins prononcé qu'au Québec. « L'accès à une plus grande scolarité a permis la création d'emplois de meilleure qualité ».

La plus grande participation des femmes au marché du travail constitue le troisième facteur d'enrichissement. Le phénomène commence vers 1975, avec le ralentissement de la croissance économique. Les familles réussissent à maintenir leur niveau de vie avec le double emploi.

« Nationalisme ou pas, tout cela était inéluctable et s'inscrit dans une tendance de fond qui se produit partout sur le continent. » Paul-André Linteau reconnaît évidemment que cela a permis au Québec de rattraper des retards importants.

« On a fait sauter le verrou de la discrimination. Dans les années 1950, les diplômés de l'École polytechnique ou de HEC avaient des difficultés à se faire engager par de grands employeurs et leur carrière était limitée. Ces employeurs préféraient embaucher des vétérans de la guerre dans des postes de cadres. C'était aussi le cas dans les ministères fédéraux. Vingt ans plus tard, les employeurs anglophones n'ont plus l'excuse de la sous-scolarisation. »

« Tout cela s'est produit très rapidement. En 1960, aucune banque canadienne-anglaise n'avait un vice-président francophone. En 1970, toutes leurs activités québécoises étaient dirigées par des francophones ! »

Les jeunes baby-boomers qui entrent sur le marché du travail dans les années 1970 et 1980 se battent pour les emplois. Cela explique pourquoi les « 100 000 emplois » promis par Robert Bourassa ont tant de résonnance et que le projet de la baie James capte l'imagination. Des milliers d'anglophones tentent leur chance à Toronto ou ailleurs, libérant des postes, mais les emplois de cadres supérieurs suivent souvent la route 401 avec le déménagement des sièges sociaux.

Incapables de se trouver du travail sur les marchés traditionnels, plusieurs jeunes tentent l'aventure de l'entrepreneuriat. Sans faire mention explicitement du Québec ou d'un autre pays, Pierre-André Julien et Michel Marchesnay estiment qu'environ 10 à 20 % des créations d'entreprises des années 1970-1990 s'expliquent par ces situations.[96]

Il y a, enfin, un projet politique d'appuyer les entrepreneurs francophones.

«La nationalisation de l'électricité a permis la construction de barrages en français. Des sociétés d'État comme Rexfor (forêt) et Soquem (mines) sont créées et on veut faciliter l'accès au crédit et au capital avec la Société Générale de Financement et plus tard avec le régime d'épargne-actions (RÉA)[xiv] et Investissement Québec. Mais il fallait préalablement que des gens aient un produit vendable. Il fallait qu'il y ait des entrepreneurs prêts à saisir les occasions et à profiter des tendances nouvelles», dit Paul-André Linteau.

Il se produit enfin dans les années 1970 et 1980 une série de phénomènes économiques qui favorisent l'éclosion des PME. Plus riches et mieux éduqués, les consommateurs désirent des produits mieux adaptés à leurs besoins. Les services deviennent l'élément moteur de l'activité économique et de nouvelles entreprises offrent une gamme presque infinie d'activités et de possibilités.

L'hypersegmentation des marchés crée beaucoup d'occasions d'affaires pour de nouvelles entreprises. Ces conditions existent encore, mais elles n'ont plus le même impact que lors de leur apparition. Je suis même tenté de croire que l'explosion des marques, des formats, des sortes, des saveurs et des offres de toutes sortes complique aujourd'hui la vie de l'entrepreneur. Eric Beinhocker, du McKinsey Global Institute, évalue que plus de 10 milliards de produits sont *déjà* offerts dans des marchés comme Londres et New York.[97]

Parallèlement, et sous pression de leurs actionnaires pour baisser leurs coûts, les grandes entreprises font de plus en plus recours à la sous-traitance, ce qui avantage aussi la création et la croissance des PME.

[xiv] Le Régime d'épargne-actions, établi en 1979, favorise l'inscription en Bourse et le développement de plusieurs entreprises tout en accordant des réductions d'impôts aux contribuables qui achetaient des actions d'entreprises du Québec.

Tout concourt à l'éclosion et à l'expansion des entreprises québécoises. Poussées par la vague, plus de 200 entreprises québécoises s'inscrivent en Bourse entre 1983 et 1987.[98] Ce sont des années d'exception. Après la vague, nous subissons maintenant le ressac. Les conditions qui expliquent la création ou la montée en puissance d'aussi belles entreprises que Cascades, Power Corporation, Bombardier, Quebecor, CGI, Saputo, le Cirque du Soleil ou Alimentation Couche-Tard dans les années 1970, 1980 et 1990 n'existent plus. La plus jeune de ces entreprises a d'ailleurs été créée il y a 28 ans (Cirque du Soleil).

Les éléments qui ont contribué à notre succès se sont mis à jouer contre nous. Entre 2000 et 2011, les exportations québécoises vers les États-Unis reculent de presque 37 %. Nos entreprises exportatrices encaissent difficilement le coup et des pans entiers de l'industrie manufacturière disparaissent.

Nous ne sommes pas moins intelligents, moins doués pour les affaires ou plus allergiques au succès que nous l'étions, nous nous battons pour ne pas sombrer et trouver le passage qui nous amènera à bon port.

L'implacable logique des chiffres

Avant de tracer notre chemin, essayons d'analyser ce qui nous arrive au juste. Ce qui frappe le plus fort et qui nous fait le plus mal, c'est la démographie.

Que disent donc les chiffres ?

Le boom démographique fait passer la population du Québec de 4 millions de personnes en 1951 à 6,5 millions en 1981, soit une augmentation de 2,5 millions de Québécois. Une population qui croît à ce rythme crée plus d'occasions d'affaires, élargit le marché local ou régional et contribue à faire grandir les entreprises. Les organisations privées et publiques doivent investir davantage pour tenir compte d'une plus grande clientèle.

Malheureusement, la population n'augmente que de 1,3 million de personnes dans les 30 années qui suivent, car les baby-boomers n'ont pas fait beaucoup d'enfants. Il y a eu deux fois plus de naissances en 1959 qu'en 2000, 144 459 contre 72 010.

La vague démographique qui a permis une croissance de 208,9 % du revenu personnel réel par habitant des Québécois entre 1950 et

1980 se retourne contre nous. Entre 1980 et 2010, l'enrichissement des Québécois n'est que de 43,7 %. Au cours des 30 dernières années, nous nous sommes enrichis cinq fois moins rapidement qu'entre 1950 et 1980.[xv] Pendant ces 30 ans, la dette nette du Québec a décuplé, passant de 14,3 milliards à 142,8 milliards.

Le Québec vieillit. En 1961, les jeunes de moins de 15 ans représentent 35,4 % de la population. La proportion est encore de 29,3 % en 1971. Les moins de 15 ans ne représentent plus que 15,6 % de la population du Québec en 2011. Les personnes de plus de 65 ans sont aujourd'hui plus nombreuses que celles qui ont moins de 15 ans.

L'âge médian du Québec, qui sépare la population en deux groupes égaux, est de 41,4 ans. Nous sommes un an et demi plus vieux que l'ensemble des Canadiens. En 2025, l'âge médian des Québécois dépassera les 45 ans.[99]

« Plus une population vieillit, moins elle va entreprendre et plus elle va songer à la retraite », dit Nathaly Riverin, directrice générale de l'École d'entrepreneurship de Beauce (ÉEB). « En vieillissant, on a une plus grande aversion au risque, et le Québec est plus vieux que ses voisins » fait aussi remarquer Pierre-André Julien.

Le vieillissement de la population créera une demande accrue en entreprise pour les meilleurs gestionnaires, comptables, ingénieurs ou avocats qui pourraient être moins tentés par l'entrepreneuriat et préféreront le calme relatif des grandes entreprises ou des organisations du secteur public.

Voilà pourquoi Nathaly Riverin, qui observe les tendances de l'entrepreneuriat depuis 20 ans, estime qu'il se créera moins d'entreprises au Québec dans les années à venir. « Le poids du développement économique et de la création de la richesse reposera sur moins d'entreprises. Il est donc impérieux de leur permettre de grandir et de développer les capacités des entrepreneurs », dit-elle.

Nos valeurs

Dans leur livre *Why Nations Fail,* James. A. Robinson et Daron Acemoglu[100] racontent comment les tsars russes et les Habsbourg en Europe centrale se sont opposés à l'industrialisation de leurs empires qui accusaient de ce fait un grand retard économique sur la Grande-Bretagne et la France postrévolutionnaire. Ces grandes puissances

---

[xv] Voir le tableau de la p. 48

du 19ᵉ siècle tenaient à maintenir une société agraire dominée par l'aristocratie. L'industrialisation et la modernité qui l'accompagnait étaient vues comme un ennemi potentiellement mortel pour leur pouvoir.

Les forces qui se sentent menacées par un Nouveau Monde font toujours barrage à son émergence. Par exemple, l'Église catholique québécoise propageait le modèle d'une société agricole coalisée autour de ses valeurs et de sa foi et se méfiait de l'urbanisation et du syndicalisme.

À notre époque, je suis tenté de faire la comparaison avec le discours protectionniste et souvent antimondialisation des syndicats inquiets de la montée en puissance des pays émergents. Le mouvement syndical et ses alliés veulent préserver un modèle économique organisé autour de grandes unités de travail syndiquées, le seul à leurs yeux susceptible d'offrir de bonnes conditions de travail. La notion de compétitivité et le coût des services publics demeurent pour eux des considérations secondaires.

La montée des services, le recours à la sous-traitance, la multiplication des besoins et des produits ont plutôt favorisé l'émergence d'une économie atomisée en de multiples lieux de travail. Les entrepreneurs, au statut plus précaire et soumis à la concurrence, veulent moins d'impôts et moins d'entraves réglementaires. C'est moins par idéologie que par intérêt : ils ont besoin de souplesse et de flexibilité pour survivre.

Portons-nous les *bonnes* valeurs pour créer des entreprises et bâtir notre économie ? Un sondage de la Fondation de l'entrepreneurship laisserait entendre que nous sommes moins portés au risque, plus timorés face à l'enrichissement et moins tolérants face à l'échec.[101]

Je ne m'étonne pas d'un tel scepticisme alors que les scandales réels et allégués dans l'industrie de la construction et dans l'octroi des contrats publics accaparent les médias depuis au moins deux ans. Les primes spectaculaires versées aux banquiers et aux patrons des grandes entreprises au moment même où le pouvoir d'achat de la grande majorité des citoyens est malmené concourent au cynisme et à l'indignation. Certains en profitent pour peindre tous les patrons en profiteurs, comparer le profit à un vol et considérer le développement économique comme une calamité.

Le Québec n'est la seule société au monde où on s'inquiète de l'existence d'un fossé entre la société et les entrepreneurs. En France, le quart des entrepreneurs estiment que leur pays encourage l'entrepreneuriat, contre 76 % en moyenne dans les pays du G-20.[102] Les créations d'entreprises ont chuté dans ce pays de 11,6 % en 2011. Récemment, une polémique a éclaté en Grande-Bretagne à propos des déclarations de Sir Terry Leahy, l'ancien PDG de Tesco, un géant de la distribution britannique, qui s'était inquiété du fait que la Grande-Bretagne avait développé «une culture d'opposition à la création de richesse».[103]

L'économiste Laurent Desbois, président de Fjord Capital, une firme spécialisée dans la gestion des devises, amène la discussion sur le terrain de l'identité et de l'État. L'identité québécoise, et la langue française comme élément central de cette identité, aurait agi comme moteur quand il fallait combler le vide créé par le départ d'institutions anglophones dans les années 1970, mais serait-elle aussi un frein dans notre volonté de ne pas trop ressembler à nos voisins anglophones, de peur de devenir trop comme eux et d'y perdre notre âme? Le repli sur soi identitaire aurait-il limité le potentiel d'opportunités des Québécois en limitant l'espace économique au seul territoire de la province? «Les coureurs des bois et les militaires de la Nouvelle-France n'étaient pas contraints par ce "glass ceiling", ce plafond invisible qui limite les aspirations géographique et identitaire. Il faut tenter de revenir à cet esprit», dit-il.

Le propos est sans concession, mais il y a beaucoup de vrai quand Joanne Marcotte dénonce la déresponsabilisation et l'infantilisation des citoyens.[104] La persévérance scolaire, le succès des entreprises et celui des artistes, l'exploitation des mines et du pétrole et même notre avenir financier personnel à la retraite devraient dépendre de cet État déjà très présent. Un État devenu inattaquable puisqu'il est vu comme le «rempart de l'identité québécoise».[xvi-105] «Comment avoir le feu sacré, le désir de réussir et de conquérir les marchés nouveaux dans une société qui nous rend moins responsables de notre avenir?» demande Laurent Desbois. Nous y reviendrons dans le chapitre sur l'État et la productivité.

Les Québécois aiment bien le confort relatif et la stabilité que leur offrent la fonction publique et les organismes et sociétés d'État. J'ai demandé à Jean-Marc Léger, le président de Léger Marketing, de vérifier certaines de mes intuitions. Il a eu la grande gentillesse d'accepter.[xvii]

Quand on demande aux Québécois pour qui ils préféreraient travailler, 46 % d'entre eux choisiraient le gouvernement et 43 %

[xvi] L'expression est d'Alain Dubuc.

[xvii] Léger Marketing, sondage auprès de 1 229 Québécois dont 665 travailleurs, réalisé du 7 au 9 mars 2012 par Internet. La marge d'erreur d'un échantillon probabiliste similaire serait de +/- 3%.

seulement l'entreprise privée. 51% des jeunes âgés entre 25 et 34 ans optent pour le gouvernement et 42% pour le privé. Le besoin de sécurité semble bien important pour les Québécois. Quant aux plus jeunes, ils rêvent de devenir fonctionnaires, pas entrepreneurs ni même employés du secteur privé!

Je comprends qu'une population plus âgée et à la veille de la retraite ait peur du risque, mais pas les jeunes censés incarnés l'avenir et l'audace! «Nous vivons dans une société qui ne valorise pas le risque. Nous avons trop peur de perdre», dit Gilbert Rozon. «Nous avons oublié que faire des erreurs fait partie de la vie et que pour bâtir, il faut d'abord essayer. Ce sera toujours un jeu d'essais et d'erreurs, mais cette dynamique permet de grandes choses», dit-il.

Quand on demande aux Québécois à qui ils font plus confiance pour le développement économique du Québec, à l'entreprise privée ou au gouvernement (incluant les sociétés d'État), leur choix est sans équivoque. Dans une proportion de deux pour un, ils désignent l'entreprise privée. Chez les 35-54 ans, 63% contre 23% misent sur le secteur privé.

Quand on demande aux Québécois quel est selon eux le principal moteur de l'économie du Québec, 64% disent le secteur privé et 25% le secteur public. La proportion atteint 69% chez les 35-54 ans.

Les entrepreneurs pourraient être déçus de ces résultats parce que trop de personnes qualifiées choisiront la quiétude de l'État plutôt que de se joindre à leur aventure. Les promoteurs de l'entrepreneuriat seront désolés de constater que le besoin de sécurité se manifeste si fortement.

En revanche, les entrepreneurs savent que leurs concitoyens comptent d'abord sur eux pour le développement du Québec et semblent manifester un net préjugé favorable à leur égard.

C'est déjà ça.

5. POURQUOI FAUT-IL DES ENTREPRENEURS ?

La devise de Louis-Marie Beaulieu, du Groupe Desgagnés : « Être fier de ce que l'on fait pour être fier de qui on est et de ce que l'on est. »

Pour les régions

Marc Dutil, le président du Groupe Canam, produit le même effet chaque fois qu'il présente sa région devant un auditoire de gens d'affaires. Je le cite de mémoire.

« La Beauce n'a pas de ressources naturelles. Elle est traversée par une voie d'eau non navigable. La région n'est pas une destination touristique. Il n'y a pas d'université, pas de géants manufacturiers et encore moins d'investissements étrangers. On n'y trouve pas un grand bassin de travailleurs disponibles et de professionnels qualifiés. L'autoroute qui y mène porte le numéro 73, probablement parce que c'est l'année où on a décidé qu'elle s'arrêterait avant la ville la plus importante de la région. La ville américaine la plus proche, Jackman, dans le nord du Maine, compte 432 habitants. Pourtant, le taux de chômage y est plus bas que dans toutes les régions du Québec. C'est que la Beauce a une ressource unique, les Beaucerons. »

« Le succès dans la vie ne dépend pas des pancartes (qui annoncent de grands projets) ni de l'asphalte, mais du monde », disait-il encore lors d'une conférence donnée dans un hôtel de Montréal, à la fin de novembre 2011.

Les entrepreneurs sont à la source de ce qu'on a appelé dans les années 1980 « le miracle beauceron ». « Aucun atout, mais des hommes téméraires », écrivait déjà en 1978 mon ancienne collègue Marie-Agrès Thellier.[106]

On se demande en effet pourquoi la région administrative Chaudière-Appalaches (la Beauce, la Rive-Sud de Québec et la grande région allant de Kamouraska à L'Islet) peut afficher le taux de chômage le plus bas du Québec en 2011 (4,8 %) et le taux d'emploi le plus élevé (65,9 %). Si Chaudière-Appalaches était une province, elle occuperait le deuxième rang derrière l'Alberta pour le pourcentage de personnes âgées entre 15 et 64 ans occupant un emploi.

L'adversité et l'ingéniosité de centaines d'entrepreneurs ont compensé pour les ressources qu'il n'y avait pas et les multinationales qui décidaient de s'implanter dans les régions ressources ou les centres urbains. J'écoutais le même Marc Dutil parler à d'autres entrepreneurs locaux contre le décrochage scolaire, le décrochage du travail (les retraites hâtives) et le décrochage du capital.[107]

Le décrochage du capital? Le président de Canam expliquait à cette occasion le succès de sa région par le grand pourcentage des entreprises appartenant à des Beaucerons, «des gens qui font leur épicerie ici, qui élèvent leurs enfants ici et qui investissent ici.» Des propriétaires d'entreprises qui, pendant les périodes difficiles, vont fermer d'autres installations avant de fermer leurs usines beauceronnes.

Le succès beauceron, ce serait la propriété. «Il faut demeurer propriétaires de nos *business*», disait-il lors du Sommet socioéconomique Beauce-Sartigan, en septembre 2010.

Dans un article publié en 1997 dans *L'actualité*, on faisait état de 112 usines à Saint-Georges-de-Beauce appartenant, dans plus de 80% des cas, à des Beaucerons.[108] On en compte encore au-delà d'une centaine dans les deux parcs industriels de la ville et dans son parc technologique.

Marc Dutil fait preuve de modestie quand il affirme que sa région ne compte sur aucun géant manufacturier. L'entreprise qu'il dirige, le Groupe Canam, est le plus grand fabricant de poutrelles d'acier au Canada. L'entreprise réalise quelque 12 000 projets de construction par année et possède 25 usines au Canada, aux États-Unis, en Roumanie, en Inde et en Chine. Les Yankees et les Mets au baseball ainsi que les Giants, les Jets, les Patriots et les Eagles de la NFL jouent dans des stades bâtis avec des composantes métalliques du Groupe Canam. L'entreprise affichait des revenus de 881 millions en 2011.

Marc Dutil est un président particulièrement allumé. J'avais voulu partager avec lui des éléments d'un livre dont je finissais la lecture et qui m'avait beaucoup plu. Non seulement il l'avait lu, mais il avait *tout* lu! Car en plus de diriger une grande entreprise, d'être le président fondateur d'une école de gestion, de jouer au hockey une fois par semaine, d'être marié et d'avoir cinq enfants, il m'a confié lire au moins un ouvrage par semaine - romans, essais et livres de gestion confondus. J'avais compris qu'il lisait quand il était en déplacement... et qu'il se déplaçait souvent.

Pourquoi une école pour entrepreneurs à Saint-Georges ? « Parce qu'il faut créer de la richesse un entrepreneur à la fois et que je suis incapable de laisser mourir une bonne idée », dit-il.

D'où l'idée de créer une école destinée uniquement aux entrepreneurs, un lieu où les professeurs seraient des dirigeants d'entreprises qui partageraient, dans un format bien encadré, leurs connaissances et expériences avec de plus jeunes entrepreneurs. De plus, la vie sur le campus leur permettrait de développer un solide réseau d'affaires, ce qui a manqué à Marc Dutil dans ses nombreuses formations dans les meilleures universités.

« Quand je suis allé étudier à New York (Columbia University) et à Boston (Boston College et Harvard), je me suis fait des amis que je ne reverrai jamais. Il n'y a pas eu de continuité après mes études à McGill ni après mes six semaines de cours en l'Alberta. À l'IMD (International Institute for Management Development), à Lausanne, il n'y a même pas de campus pour favoriser les relations entre participants », disait-il dans son discours.

L'École d'entrepreneurship de Beauce veut rehausser les capacités de gestion des propriétaires d'entreprise du Québec. 57 % des participants sont des releveurs d'entreprises, c'est-à-dire qu'ils sont ou deviendront propriétaires d'une entreprise déjà existante. 43 % d'entre eux ont démarré leur propre entreprise et 17 % des inscrits ont entre 30 et 39 ans.

Chaque fois qu'on parle de la Beauce, ce terreau fertile de l'entrepreneuriat et des PME, je suis tenté de faire la comparaison avec le Saguenay, royaume de la grande entreprise, comme nous l'avons vu plus tôt.

D'un côté la Beauce, la région sans ressource qui s'est développée grâce à ses entrepreneurs. De l'autre, le Saguenay, région riche en ressources hydrauliques et forestières et terre de prédilection d'immenses entreprises comme Rio Tinto Alcan. Vous serez peut-être étonnés d'apprendre que le Saguenay fait aujourd'hui meilleure figure que Montréal au niveau de l'emploi. La rareté de main-d'œuvre explique en partie la situation, mais le dynamisme entrepreneurial y est aussi pour beaucoup.

Rémi Roy, président du Groupe Canmec, un fabricant d'équipements pour les barrages hydroélectriques et les alumineries, n'aime pas qu'on dise qu'il n'y a pas d'entrepreneurs au Saguenay.

Je pense l'avoir piqué au vif avec ma vision un peu unilatérale des choses. « Prenez n'importe quel barrage électrique construit au

Québec et vous trouverez des PME du Saguenay actives dans l'excavation, la mécanique ou les structures. L'entrepreneuriat est fort ici. Nous avons un bon réseau et nous allons loin pour faire l'ouvrage», dit-il.

Il parle de Benoît Allard, fondateur de Canmec et de plusieurs autres entreprises de la région, une figure légendaire de l'entrepreneuriat local.

Il nomme aussi une dizaine de belles PME qui, comme Canmec, ont su profiter de la présence d'Hydro-Québec, de Rio Tinto Alcan et des papetières.

Les grands fournisseurs de commandes sont à la fois une bénédiction et une malédiction pour une entreprise comme le Groupe Canmec. D'une part, ils lui ont permis de se développer et d'afficher aujourd'hui un chiffre d'affaires de plus de 70 millions. D'autre part, les grandes entreprises lui rendent la vie difficile quand il s'agit de recruter et de garder les employés qui assureront son avenir. Les marchés de Canmec sont en pleine croissance et la société a besoin de nouvelles recrues pour suivre le rythme. Comment rivaliser avec les gros salaires et les bonnes conditions de travail des géants?

Le vieillissement de la population, déjà ressenti dans la région, complique les choses. Rio Tinto Alcan devra remplacer plusieurs de ses travailleurs qui approchent de la retraite et «il n'y a pas assez de bons jeunes disponibles dans la région», dit Rémi Roy.

Canmec conçoit, fabrique sur mesure et installe les pièces mécaniques qui entourent la turbine d'un barrage. Son expertise est telle qu'elle a obtenu des contrats pour tous les projets d'Hydro-Québec depuis 20 ans. «Aucun contrat n'est acquis. Il faut toujours être performant et se réinventer pour être plus efficace, car on n'obtient rien si on est le plus cher soumissionnaire», dit M. Roy.

Pour ne pas dépendre d'un seul client dans ce créneau, l'entreprise travaille aussi sur les projets de Manitoba Hydro et de l'Ontario Power Generation.

Canmec fabrique également des caissons d'électrolyse et plusieurs autres équipements utilisés dans les alumineries. Elle est dépositaire d'une technologie utilisée dans 80% des alumineries au monde, même si elle se concentre surtout sur le marché nord-américain.

Enfin, elle fabrique et répare des pièces pour des machines à papier et une division fait l'installation des composantes fabriquées par les autres unités du groupe.

Pour garder ses 425 employés heureux, « il faut faire les choses comme il faut », dit le président. Cela veut dire offrir une rémunération adéquate, s'assurer de la propreté des trois usines, avoir un bon bilan en santé et sécurité et expliquer aux syndiqués les stratégies de l'entreprise. « Notre plus grand défi, c'est de rendre notre entreprise attrayante pour attirer de bons jeunes et les rendre heureux et motivés », indique M. Roy.

Canmec veut aussi responsabiliser davantage sa cinquantaine de cadres, de techniciens et d'ingénieurs. « Nous leur offrons des défis et la possibilité de réaliser de belles choses. Ils ont la chance de rencontrer des clients et nous nous adaptons à leur vie familiale en leur offrant la possibilité d'avoir des horaires variables », dit Rémi Roy.

Canmec a investi 3 millions au cours des dernières années pour de nouveaux équipements, mais c'est le capital humain qui mobilise son président. Celui-ci n'a pas peur de faire place aux jeunes. Il a d'ailleurs confié la direction de l'ingénierie de Canmec Industriel et la direction générale de l'usine de La Baie à deux jeunes ingénieurs de 34 ans.

De plus, des actions de cette société privée ont été allouées à de jeunes gestionnaires qui font partie de la relève de l'entreprise. En agissant ainsi, Rémi Roy suit l'exemple de celui qui l'a embauché en 1989. « Benoît Allard s'entourait très bien. Je veux poursuivre sa tradition en travaillant avec des gens de haut calibre que je veux voir grandir dans l'entreprise. »

Les PME constituent l'ossature de l'économie québécoise et de la plupart de ses régions. Elles représentent 99 % des entreprises au Québec, comptent pour 40 % des exportations et le tiers des dépenses en R & D.

Au niveau canadien, les PME de moins de 500 employés sont responsables de 54,3 % du PIB du secteur des entreprises en 2005. Elles comptent pour un peu plus de 30 % de l'ensemble de l'économie canadienne.[109] Les deux tiers des employés du secteur privé travaillent dans une PME et ont créé en moyenne 54 % de tous les emplois du secteur privé entre 2001 et 2010. 86 % des exportateurs sont des PME, même si elles ne génèrent que 25 % de la valeur totale des exportations.[110]

L'entrepreneuriat est endogène. Il ne dépend pas de grands investissements spectaculaires, de la découverte et de l'exploitation d'une ressource convoitée ni de la magnanimité d'intérêts étrangers. Il peut se développer partout et contribuer, une ville et une région à la fois, à notre qualité de vie.

Il n'y avait aucun avantage stratégique ou géographique à établir le siège social de Walmart à Bentonville en 1962, une petite ville de 3 649 habitants faisant partie d'un État pauvre et en décroissance démographique depuis deux décennies. Sam Walton a cependant choisi sa propre ville pour bâtir ce qui deviendra la plus importante entreprise au monde en termes de revenus.

Pour les pays

L'entrepreneuriat est aussi à la source du développement extraordinaire de l'économie américaine des décennies 1960, 1970 et 1980 et celui tout aussi spectaculaire de la Chine au cours des dernières années.

Peter Drucker a bien mesuré l'impact de ce qu'il a appelé « l'économie entrepreneuriale ». De 1965 à 1985, le nombre d'Américains à se joindre au marché du travail augmente de 40 %. Une telle situation aurait pu écraser l'économie américaine et se traduire par des millions de chômeurs. Or, le nombre d'emplois créés pendant cette période est en hausse de 50 %. Entre 1974 et 1984, 24 millions d'emplois sont créés.

Qui est derrière ce dynamisme extraordinaire ? Les entreprises à forte croissance de taille moyenne (avec des revenus entre 25 millions et 1 milliard). Les 100 meilleures d'entre elles affichent une croissance trois fois supérieure aux compagnies qui font partie du classement des 500 plus grandes entreprises du magazine *Fortune*. Proportionnellement, elles créent trois fois plus d'emplois que l'ensemble de l'économie américaine.[111]

L'extraordinaire montée en puissance de la Chine, devenue la deuxième économie mondiale, s'explique aussi par l'entrepreneuriat. L'entreprise privée et les millions de nouveaux entrepreneurs constituent le véritable moteur du succès de la Chine.

On compte aujourd'hui 43 millions d'entreprises en Chine, dont 93 % sont privées. Ces entreprises emploient 92 % des travailleurs du pays. Le nombre d'entreprises privées a crû de plus de 30 % par année entre 2000 et 2009. Dans le secteur de la fabrication, elles accaparent les deux tiers de la production et réalisent de 75 % à 80 % des profits.[112]

Le retour sur l'investissement des entreprises d'État ne serait que de 4 %, malgré les conditions favorables accordées par les banques d'État, alors que celui des entreprises privées serait de 14 %, selon deux professeurs de l'Université de Hong Kong cités par *The Economist*. Une performance remarquable d'autant que les entreprises privées de plus de huit employés ne sont autorisées en Chine que depuis 1981.

Grâce à l'entrepreneuriat et aux réformes économiques, l'économie chinoise est 10 fois plus grosse qu'en 1978[113]. 500 millions de personnes ont quitté l'extrême pauvreté (moins de 1,25 $ par jour selon la Banque Mondiale) et on estime que 300 millions de Chinois disposent aujourd'hui de revenus discrétionnaires suffisants pour acheter des biens dont ils ne pouvaient que rêver il n'y a pas si longtemps. D'ici une génération, la classe moyenne chinoise devrait être quatre fois plus importante que la classe moyenne américaine.

Dans la plupart des pays émergents, l'entrepreneuriat se développe naturellement avec l'enrichissement et l'urbanisation. Il y aurait 319 millions d'entrepreneurs dans les pays du G20, la majorité en provenance des pays émergents.[114] Selon les consultants du groupe McKinsey, 36 % des variations dans la croissance économique mondiale s'expliquent par des changements dans le rythme de création d'entreprises.

L'entrepreneuriat s'impose d'autant plus dans ce monde en profonde transformation. Le Forum économique mondial de Davos se tenait en 2012 sous le thème « Transformer un modèle ébranlé par une crise économique sans précédent ».

« Résoudre les problèmes avec des modèles dépassés (…) va nous enfoncer encore plus », disait le président et fondateur du Forum économique mondial, le professeur d'économie Klaus Schwab, qui a lancé cette rencontre il y a plus de 40 ans. Pour éviter la catastrophe, Klaus Schwab soutient qu'il faut donner les moyens aux jeunes de créer leurs propres emplois. Il faut vaincre le chômage par le microentrepreneuriat, croit-il.

Pour les citoyens

Pierre Fortin me disait, citant le regretté historien et économiste Albert Faucher, qu'il y a toujours eu des entrepreneurs au Québec, mais pas nécessairement dans les affaires.

Les « entrepreneurs sociaux » sont nombreux au Québec. Jean-François Archambault a créé La Tablée des Chefs, qui est en quelque sorte le grossiste des banques alimentaires en offrant un service de courtage en alimentation durable, un autre de préparation de repas prêts-à-manger et qui donne une formation culinaire aux jeunes moins favorisés ou en difficulté. Je pense aussi à Daniel Germain du Club des Petits Déjeuners et au Dr Gilles Julien, fondateur de deux centres de pédiatrie sociale en communauté.

André Chagnon, sans doute le plus grand entrepreneur social du Québec, a été l'un de ses plus grands entrepreneurs. Le fondateur de Vidéotron a investi 1,6 milliard dans la Fondation Lucie et André Chagnon qui cherche à prévenir la pauvreté au moyen de la réussite éducative. André Chagnon a en quelque sorte «professionnalisé» la philanthropie au Québec avec une approche méthodique, des objectifs bien spécifiés et un travail à long terme. «Notre priorité est d'assurer la pérennité de nos actions», disait-il lors d'une interview accordée en 2008.[115]

Nicolas Arsenault est un bon exemple d'entrepreneur social. Cet homme d'affaires de 38 ans met son énergie, son intelligence et son expérience à un des défis les plus importants du Québec: la lutte contre le décrochage scolaire.

Au primaire, il est un gamin qui veut «faire des projets» et il déborde d'idées. Il n'aime pas beaucoup étudier mais comme papa est directeur d'école, le décrochage n'est pas une option dans la famille.

Il s'inscrit donc en ingénierie à l'Université du Québec à Trois-Rivières où il organise, évidemment, les partys, la radio étudiante et il inaugure un café sur le campus.

C'est dans le cadre d'un cours qu'il a écrit, en 1996, le plan d'affaires d'une entreprise de création de sites Web pour compagnies. Non seulement il a écrit le plan, mais il a commencé à recruter des étudiants en design et en informatique et s'est associé avec deux finissants de son programme, Marco Dodier et Yves Éric Laliberté pour créer Cesart International.

«Nous logions dans une maison de Trois-Rivières qui était tout le temps pleine. Nous avions une dizaine d'employés, qui gagnaient plus d'argent que nous». Rapidement, l'entreprise signe des contrats avec des clients de l'envergure de Cogeco Câble. Cesart sera vendu à Bell en 2001.

Les trois partenaires mettent au point des nouvelles méthodes et applications pour la téléphonie IP (protocole internet) et créent une nouvelle entreprise nommée Cescom. Les trois partenaires ont amassé 30 millions pour financer le nouveau projet.

Il travaille ensuite avec François-Charles Sirois sur le projet Microcell i5 qui veut, déjà à l'époque, faire migrer les contenus du Web en téléphonie mobile et effectuer des transactions bancaires à partir du téléphone. Malheureusement, le krach boursier des titres technologiques en 2001 a empêché Microcell de trouver du financement pour ce projet.

En 2001, Nicolas Arsenault part en Europe où il devient consultant pour des opérateurs de téléphonie mobile voulant développer des solutions de contenu mobile et de paiements. Il vit trois ans en Europe, notamment à Sausset-les-Bains, dans les Bouches-du-Rhône. Son fils naît d'ailleurs à Marseille, en 2004.

Il revient au Canada en 2005. « J'étais en réflexion sur mon prochain défi. J'avais réalisé de gros financements. J'avais une Ferrari. J'ai lancé des entreprises. J'ai vécu en Europe. J'ai eu une maison sur le bord de la Méditerranée et un bateau. Tous mes rêves matériels avaient été réalisés. De plus, je n'avais plus la motivation de m'enrichir comme avant. Je n'avais plus le désir du milliard ou de l'empire, mais j'avais encore celui de bâtir quelque chose. Je me suis donc tourné vers l'entrepreneuriat social », dit-il.

Il cherche un projet où il peut faire une différence. Il envisage la lutte contre la pauvreté, puis l'amélioration de la santé des milieux défavorisés. « Je me rendais compte qu'il y avait un dénominateur commun à tous ces problèmes : l'éducation et la prévention. »

Comment utiliser alors son expérience en télécommunication et en marketing dans une cause sociale ? Au même moment où il se pose cette question, Jacques Ménard rend public le rapport du groupe d'action sur la persévérance scolaire.

Même si des progrès importants ont été effectués au cours des dernières années, grâce notamment à l'éducation aux adultes, 11,7 % des jeunes Québécois de 20 à 24 ans n'ont pas de diplôme secondaire et ne fréquentent plus l'école. C'est le taux le plus élevé au Canada. En 2009-2010, un jeune décrocheur gagnera 70 $ de moins par semaine qu'un diplômé du même âge. S'il travaille, car il a une chance sur quatre d'être chômeur.[116]

« Jacques Ménard et moi arrivions au même constat : il fallait valoriser davantage l'éducation et l'implication citoyenne était un prérequis à la persévérance scolaire. C'est ainsi qu'est née la Fondation Mobilys. Les membres fondateurs sont mon père et moi et Jacques Ménard et son fils. C'est un projet multigénérationnel où chacun apporte son expérience.» Un projet qu'il veut mener avec la même démarche et la même rigueur qu'une entreprise privée.

La Fondation crée des vitrines interactives sur les médias sociaux, permettant aux écoles de communiquer sur une base régulière avec leur communauté la passion, les efforts et les projets déployés en lien avec la persévérance scolaire. Une fois les citoyens et la communauté informés, ils sont invités à s'impliquer dans les projets sur la persévérance scolaire des enseignants ou des intervenants.

«Aujourd'hui, l'éducation ne *goûte* pas très bon. Les citoyens croient que la réforme pédagogique ne donne pas les résultats escomptés, que les enseignants ont des difficultés avec les élèves, qu'il y a de l'intimidation à l'école, qu'il manque d'argent et que les infrastructures sont désuètes. La "vitrine-école" va leur permettre de savoir ce qui se passe vraiment dans leur école de quartier, de constater que les enseignants font des projets exceptionnels avec les élèves et que ça vaut la peine de s'y investir», dit-il avec l'intensité d'un entrepreneur en présentation de vente!

La Fondation Mobilys offre donc un outil pour faire connaître les bons coups des écoles du Québec. Le contenu est personnalisé à chaque école, en fonction de la réalité locale et des forces en présence dans son milieu. «Une fois que la communauté est en lien avec son école, elle a un sentiment de fierté et d'appartenance. C'est ainsi qu'on veut valoriser l'éducation. L'école devient importante pour sa communauté et la persévérance devient l'affaire de la société et non d'un enseignant.»

Non seulement la communication est personnalisée, mais l'implication citoyenne se fait un peu sur le modèle de eBay. «Nous sommes en train de créer un marché de services citoyens pour les écoles.»

Nicolas Arsenault donne l'exemple de l'école Henri-Bourassa à Montréal-Nord, un établissement qui avait mauvaise réputation. La vitrine-école a fait connaître à la communauté de Montréal-Nord des projets de persévérance scolaire qui rejoignent 225 jeunes dans des équipes sportives, 100 étudiants impliqués en musique et 90 dans les activités en français.

«En quelques semaines, un chef d'orchestre a dirigé une activité parascolaire en musique; une romancière a animé un atelier de lecture et des sportifs ont donné un coup de pouce aux équipes de l'école. De plus, Marc Vachon, une sommité du monde de l'humanitaire qui vit en Afrique, est venu prononcer une conférence. Une entreprise a versé 10 000 $ pour aider les étudiants et l'école a reçu un don de 15 000 $ pour du matériel informatique. Le nombre de parents qui souhaitent inscrire leurs enfants à cette école a doublé et plus de 1000 personnes reçoivent chaque semaine des nouvelles de ce qui se passe à l'école Henri-Bourassa. »

L'objectif est de mettre en réseau 150 écoles, au rythme de 30 par année, et ce dans les 17 régions du Québec. « 150 écoles qui communiquent avec 1000 personnes chacun les bons coups du système d'éducation, cela donne 150 000 leaders d'opinion connectés à 3,5 millions de Québécois branchés sur les médias sociaux. »

6. POURQUOI FAUT-IL DES ENTREPRENEURS AU QUÉBEC?

La devise de Nicolas Bélanger : « Do or do not, there is no try. »
(Yoda, dans Star Wars)

La démographie, encore la démographie

« La démographie explique la plupart des choses qui arrivent dans la société. David Foot n'a pas tort de dire que les deux tiers des phénomènes sociaux ou économiques s'expliquent par elle. Si les dirigeants écoutaient les démographes, ils prendraient moins de décisions irrationnelles. Ma mission dans la vie est de faire en sorte que la démographie occupe une place fondamentale dans la compréhension des sociétés », dit le démographe Jacques Légaré, rencontré dans son bureau de l'Université de Montréal, véritable caverne d'Ali Baba où livres et documents s'empilent dans un merveilleux désordre. « Un professeur émérite a forcément beaucoup de papier dans son bureau ! », dit-il.

Professeur depuis 1965 à l'Université de Montréal, il a mérité ce statut après son départ forcé en 1997, à l'âge de 59 ans, dans la grande opération gouvernementale de compressions budgétaires dans les secteurs public et parapublic. « Cela me mettait en porte-à-faux parce que je n'arrêtais pas de dire à mes étudiants qu'il faudra travailler de plus en plus longtemps ! »

Ce statut lui donne droit à un bureau et il peut diriger des thèses et des mémoires, mais il ne peut plus enseigner à moins d'être invité par un collègue du département comme expert dans un cours en particulier. Il a ainsi sauvé sa réputation, car il est toujours actif à l'âge de 73 ans et il ne se sent « ni dépassé ni vieux ».

Il n'a en tout cas rien perdu de sa fougue. « On a berné les gens en leur faisant croire que tout était illimité. Nous vivons dans un monde irréel. On a la tête dans le sable et il faut brasser la cage », dit-il. Il ne s'en prive pas.

« On s'en va dans le mur, c'est-à-dire vers une guerre de générations. Les jeunes vont se rebeller parce qu'ils ne pourront pas accepter que leurs parents et grands-parents vivent comme des pachas et qu'eux sont dans la merde », dit-il. « Notre legs à la jeune génération est scandaleux. On leur laisse une dette publique et une dette privée et on va flamber ce qui aurait pu être leur héritage personnel. »

De la même manière que nous avons évité une guerre des sexes avec des changements comme l'équité salariale, il suggère d'établir une « comptabilité générationnelle » pour déterminer ce qu'une génération a obtenu par rapport à ce qu'elle a contribué. Il est conscient que ce ne sera jamais égal, mais ce serait une bonne occasion d'émettre des principes « pour se sortir du trou ».

Jacques Légaré est vraiment indigné. Parlant de la désinstitutionnalisation des personnes âgées, il trouve absurde l'idée du retour à la maison des patients qui viennent d'être opérés. « Le gouvernement tenait pour acquis que les conjoints étaient pour s'occuper d'eux. Or, la démographie nous apprenait que la famille n'était pas en état de s'en occuper parce que les baby-boomers n'ont pas eu beaucoup d'enfants et que le principal aidant naturel, le conjoint, n'était souvent plus à la maison à cause de la fragilité des couples ».

Selon lui, une société plus vieille a davantage besoin d'escaliers mécaniques et de plateformes de train que de nouvelles stations de métro et plus besoin de soins à domicile que de deux hôpitaux universitaires. « À quoi vont servir des milliards pour porter l'espérance de vie de 80 ans à 82 ans si nous n'avons pas les moyens de donner une douche aux aînés tous les jours ? » demande-t-il.

« Il faut refaire nos paradigmes et faire des choix différents si nous vivons dans une société où les gens vivent 100 ans en moyenne. Nous aurons de plus en plus de personnes âgées dépendantes et nous ne sommes pas prêts », dit-il.

Jacques Légaré croit que les gens n'auront pas le choix et devront travailler plus longtemps. Encore une fois, l'image est forte. « Liberté 55, c'est pour moi aussi épouvantable que Joe Camel. C'est la même perversité. On aurait dû dire à l'époque que c'était une fumisterie. Les retraites hâtives dans le secteur public sont aussi une aberration. Les baby-boomers vont vite constater qu'ils n'auront pas les ressources pour maintenir le même train de vie. Il faut les informer qu'ils devront travailler plus longtemps et le marché de l'emploi doit les accepter. »

Une dernière prédiction ? « Les enfants des boomers vont avoir le choix des chambres dans les CHSLD ! »

On aurait tort de prendre à la légère les propos de Jacques Légaré. Il dit de façon colorée ce que les économistes anticipent de façon plus cérébrale. Il nous rappelle aussi que si le Québec a besoin d'entrepreneurs, c'est qu'il aura besoin de générer beaucoup d'argent dans les années qui viennent.

En 2006, les économistes du Mouvement Desjardins et du Centre interuniversitaire de recherche en analyse des organisations (CIRANO) affirmaient dans un document-choc que « le défi majeur auquel le Québec sera confronté très bientôt consisterait à s'ajuster au choc démographique ».[117]

Ce qui était le plus préoccupant dans cette étude de Desjardins et du CIRANO, c'était son sommaire ! Tous les impacts du vieillissement, les faiblesses de l'économie québécoise et les défis à relever étaient énoncés l'un après l'autre dans un seul sous-chapitre terrifiant. Il se lisait ainsi :

Moins de richesse collective

Des dépenses publiques plus élevées

Une faible productivité du travail

Un PIB potentiel de plus en plus faible

Un lourd fardeau fiscal

La grande dépendance à l'égard des transferts fédéraux

Les aléas de la conjoncture économique

Une concurrence internationale accrue

Malheureusement, tout cela est encore vrai. Le bassin de main-d'œuvre disponible diminuera dès 2016, certaines régions seront moins peuplées, le potentiel de croissance de l'économie sera moindre, il y aura une pression sur les revenus de l'État pendant que les dépenses augmenteront à cause du vieillissement de la population.

Trois choses ont changé depuis 2006 et ce n'est pas pour le mieux. La dette du Québec s'est alourdie à cause de la récession et du rattrapage qu'il fallait faire du côté des infrastructures. Le poids fiscal des Québécois a augmenté à la suite des hausses de taxes et de cotisations. Un taux d'épargne insuffisant et le pitoyable rendement des marchés boursiers et obligataires empêcheront les baby-boomers de vivre une retraite aussi confortable et hâtive qu'ils le croyaient.

Pour l'ensemble du pays, et bien que le vieillissement soit moins prononcé qu'au Québec, les calculs de la Banque du Canada montrent que les revenus moyens des Canadiens pourraient accuser une baisse atteignant 20 % dans 20 ans par rapport à ce qu'ils seraient si la population ne vieillissait pas.[118]

Le Québec n'est pas la seule entité à avoir accumulé une dette trop lourde et à devoir subir les contrecoups du vieillissement de sa population. L'endettement et la démographie causent des soucis dans tous les pays dits développés.

Le fait que nous ne soyons pas seuls dans la même situation est peut-être un réconfort, mais cela ne nous épargnera pas la tourmente qui se prépare. Si l'économie du Québec croît à la vitesse d'un escargot, cela veut dire que nos entreprises ne suivent plus la cadence, que leur productivité n'est pas à la hauteur et que leur situation concurrentielle se fragilise.

En retour, les rentrées d'argent seront plus faibles dans les coffres des gouvernements, la pression sur les dépenses publiques sera infernale et les programmes sociaux seront vulnérables. On parle ici de l'appauvrissement généralisé de la population d'autant plus que nous sommes, côté épargne, un peuple de cigales plutôt qu'un peuple de fourmis.

Le vieillissement de la population aura forcément un impact sur les habitudes de consommation des Québécois. Paul Arsenault, directeur du Réseau de veille en tourisme et professeur à l'École des sciences de la gestion de l'UQAM, croit que le potentiel touristique de Montréal et de Québec sera limité par les facteurs démographiques et il s'attend à une stagnation de la demande partout en Amérique du Nord.

« J'ai peur que les 500 000 Québécois qui accéderont à la retraite entre 2010 et 2015 et qui en auront les moyens visitent d'abord les pays étrangers. Le prix d'un vol entre Paris et l'Amérique du Nord est au même niveau qu'en 1975. De plus, le marché des destinations non traditionnelles est en forte hausse. Il n'y a pas eu non plus de renouvellement de clientèle parmi les Américains, qui constituaient notre première clientèle étrangère. »

Le choc démographique frappera les entreprises de front. Le professeur de fiscalité Luc Godbout, de l'Université de Sherbrooke, mesure ainsi l'ampleur de l'impact. « De 1976 à aujourd'hui, le nombre de personnes en âge de travailler a grossi de 1 million de personnes, ce qui a donné un élan extraordinaire à l'économie. À partir de maintenant et jusqu'en 2026, il n'y aura plus de croissance du bassin de travailleurs potentiels alors que ce ne sera pas le cas en Ontario ou aux États-Unis. »[xviii-119] Le nombre de travailleurs potentiels diminuera de 1,1 % au Québec entre 2010 et 2030 alors qu'il augmentera de 7,7 % au Canada.

[xviii] Entre 2013 et 2025, la population québécoise âgée de 15 à 64 ans diminuera de 2,7 %, soit de près de 150 000 personnes.

Les Québécois se retrouvent dans la condition suivante : leurs conditions de vie sont supérieures à celles de l'immense majorité des pays, mais ce confort est mis en danger. Luc Godbout, auteur d'une série de classements attestant de la qualité de vie des Québécois[120] est le premier à le reconnaître : « Le vieillissement est incontournable et tout passe par là. »

Satisfaction à l'égard de la vie, année la plus récente

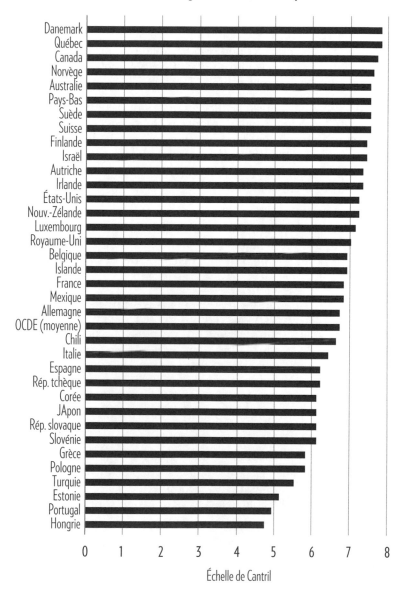

Échelle de Cantril

La dette

Les pages qui suivent ne constituent pas un réquisitoire contre le «modèle québécois». Je veux tout simplement démontrer que le Québec devra faire mieux pour affronter la tempête démographique. Il faudra travailler plus efficacement et plus longtemps, d'autant plus que notre passif est considérable.

Premier élément de ce passif: le Québec est très endetté. Qu'importe la définition de l'endettement que vous choisissez (déficits accumulés, dette brute, dette nette, dette du secteur public), nous sommes la province la plus endettée du Canada en proportion de la taille de l'économie. La dette brute du Québec a augmenté de 64% entre 1997-1998 et la fin de l'exercice 2011-2012.

Il y a deux ans, le ministère des Finances du Québec avait lui-même comparé le niveau d'endettement du Québec à celui du Japon, de l'Italie, de la Grèce et de l'Islande. En ajoutant à la dette du Québec une partie de la dette fédérale et en appliquant la méthodologie utilisée par l'OCDE, le Québec occupait le cinquième rang des «pays» les plus endettés.[121]

Nous ajoutons à cette dette des milliards par année à cause des déficits budgétaires, des investissements dans les infrastructures et des réseaux publics d'éducation et de santé. Les routes, les ponts et viaducs avaient besoin d'une remise à niveau après des décennies de négligence.

Pour le moment, la situation budgétaire du Québec reste sous contrôle. Il n'y a pas de dérapage incontrôlé des dépenses, même si l'État mène un grand train de vie.[xix-122] De plus, ses prêteurs n'ont pas de raison de croire pour le moment qu'il ne sera pas en mesure de payer les quelque 9 milliards d'intérêts annuels que coûtent nos emprunts. Plus que l'endettement en soi, c'est la capacité de servir la dette qui préoccupe les marchés. Il faudrait une augmentation subite et substantielle des taux d'intérêt pour que la situation change.

Sauf que le vieillissement va nous causer deux gros soucis. La croissance économique sera au ralenti, ce qui aura une incidence à la baisse sur les revenus de l'État, alors que les dépenses vont augmenter en raison du vieillissement. Les dépenses de santé par habitant étaient en 2009 de 4,5 fois plus élevées pour les personnes de 65 ans

---

[xix] Selon le Comité consultatif sur l'économie et les finances publiques, le Québec finance 26% de plus de services que l'Ontario alors que son produit intérieur brut (PIB) est de 14% inférieur. Si le Québec offrait les mêmes services que l'Ontario, il dépenserait près de 18 milliards $ de moins que la province voisine.

et plus que pour les adultes de 20 à 64 ans.[123] En 2011-2012, les dépenses en santé étaient de 29,1 milliards. Elles passent à 30 milliards cette année. En 2009, un groupe d'économistes, parmi lesquels on trouve Luc Godbout et Pierre Fortin, anticipaient des coûts de 50 milliards en 2021, de 85 milliards en 2031 et de 202,7 milliards en 2051.[124]

Voilà qui va joliment compliquer le travail des futurs ministres des Finances, d'autant plus que le niveau de dépenses publiques est supérieur aux autres provinces, que la fiscalité est plus lourde et que l'endettement de l'État est plus élevé. Avant même les deux hausses successives de la TVQ, les économistes Luc Godbout et Marcelin Joanis affirmaient en 2009 : « Sans ambiguïté, c'était au Québec que le taux de pression fiscale était le plus élevé dans la fédération canadienne. »[125]

L'autre héritage

La prochaine génération, moins nombreuse et possiblement plus pauvre n'héritera pas seulement de la dette publique. Le marché a joué de sales tours aux régimes de retraite avec des rendements boursiers et obligataires extrêmement modestes.

Les obligations du gouvernement provincial envers ses employés atteignaient 75 milliards en 2011.[126] Le passif des régimes de retraite et des avantages futurs consentis par les différents gouvernements (la différence entre les obligations contractuelles et l'argent mis de côté) atteignait 29,1 milliards en 2011. Cette somme fait partie de la dette du Québec.

Le déficit actuariel des régimes de pension du gouvernement fédéral est officiellement de 147 milliards, mais serait plutôt de 227 milliards selon une récente étude de l'Institut C.D. Howe.[127] L'Institut explique qu'Ottawa a bâti ses chiffres à partir d'un rendement annuel prévu de 4,2 %, une projection jugée irréaliste dans les conditions actuelles du marché.

Le *Journal de Québec*[128] établissait à 26 milliards les déficits actuariels de 1300 fonds du secteur public et privé québécois, un montant qui exclut plusieurs régimes, dont ceux du gouvernement du Québec. Pour renflouer ces régimes, les employeurs du secteur privé devraient rembourser 17 milliards. Plusieurs entreprises feraient faillite si elles y étaient obligées du jour au lendemain. Sans oublier le poids de ces régimes sur les activités de l'entreprise. Air Canada, par exemple, compte 26 000 employés mais 29 000 retraités.

Au Canada, on parle d'un déficit de provisionnement[129] de plus de 350 milliards à la fin de 2008 pour les régimes privés de pension.

Dans le secteur municipal québécois, les déficits actuariels cumulés des villes atteignent 3 milliards. Elles feront payer 800 millions aux citoyens cette année pour renflouer les coffres de régime de retraite de leurs employés.

À la Ville de Montréal, les sommes engagées pour renflouer les régimes de retraite de ses employés sont passées de 130 millions en 2005 à 609 millions en 2012. C'est presque cinq fois plus en une très courte période de temps.

Si on continue à ce rythme, les villes du Québec n'auront plus les moyens d'offrir les services à la population et ne serviront qu'à récolter assez d'argent pour payer une belle retraite à leurs anciens employés.

La catastrophe des régimes de retraite se traduit aussi par une dure injustice entre les travailleurs du secteur privé et ceux du secteur public.

Près de 80 %[130] des employés du secteur public canadien ont un fonds de pension à prestations déterminées qui leur garantit un revenu représentant un pourcentage élevé de leur ancien revenu de travail. Ils ne sont que 17 % dans le secteur privé canadien à avoir ce type de régime. Les travailleurs du secteur privé devront néanmoins payer des impôts et taxes élevés aux deux niveaux de gouvernement et des impôts fonciers de plus en plus lourds pour assurer la pension de leurs amis, voisins et parents du secteur public.

Ajoutons à ce tableau que les Québécois épargnent peu et tendent à consommer tout ce qu'ils gagnent. «La conséquence est la suivante : lorsqu'ils quittent le travail à 60 ans, comme c'est la norme au Québec, les deux tiers des travailleurs de la classe moyenne n'ont pas accumulé suffisamment d'épargne pour éviter une chute importante de leur niveau de vie», écrivait récemment l'économiste Pierre Fortin.[131]

L'économiste résume la situation avec l'une de ses formules dont il a le secret : «La source du problème, c'est que depuis 50 ans, nos gens passent 10 ans de moins au travail et 20 ans de plus à la retraite et que, malgré cela, ils épargnent moins aujourd'hui qu'à l'époque dans chaque année de leur vie active.»

S'enrichir pour demain

L'autre « passif » est moins apparent et il est l'objet de féroces débats. Il se résume en une question : le Québec est-il aussi riche que ses voisins nord-américains ? Jean-François Lisée a engagé un combat sur le sujet et semble en faire un élément clé pour convaincre les Québécois d'appuyer la souveraineté.

Voilà un débat mal engagé, car il s'inscrit d'emblée dans une logique partisane férocement manichéenne. Il y a les « bons » d'un côté et les « méchants » de l'autre. Ce livre – et ce chapitre en particulier – ne se veut pas une réponse à Jean-François, avec qui je suis ami depuis plus de 30 ans et dont je respecte les grandes aptitudes politiques et intellectuelles.

Robert Gagné, du Centre sur la productivité et la prospérité à HEC Montréal, reconnaît d'emblée que le Québec se situerait dans la moyenne des pays membres de l'Organisation de Coopération et de Développement économique (OCDE), qui regroupe l'ensemble des pays développés. Le Québec n'est pas pauvre, mettons cela tout de suite au clair. Est-il pour autant riche comparativement aux autres Nord-Américains ?

J'ai peine à croire que les Québécois s'en tirent si bien alors qu'ils travaillent moins d'heures que les autres Nord-Américains,[xx-132] qu'ils gagnent moins que l'immense majorité des autres Canadiens,[133] qu'ils sont moins productifs au travail que les autres Nord-Américains,[134] qu'ils prennent leur retraite plus tôt,[135] qu'ils épargnent moins[136] et qu'ils comptent davantage sur les gouvernements pour subvenir à leurs besoins.[xxi-137] Je ne vois pas dans ces chiffres de puissants facteurs d'enrichissement.

Le revenu médian des ménages au Québec (qui divise la population en deux et donne une meilleure idée de la répartition des revenus que la moyenne) était de 42 100 $ en 2009, comparativement à la moyenne canadienne de 48 300 $. Le revenu médian ontarien est de 52 600 $ et il est de 59 100 $ en Alberta. Il n'y a que 30,2 % des ménages québécois qui affichent un revenu supérieur à 60 000 $, contre 38,7 % au Canada, 43,1 % en Ontario et 48,7 % en Alberta.[138]

---

xx En 2009, le travailleur québécois travaillait en moyenne 65, 56 et 178 heures de moins par année que le travailleur ontarien, canadien et américain respectivement. C'est donc dire que la différence entre les heures travaillées par emploi au Québec et aux États-Unis représente cinq semaines de 35 heures.

xxi Les paiements de transferts gouvernementaux (tous les chèques des gouvernements, sauf évidemment les retours d'impôts !) représentent 21,8 % du revenu personnel disponible (tous les revenus, moins les impôts) des Québécois, contre 17,2 % pour les Ontariens, 11,7 % pour les Albertains et 18,05 % pour l'ensemble des Canadiens.

Non seulement il y a proportionnellement plus de «riches» au Canada, mais ils sont plus riches que les nôtres. Les plus riches au Canada avaient un revenu de 20% à 22% supérieur aux Québécois de même statut social en 2007-2008, après les impôts et les transferts.[139] Il n'y a que 2,1% des ménages québécois aui gagnent plus de 150 000 dollars par année, contre 4,1% des ménages canadiens, 4,9% des ménages ontariens et 7,1% des ménages albertains.

L'économiste Martin Coiteux, que j'ai interviewé pour ce livre, prend le contre-pied de Jean-Francois Lisée et a signé pour le Centre sur la productivité et la prospérité de HEC Montréal une étude sur les écarts de revenus entre les Québécois et les autres Canadiens.[140] Sa conclusion : les écarts de revenus s'accroissent avec les Canadiens des provinces riches et diminuent avec ceux des provinces atlantiques. Il estime que ces derniers pourraient nous dépasser d'ici 10 ans, si les tendances se maintiennent.

Dans les documents accompagnant le budget de 2012, le ministère des Finances indique que les niveaux de vie aux États-Unis, au Canada et en Ontario étaient respectivement supérieurs de 37%, 18% et 15% à celui du Québec.[141]

J'ai aussi peine à dissocier le niveau de services offerts par l'État québécois de son endettement élevé et de sa fiscalité plus lourde.

Ce débat semble sans fin. Ce qui importe dans le fond, c'est que le Québec puisse faire face aux défis des prochaines décennies, à commencer par les sales tours que lui jouera la démographie.

S.O.S. 55

Entre 1981 et 2008, l'économie québécoise a crû en moyenne de 2,09% par année, une fois l'inflation prise en compte. Luc Godbout décortique ainsi cette hausse :

> 0,61 point de pourcentage est attribué au profil démographique ;
>
> 0,49 point de pourcentage au marché du travail ;
>
> 1 point de pourcentage à la productivité.

Entre 2016 et 2020, la démographie cessera d'être un facteur positif. Au lieu de contribuer 0,61 point, elle *enlèvera* au PIB réel

0,26 point, créant un écart de 0,87 point. À elle seule, la démographie réduit de 42 % le potentiel de croissance de l'économie québécoise.

Pour compenser et maintenir notre niveau de vie, il faudrait que les deux autres facteurs, la productivité du travail et la participation au marché du travail, augmentent considérablement. Contentons-nous pour le moment d'aborder la question de la participation au marché du travail.

En février dernier, 64,6 % des Québécois âgés de 15 ans et plus se trouvaient sur le marché du travail, soit en occupant un emploi ou soit en étant à la recherche d'un travail. C'était inférieur au taux canadien de 66,5 %. Il y a donc proportionnellement moins de personnes au Québec qui contribuent à la production économique. La différence se fait surtout sentir dans les groupes d'âge des 55 ans et plus et des 64 ans et plus.

Les Québécois ont en effet l'habitude de prendre leur retraite plus tôt que l'ensemble des Canadiens. Près de 100 000 travailleurs de 50 ans et plus ont pris leur retraite en 2009 et 2010 au Québec. Même si le Québec ne compte que pour 23,6 % de la population canadienne, environ 30 % des Canadiens qui ont pris leur retraite ces deux années vivent au Québec. 42 % des nouveaux retraités du Québec ont moins de 60 ans, comparativement à 27 % dans l'Ouest canadien et 32 % en Ontario.[142]

« Il faut se défaire de l'idée que les vieux doivent partir à la retraite pour laisser de la place aux jeunes. Nous ne sommes plus dans cette dynamique. Aujourd'hui, il faut insister sur les retraites volontaires plus tardives, une plus grande participation des femmes au marché du travail, l'intégration des immigrants et la diminution du décrochage scolaire, car sans secondaire V, la probabilité de se trouver un travail est beaucoup plus faible », me dit Luc Godbout, dans son bureau de l'Université de Sherbrooke, à la station de métro de Longueuil.

Le tableau qu'il a réalisé est fort éclairant (voir page 110).[143]

Comme vous le constatez, de 15 à 64 ans, le taux d'activité des Québécois est tout à fait comparable à celui de l'Ontario ou encore à celui de la Suède à qui nous aimons tant nous comparer. En 2008, 90,6 % des Québécois âgés de 15 à 54 ans étaient sur le marché du travail ou à la recherche d'un emploi, contre 91,5 % des Ontariens et 93,1 % des Suédois.

Taux d'activité du Québec, de l'Ontario et de la Suède selon l'âge et le sexe - 2008

Hommes	Québec	Ontario	Suède
15 à 24 ans	68,1 %	64,6 %	56,7 %
25 à 54 ans	90,6 %	91,5 %	93,1 %
55 à 59 ans	72,2 %	77,6 %	86,7 %
60 à 64 ans	45,0 %	58,2 %	67,4 %
65 à 69 ans	19,6 %	27,8 %	21,9 %
70 à 74 ans	10,9 %	21,6 %	9,3 %
Femmes			
15 à 24 ans	67,2 %	65,1 %	57,1 %
25 à 54 ans	83,0 %	82,1 %	87,5 %
55 à 59 ans	61,1 %	68,7 %	80,6 %
60 à 64 ans	34,7 %	45,0 %	58,6 %
65 à 69 ans	12,5 %	17,5 %	12,5 %
70 à 74 ans	5,3 %	11,9 %	3,1 %

À 55 ans, les hommes québécois commencent à nettoyer leur bureau. Le taux d'activité baisse à 72,2 %, contre 77,6 % en Ontario et 86,7 % en Suède. Le même phénomène est observable chez les femmes : le taux d'activité n'est que de 61,1 % au Québec, contre 68,7 % en Ontario et 80,6 % chez les Suédoises. Pendant que les Québécois prennent la vie du bon côté, les Suédois continuent de bosser, de renflouer leurs fonds de pension et leurs comptes d'épargne et maintiennent leur niveau de vie.

Entre 60 et 64 ans, l'écart est encore plus spectaculaire. Le taux d'activité des hommes québécois n'est que de 45 %, contre 58,2 % pour les Ontariens et 67,7 % pour les Suédois.

57,2 % des employés du secteur public prennent leur retraite avant 60 ans, contre 30,7 % des employés du secteur privé ou des travailleurs autonomes. C'est presque une proportion de deux pour un. Est-ce une caractéristique propre au secteur public en général ? Non, car seulement 37,9 % des employés du secteur public en Ontario prennent leur retraite avant 60 ans.[144]

Luc Godbout a calculé que si les Québécois prenaient leur retraite en même temps que les Suédois, il y aurait 270 000 travailleurs de plus sur le marché du travail en 2021, contribuant à une hausse de presque 1 % du PIB.

«Après la conciliation travail-famille, il faut passer à la conciliation travail-retraite. Il faut trouver un moyen pour que le travailleur qui reste actif n'y perde pas au change. Il faudrait, par exemple, que la moitié du salaire des plus de 65 ans ne soit pas imposable sur les premiers 50 000 $ de salaire. Comme l'a déjà dit Jacques Parizeau dans un autre contexte, "à problème majeur, il faut une solution majeure"», dit le professeur de fiscalité.

Luc Godbout mise sur l'incitation au travail pour augmenter le taux d'activité des Québécois. La fiscalité québécoise ne facilite pas toujours les choses. Il me donne l'exemple d'une personne à faible revenu qui ne voulait pas travailler plus d'heures parce que l'impôt allait lui chercher 78,5 % de son revenu supplémentaire.

Le professeur de l'Université de Sherbrooke trouve qu'il serait temps de créer une commission de la réforme de la fiscalité, l'équivalent de ce qu'a été la Commission royale d'enquête sur la fiscalité dans les années 1960. C'est son président Kenneth Carter qui avait dit cette phrase célèbre: «A buck is a buck is a buck». Un dollar est un dollar est un dollar.

7. ÉTAT ET PRODUCTIVITÉ

« Sans une hausse de la productivité, nous sommes condamnés à nous appauvrir » - Robert Gagné

La Suède et la Révolution tranquille

J'avais donné rendez-vous à Pierre Fortin dans un petit café près des bureaux de *L'actualité*, où nous collaborons tous les deux. Il avait son plan en tête et je ne me rappelle même pas lui avoir posé une seule question! Le professeur Fortin avait une histoire à me raconter et des conseils à me donner.

Sur un ton amical – je ne connais que celui-là –, il m'a suggéré une stratégie de communication. «Essaye d'être drôle et sois positif. Ne sois pas trop accablant. Il faut dire des choses positives de temps en temps pour avoir le droit de critiquer ce qui va mal. Il ne faut pas décourager les gens, car on frappe leur identité propre.»

En 1995, Marie Quinty avait interviewé Pierre Fortin pour le magazine *Affaires Plus* que je dirigeais à l'époque. L'interview était précédée d'une courte biographie de «l'économiste le plus médiatisé du Québec». Un de ses anciens professeurs le portait alors aux nues: «C'est l'économiste le plus intelligent et le plus dévoué à son travail que j'ai connu. C'était mon meilleur élève à Berkeley», disait George Akerlof, qui obtiendra le Prix Nobel d'économie en 2001.[145]

Nous avions titré l'article ainsi: «Pierre Fortin un économiste d'extrême centre». Près de 20 ans plus tard, le titre lui convient plus que jamais. Au cours des dernières années, il s'est fait le défenseur passionné de la Révolution tranquille et de son héritage et a signé le manifeste du 22 avril 2012 très critique sur l'exploitation des ressources naturelles du Québec et des sables bitumineux. Il a aussi prôné la rigueur budgétaire par sa participation au manifeste *Pour un Québec lucide* et au Comité consultatif sur l'économie et les finances publiques créé par Raymond Bachand. En 1995, il résumait ainsi sa ligne de conduite à Marie Quinty: «La droite se préoccupe de la création de la richesse, la gauche de la distribution de la richesse. Les deux sont foncièrement importantes. Il faut donc tenir les deux bouts de la corde. Garder la tête froide et le cœur à la bonne place.»

Ce matin de décembre 2011, j'ai eu droit au côté «tête froide» de la pensée économique de Pierre Fortin.

«Mon directeur de thèse à l'Université de Californie à Berkeley s'appelait Bent Hansen. C'était un Suédois d'origine danoise, l'un des grands experts des théories du développement économique et des politiques fiscales. Je lui ai déjà demandé pourquoi la Suède était si riche. Voici ce qu'il m'a répondu : *Les Suédois ont une classe entrepreneuriale exceptionnelle et les entrepreneurs y sont respectés. C'est la première condition pour avoir beaucoup d'entrepreneurs dans une société. Ce sont des luthériens et pour eux le bien commun est une responsabilité personnelle.*

«Au Québec, ajoute Pierre Fortin, on se dit que l'État va nous prendre en main. Pas en Suède, où l'éthique du pays veut que cela soit une responsabilité individuelle. Les Suédois abordent enfin les problèmes comme des ingénieurs, en essayant de trouver une solution. Ils n'agissent pas sur une base idéologique.»

La Suède! Les politiques de ce pays suscitent curiosité et admiration, tant chez les sociaux-démocrates que chez les partisans d'une économie moins réglementée. En novembre 2010, j'avais rencontré Hans Martens, le président du European Policy Centre, un *think thank* à but non lucratif voué à l'intégration européenne. Je faisais partie d'un groupe de journalistes canadiens et américains invités à Bruxelles et à Francfort par le European Journalism Centre.

Hans Martens nous proposait un nouvel indicateur qu'il avait bâti pour vérifier la solidité économique de chacun des 27 États de l'Union européenne. Il tient compte de cinq facteurs. L'endettement, qui représente le passé du pays, et le déficit budgétaire qui reflète le présent. Il ajoute trois autres dimensions qui prédisent la capacité des pays à se démarquer dans l'avenir : la compétitivité de l'économie, la transparence et le niveau de corruption du secteur public, et le vieillissement de la population. Ces trois derniers facteurs permettent de voir si une économie sera capable de générer des richesses au cours des prochaines années. Il accorde le même poids à chacune des variables.

Résultat? Les pays les mieux portants sont, dans l'ordre, la Suède, le Danemark, l'Estonie, la Finlande, les Pays-Bas et l'Allemagne. Ce dernier est un pays «vieux» dont la population devrait diminuer au cours des prochaines décennies, mais sa compétitivité est tellement solide que l'Allemagne devrait demeurer une grande puissance européenne, bien devant la France ou l'Italie par exemple.

Vous avez remarqué la présence des pays scandinaves, Hans Martens les définit ainsi : haut niveau de taxation, mais les économies les plus libérales et les plus axées sur le marché du continent. « Il n'y a pas un pays au monde où il est plus facile de congédier un employé qu'au Danemark », raconte ce Danois qui travaille à Bruxelles depuis de nombreuses années. « L'État-providence n'est pas vu dans ces pays comme un cadeau du ciel (... de la Providence), mais comme quelque chose qu'il faut payer », ajoute-t-il en les comparant avec les pays du bassin méditerranéen.

Robert Gagné, professeur titulaire à l'Institut d'économie appliquée de HEC Montréal et directeur du Centre sur la productivité et la prospérité, dit la même chose. « Les pays nordiques croient à la concurrence entre le secteur privé et le secteur public et à l'intérieur de chacun des secteurs. Ils ne présument pas que le secteur privé est meilleur en soi, mais ils sont d'avis que le service issu d'un mécanisme concurrentiel est supérieur. Ici au Québec, nous ne croyons pas au marché. Nous pensons que le gouvernement peut tout faire et qu'il suffit de siphonner les plus riches. Pour innover davantage, il faut être moins méfiant envers la concurrence et faire preuve de plus d'ouverture aux investissements étrangers. On peut agir ainsi tout en croyant à la redistribution », dit-il.

Le Forum économique mondial place la Suède au deuxième rang pour la compétitivité de son économie, derrière la Suisse.[146] Le Canada se positionne au 10e rang dans ce classement. La Commission européenne considère ce petit pays comme étant le plus innovant du continent.[147]

La réussite suédoise reste une énigme. Comment fait-elle pour rester si compétitive alors que le coût horaire de sa main-d'œuvre (39,3 euros) est plus élevé que la France (34,3 euros) ou que l'Allemagne (31 euros) ? Dans un article publié sur le site Slate.fr, la journaliste Catherine Bernard fait les constats suivants.[148]

Les Suédois ne sont pas protectionnistes et certaines des plus grandes entreprises suédoises comme le manufacturier de camions et d'autocars Scania et le papetier Stora ont été vendus ou ont fusionné avec des entreprises étrangères. Ils ne s'acharnent pas non plus sur les secteurs où leurs entreprises ne sont plus compétitives. Les chantiers navals suédois ont fermé dans les années 1970 parce qu'ils n'étaient plus concurrentiels.

Dans le classement du Forum économique mondial, la Suède est particulièrement bien notée pour la performance et la transparence de son secteur public (numéro un mondial), la qualité de l'enseignement supérieur et de la formation (2ᵉ rang) et pour l'innovation (5ᵉ position).

La Suède est le 2ᵉ pays au monde (après la Suisse) quant au pourcentage de la population doté d'un diplôme doctoral (3 %). Elle occupe le 5ᵉ rang pour la proportion de chercheurs dans l'industrie, le 3ᵉ rang pour les dépenses en R & D dans le PIB, la première position en termes de dépenses de R & D dans l'enseignement supérieur, la deuxième pour la proportion des investissements dans les technologies de l'information et la quatrième place pour le nombre de publications scientifiques par habitant.

Mais revenons à Pierre Fortin. Après le préambule sur la Suède, il me parle de ce qu'il appelle «le côté obscur de la Révolution tranquille», lui qui en est pourtant l'un des plus grands défenseurs. «Le Québec a fait des gains pour ce qui est de son niveau de vie et de l'éducation. 80 % des emplois privés se trouvent dans des entreprises non étrangères et nous vivons dans une société moins inégalitaire. Mais le gros problème au Québec, c'est l'État. Le moyen utilisé pour régler beaucoup de problèmes en a créé des nouveaux.»

«On a mis sur pied un tas d'institutions pour défendre le "pauvre Canadien français illettré" des années 1930-1940. Le hic, c'est qu'il n'existe plus! Les Québécois sont aussi scolarisés que les autres, mais les institutions n'ont pas changé et elles sont utilisées pour obtenir des avantages aux dépens de la population. Par exemple, l'aide aux entreprises est beaucoup plus généreuse au Québec qu'ailleurs.»

Selon lui, le Québec a toujours eu un style de gouvernance «verticale» avec la domination du roi, des seigneurs et de l'Église. «L'autorité venait d'en haut», dit-il. Plus tard, ce sera le tour de l'UPA (Union des producteurs agricoles), des syndicats et de l'État comme facteur unifiant. «Nous avons besoin d'un profond changement de culture», me dit-il.

«La productivité de l'économie québécoise constitue notre principal défi», poursuit-il. Il y a selon lui deux façons pour une société de s'enrichir: que plus de monde travaille et que ceux qui travaillent produisent plus de valeur.

Il me parle des travaux d'Elhanan Helpman, citoyen israélien né dans l'ancienne Union Soviétique qui enseigne à l'université Harvard. Dans son livre *The Mystery of the Economic Growth*,[149] Helpman se demande pourquoi certains pays sont pauvres et d'autres sont riches. Il explique que la croissance de la productivité est sans doute le principal facteur du développement économique et que l'innovation permet les gains de productivité.

L'historien de l'économie David S. Landes a bien expliqué le rôle de l'innovation dans le développement économique.[150] L'Europe du Moyen Âge est déjà «l'une des sociétés les plus ingénieuses que l'histoire ait connues», raconte-t-il. C'est à cette époque que l'on a inventé la roue hydraulique, les lunettes, l'horloge mécanique, l'imprimerie et la poudre à canon. Pas surprenant que les Européens aient pu conquérir de vastes territoires.

L'invention de la machine à vapeur avec condensateur (James Watt), de l'énergie hydraulique, des technologies de fonte modernes pour produire de l'acier à même l'énergie produite par le charbon sont à la source de la Révolution industrielle et de la longue domination économique et politique britannique. Les Américains ont puissamment contribué au développement technologique et à l'industrialisation, ce qui leur a valu plus d'un siècle de domination économique.

Pourquoi alors certains pays sont-ils les champions de l'innovation et d'autres pas? Elhanan Helpman attribue aux institutions le rôle fondamental dans les inégalités entre pays.

Daron Acemoglu, professeur au M.I.T., et James A. Robinson, qui enseigne à Harvard, disent la même chose dans le livre qu'ils viennent tout juste de publier *Why Nations Fail: The Origin of Power, Prosperity, and Poverty*.[151] Selon eux, les institutions économiques et politiques expliqueraient la réussite ou le retard économique des différents pays. Les institutions doivent récompenser l'innovation et favoriser la participation des citoyens au développement économique, car ce sont ses citoyens qui constituent la vraie valeur d'un pays.

«La productivité, ce sont d'abord des nouvelles idées, dit Pierre Fortin. Des personnes talentueuses génèrent ces nouvelles idées. Nous devons trouver ces personnes, les valoriser, les faire grandir et les garder ici.»

Encourager la R&D, tout le monde veut bien. Nous sommes même, d'après Pierre Fortin, «la république des crédits d'impôt à la R&D».

Robert Gagné, du Centre pour la productivité et la prospérité, ne les aime pas. «Les crédits d'impôt sont des bars ouverts et sont renouvelés automatiquement. Ils sont établis à partir des salaires et non pas à partir des dépenses réellement engagées chaque année. Est-ce que le gouvernement vérifie si les fonds ont été bien dépensés? Je soupçonne que les chiffres sont gonflés, car ce gigantesque effort financier ne se traduit pas par une hausse de productivité. »

Ottawa et les provinces ont dépensé 4,7 milliards pour aider 24 000 entreprises à innover en 2011. L'effort des gouvernements canadiens, plus substantiel que celui de la plupart des pays développés, ne semble pourtant pas donner les résultats escomptés.

Les dépenses des entreprises canadiennes en R & D sont inférieures à la moyenne de l'OCDE, rapporte un article de Barrie McKenna du *Globe and Mail*. Pourtant, les sommes dévolues au programme fédéral Recherche scientifique et Développement expérimental sont passées de 2,7 milliards en 2005 à 3,5 milliards l'an dernier. Pendant ce temps, les investissements des entreprises en R & D ont *baissé* de 16,6 milliards à 14,8 milliards. En 2010, presque le quart des investissements en R & D des entreprises ont été remboursés par les seuls crédits d'impôts fédéraux.[152]

Dans son budget de mars 2012, le ministre fédéral des Finances, Jim Flaherty, fait passer de 20 % à 15 % le taux des crédits d'impôt à la R & D et enlève certaines déductions qui étaient admissibles dans leur calcul. Ces mesures sauveront 550 millions. Le gouvernement conservateur compte utiliser la moitié des économies réalisées pour accorder des subventions discrétionnaires.

Le nombre de brevets obtenus est une autre façon d'évaluer l'impact des crédits d'impôt à la R & D. Les Canadiens en ont déposé 609,4 en 2008 selon l'OCDE.[153] C'est moins que la Suède ou que la Suisse, des pays beaucoup plus petits. C'est aussi 24 fois moins que les Américains.

Le Québec, qui se targue d'avoir le programme provincial le plus généreux au Canada, en a-t-il pour son argent? Une autre compilation, celle-là de l'Institut de la statistique du Québec, fait état que les chercheurs québécois ont soumis en 2008 à l'Office américain des brevets 122 inventions par milliard de dollars de dépenses en R & D, contre 197 en Ontario et 162 pour l'ensemble du Canada.[154]

Le fiscaliste Luc Godbout est moins sévère sur l'efficacité des crédits d'impôt à la R & D, mais il se demande si on aurait pu atteindre les mêmes objectifs à moindre coût. « Je dis souvent à mes étudiants qu'on peut utiliser un bazooka ou une tapette pour tuer une mouche. Les deux réussissent, mais le bazooka engendre des coûts supplémentaires. »

L'avalanche subventionnaire

Une économie innovatrice est une économie productive. En 2009, la productivité par heure au Canada représente 75,5 % de celle des Américains. Nous sommes exactement dans la moyenne des pays de l'OCDE, plus près de l'Italie (qui nous devance d'un cheveu) que de l'Allemagne et de la France.[155]

En 2009, le gouvernement du Québec, celui d'Ottawa et les administrations locales ont pourtant versé 7,77 milliards en subventions et transferts de capitaux aux entreprises.[156] C'est un chiffre stupéfiant à plusieurs égards.

Les entreprises du Québec ont reçu 42,6 % des subventions accordées par tous les gouvernements et administrations locales au pays. Les subventions aux entreprises ont augmenté de 75,6 % au Québec de 2000 à 2009. Le gouvernement du Québec a versé à lui seul 6,1 milliards en subventions. C'est presque le triple du gouvernement ontarien.

En tenant compte de subventions fédérales, provinciales et locales, les entreprises du Québec ont reçu 2,8 milliards de plus que les entreprises ontariennes. L'économie ontarienne est *pourtant* presque deux fois plus grosse que l'économie du Québec.

Chaque « emplacement commercial »[xxii] québécois d'au moins un employé (247 435)[157] a donc reçu en moyenne 31 400 $ en subventions, contre 12 500 $ pour chaque emplacement commercial ontarien (396 958). Le gouvernement du Québec a versé 54,1 % du total des subventions accordées par tous les gouvernements provinciaux au Canada. La valeur des subventions par habitant était de 993 $ au Québec, contre 381 $ en Ontario et 540 $ pour le Canada.

En avons-nous pour notre argent ? Le PIB par habitant du Québec est de 40 395 $ en 2010, contre 49 780 $ pour le reste du Canada. Nous sommes devancés par sept provinces.

---

xxii Statistique Canada établit une distinction entre emplacement commercial et entreprise. Pour qu'un emplacement commercial soit comptabilisé dans le *Registre des entreprises*, l'entreprise à laquelle il appartient doit répondre à au moins un des critères suivants : compter au moins un employé rémunéré, avoir un chiffre d'affaires annuel d'au moins 30 000 $ ou être constituée en société et avoir produit au moins une déclaration fédérale de revenus des sociétés au cours des trois dernières années. L'organisme fédéral définit une entreprise comme étant « l'entité à l'échelon supérieur de la hiérarchie, qui est associée à un ensemble complet d'états financiers consolidés et représente la somme des établissements statistiques qu'elle contrôle. » J'utilise habituellement cette dernière définition.

Robert Gagné déplore que la culture de l'aide aux entreprises soit une culture de création d'emplois. «On doit se demander si les emplois créés contribuent aux revenus de l'entreprise, à sa productivité et à sa survie à plus long terme. Dans un contexte de pénurie de main-d'œuvre et de vieillissement de la population, les travailleurs ont surtout besoin que leur entreprise soit automatisée et assure sa survie», dit-il.

Un autre exemple d'aide gouvernementale aux entreprises le déconcerte. «Le décrochage scolaire des garçons constitue le plus grand drame de l'économie du Québec. Les besoins en main-d'œuvre seront immenses et une pénurie de personnel pointe à l'horizon, mais on laisse les *p'tits gars* sur le trottoir. Au même moment, le gouvernement instaure des crédits d'impôt pour créer des emplois en région. Les *p'tits gars* vont lâcher l'école en secondaire III pour faire des poubelles de bois pendant trois ans, mais que feront-ils ensuite sans éducation ? », demande-t-il.

Faut-il pour autant éliminer tous les programmes d'aide aux entreprises ? Ce serait l'équivalent de *Massacre à la scie* sur le secteur manufacturier québécois alors que les usines québécoises font face à des concurrents qui profitent de la générosité des gouvernements locaux américains.

C'est le cas de Mabe (avantages fiscaux de 26,5 millions), d'Electrolux (99 % de l'investissement payé par le Tennessee, la Ville de Memphis et le comté de Shelby) et de la décision de Kruger de réinvestir dans une usine à Memphis (aide fiscale de 45 millions) plutôt qu'à Crabtree, dans Lanaudière.

Pour l'agrandissement de son usine de Wichita, au Kansas, un investissement de 52,7 millions, Bombardier a obtenu des subventions d'environ 64 millions. Les cas où l'aide publique est supérieure à l'investissement privé ne seraient pas rares. Boeing aurait reçu l'équivalent de 220 % de son investissement pour une usine à Everett, dans l'État de Washington.

Un professeur et chercheur au Centre d'études internationales de l'Université du Missouri à St-Louis, Kenneth Thomas, a écrit trois livres sur les subventions aux entreprises. Interviewé par le collègue François Shalom de *The Gazette*, il évalue à 70 milliards les aides et subventions accordées annuellement par les États et les gouvernements locaux américains. Ce montant exclut l'apport du gouvernement fédéral.[158]

Le Québec et le Canada ont opté pour des crédits d'impôt universels par souci de justice et pour éviter toute perception de favoritisme envers une entreprise ou un secteur en particulier. Quand un État américain tient à un investissement qu'il juge stratégique, il donne une bonne vieille subvention discrétionnaire contre laquelle nos gouvernements sont impuissants.

Taxation et paperasse

La vive concurrence entre États, provinces et pays pour attirer ou sauvegarder les investissements et les emplois se manifeste aussi par l'allègement de l'impôt sur les sociétés.[xxiii] Au Canada, le taux fédéral d'imposition des sociétés est passé de 29,1 % à 15 % de 2000 à 2012.

Il y a deux écoles de pensée sur cette question.

Les uns croient que les entreprises doivent faire une plus grande part dans l'effort budgétaire des gouvernements. Ils font aussi remarquer que le taux d'imposition des sociétés est déjà très bas au Canada comparativement aux États-Unis. Ils estiment aussi que malgré la réduction constante des taux d'imposition, les investissements en technologie des manufacturiers canadiens ont baissé au cours de la dernière décennie et que la productivité relative des entreprises canadiennes s'est détériorée face aux entreprises des autres pays. En 2009, les entreprises canadiennes n'ont investi que l'équivalent de 1,92 % du PIB en recherche-développement, contre 2,4 % en moyenne pour les pays du G7, de 2,9 % pour les États-Unis et de 3,61 % pour la Suède.[159] Les adversaires d'une baisse du taux d'imposition préconisent plutôt des mesures ciblées pour encourager certains secteurs en particulier.

L'autre école se méfie des mesures ciblées. Elle préfère faire bénéficier toutes les entreprises de la même mesure fiscale au lieu de favoriser certaines d'entre elles par des subventions ou avantages fiscaux spécifiques. L'impact est ainsi ressenti partout dans l'économie et pas seulement dans un secteur en particulier. Le ministre Jim Flaherty estime d'ailleurs que le régime fiscal avantageux des entreprises canadiennes explique pourquoi le Canada a mieux surmonté la dernière récession.

Les manufacturiers et exportateurs canadiens soutiennent que « les réformes fiscales entreprises au Canada durant la période 2006 à 2009 ont résulté en une augmentation de 14 % dans l'investissement commercial en machinerie et matériel nouveau par rapport au niveau d'investissement qui aurait été atteint si les changements fiscaux n'avaient pas été adoptés ».[160]

[xxiii] Au Québec, le taux maximal est passé de 9,9 % à 11,9 % entre 2007 et 2009.

Il y a un fâcheux paradoxe dans l'aide du gouvernement du Québec aux entreprises et aux entrepreneurs. D'une part, il n'y a pas un gouvernement au pays plus généreux, plus «aidant», plus enclin à subventionner, à soutenir des fonds d'investissement ou à accorder des crédits d'impôt. Le taux d'imposition combiné des entreprises n'est que de 26,9 %, l'un des taux les plus bas en Amérique du Nord. D'autre part, il est aussi le champion de la paperasse et des cotisations à la source, qui constituent de puissants freins à l'entrepreneuriat.

Comme le rapportait Marie-Hélène Proulx dans le magazine *Jobboom*, plus d'un entrepreneur en démarchage sur quatre bénéficie de l'aide du gouvernement accordée par l'entremise d'un millier d'organismes et de programmes publics. En 2011, Québec a dépensé 556 millions pour appuyer les entrepreneurs en plus de consacrer 321 millions sur trois ans dans des fonds fiscalisés.[xxiv-161]

Par contre, le gouvernement québécois effectue de nombreuses ponctions à même les salaires payés par l'entreprise qui doit cotiser à la Régie des rentes, à la CSST, au Fonds des services de santé (5,6 milliards payés exclusivement par les entreprises), la Régie québécoise d'assurance parentale, la Commission des normes du travail et la formation. La Fédération canadienne de l'entreprise indépendante (FCEI) estime que le Québec, qui ne représente que 20 % de l'économie canadienne, perçoit 50 % des prélèvements sur la masse salariale de l'ensemble du pays.[162]

Être en affaires au Québec coûte plus cher. Selon Martine Hébert, vice-présidente (Québec) de la FCEI, l'embauche d'un employé à 30 000 $ par an coûte 4 500 $ à l'employeur en contribution aux différents régimes sociaux. Un entrepreneur ontarien dans la même situation n'aura qu'à débourser 2 900 $.[163]

Le fardeau réglementaire et administratif y est aussi plus lourd qu'ailleurs. Selon le rapport déposé en janvier 2012 par l'ancien ministre des Finances Michel Audet, les entreprises québécoises ont dû remplir en 2010 pas moins de 35 millions de formalités administratives pour se conformer à 557 exigences réglementaires distinctes. Selon Martine Hébert, une entreprise du commerce au détail doit se conformer à 70 formulaires au Québec et une entreprise manufacturière à 100 formalités.[164] Les entreprises québécoises ont dépensé 7,2 milliards pour la réglementation en 2008, soit l'équivalent de 2,4 % du PIB québécois.[165]

---

xxiv Exemples de fonds fiscalisés : le Fonds de solidarité de la FTQ, le Fonds d'action de la CSN, etc.

La « paperasserie d'entreprise » est un « irritant majeur » pour 41 % des PME québécoises, contre 32 % des PME canadiennes interrogées par la FCEI.[166]

Un sondage de la Fondation de l'entrepreneurship révèle que 26,6 % des démarcheurs en processus de création d'entreprises sont freinés par la complexité administrative. Ce n'est vrai que pour 16,9 % des répondants du reste du Canada. [167]

Au gouvernement fédéral, on promet d'éliminer un règlement chaque fois qu'un nouveau règlement est adopté. Il en existerait 2600 et la commission sur la réduction de la paperasserie a compté 2300 irritants qui compliquent la vie des gens d'affaires.

Ne serait-il pas plus efficace d'atténuer le fardeau réglementaire et de diminuer le poids des cotisations obligatoires de l'ensemble de nos PME, quitte à diminuer ou à éliminer les aides octroyées à certaines d'entre elles ? Simplifions, allégeons, détaxons. Il faut faire les choses autrement pour remporter la course à obstacles dans laquelle nous nous engageons et relever l'immense défi de la productivité.

Le Saint Graal : la productivité

Du premier trimestre de 1997 au premier trimestre de 2011, la productivité du travail aux États-Unis a fait le double de ce qui a été observé au Canada, 2,7 %, contre 1,3 %[168]. Le travailleur américain produit chaque heure une valeur de 64,91 $, comparativement à 53,79 $ pour le travailleur ontarien et seulement 48,56 $ pour le travailleur québécois.[169] Les niveaux de productivité aux États-Unis, au Canada et en Ontario étaient respectivement supérieurs de 48 %, 15 % et 10 % à celui du Québec.[170] On observe néanmoins une diminution de l'écart avec l'Ontario, qui passe de 13 % en 2002 à 10 % en 2010.

Pourquoi cet écart entre le Canada et les États-Unis ? Essentiellement parce que les entreprises canadiennes investissent 25 % de moins en machinerie et équipement[171] que leurs semblables aux États-Unis et qu'elles ont embauché davantage. Avec 25 % de main-d'œuvre en moins, les usines américaines produisent en dollars constants 4,4 % de plus qu'il y a dix ans. Avec 9,9 % de la main-d'œuvre totale, l'industrie représente aujourd'hui près de 12,2 % du produit intérieur brut, contre 25 % dans les années 1960.[172]

En comparaison, le sous-investissement des entreprises manufacturières québécoises est criant : les investissements en modernisation et en acquisition d'équipements ont chuté de 66 % depuis 2000.[173]

Robert Gagné est l'un des meilleurs experts en productivité du travail. Son bureau est le plus ordonné et le plus propre des bureaux de professeurs d'université que j'ai vus de ma vie, et j'en ai vu quelques-uns. Si Pierre Fortin a l'air d'un « vrai » professeur avec son sac à dos et son chandail à col en V, Robert Gagné a l'air d'un PDG avec un costume impeccable, cravate et chemise blanche.

Le centre qu'il dirige produit plusieurs analyses et recherches sur la productivité des sociétés et le lien avec la prospérité. Je lui ai demandé pourquoi la productivité était si importante. « C'est la variable où on peut agir et créer de la valeur alors que la contraction du marché du travail joue contre nous. Elle implique que les organisations évoluent dans un environnement favorable, qu'elles adoptent les bonnes technologies et les bonnes innovations entrepreneuriales et que leurs employés soient bien formés. Sans une hausse de la productivité, nous sommes condamnés à nous appauvrir. Pour maintenir notre niveau de vie, il faut augmenter le taux de croissance de la productivité de plus de 50 %. C'est un vaste chantier. »

Rassurez-vous. La productivité ne signifie pas qu'il faille travailler plus fort pour moins d'argent. Par contre, il sera difficile de faire croître notre économie si nous ne produisons pas plus efficacement puisque nous serons moins nombreux à travailler au cours des prochaines années.

Si le Québec maintient une croissance de sa productivité du travail identique à celle observée entre 1981 et 2008 (1,05 %), le Centre sur la productivité et la prospérité de HEC Montréal estime que notre niveau de vie sera de 5000 $ *de moins* par habitant en 2026.[174]

J'ai aussi demandé à Robert Gagné si nous n'étions pas piégés en quelque sorte par le trop grand nombre d'entreprises à faible valeur ajoutée qu'on retrouve au Québec. Il me jure que non. En fait, le Québec serait plutôt avantagé par sa structure industrielle. L'écart s'expliquerait plutôt par la moins grande utilisation des technologies de l'information et des investissements plus faibles.

L'absence de concurrence expliquerait pourquoi les entreprises canadiennes investissent et innovent moins. « Les entreprises manufacturières présentes dans d'autres marchés n'ont pas le choix et

doivent investir pour demeurer concurrentielles.[xxv-175] Malheureusement, dans les services et les secteurs où la concurrence n'est pas très
forte, les entrepreneurs estiment que le rendement sur l'investissement n'en vaut pas la peine. Or, ces secteurs ont un poids immense
dans l'économie canadienne », dit Robert Gagné.

Par exemple, le professeur de HEC Montréal trouve que le Canada est l'un des pays les plus fermés à la concurrence internationale en
matière de technologies de l'information. Les règles de propriété pro-
tègent les entreprises de télécommunications comme Bell, Rogers et
Telus contre des concurrents étrangers et assurent leur domination.
« Ces compagnies ne sortent pas du Canada, car elles ne seraient pas
concurrentielles dans d'autres marchés », dit-il.

[xxv] 42,9 % des gains de productivité ont effectivement été enregistrés dans le secteur manufacturier
entre 2003 et 2010.

8. L'INNOVATION, LA SOEUR JUMELLE DE L'ENTREPRENEURIAT

« Nous sommes obligés de répondre aux besoins du marché, d'être innovateurs et efficaces. Sinon, on disparaît » - Gerry Van Winden

L'innovation est même dans la salade

Sherrington, un paisible village de la Montérégie tout près de la frontière américaine, fait partie de la bien nommée MRC des Jardins-de-Napierville. En hiver, sur le rang Saint-Paul, des champs de neige se suivent à l'infini avec de jolis petits bungalows pour nous rappeler que des gens y vivent et y cultivent la terre. Et puis, soudainement, il y a ça.

Derrière une maison comme les autres, on distingue une dizaine de semi-remorques.

Nous voilà chez Veg-Pro International, le plus gros producteur maraîcher au Canada, une entreprise qui compte 500 employés, dont les revenus atteignent 100 millions et qui vend chaque semaine 500 000 barquettes de laitues mélangées dans les supermarchés de l'Est du Canada et des États-Unis, de l'Ontario à la Floride. Ça fait beaucoup de salades.

Sherrington a été nommée ainsi par les Irlandais qui ont été nombreux à s'y établir, mais ce sont des Hollandais qui lui ont donné son essor. Pierre et John Van Winden s'y établissent au début des années 1950 et seront suivis sous peu par un troisième frère, Arie. Les eaux de la rivière L'Acadie, qui traverse le village, inondaient les terres chaque printemps et les sols étaient très pauvres. En bons Hollandais, les frères Van Winden ont creusé des fossés de drainage, ce qui a permis d'assécher les sols et de les rendre plus propices à une agriculture industrielle. Très tôt, ils ont mis en commun leur mise en marché et se sont dotés d'installations d'emballage.

Gerry, le fils de Pierre, a pris la tête de Veg-Pro en 1984. Une grosse entreprise et une grande famille. Les deux frères de Gerry sont actifs dans Veg-Pro ainsi que ses deux fils. Il y a plus d'une trentaine de Van Winden issus des trois familles originales qui possèdent des terres dans les environs et qui détiennent des parts dans l'entreprise.

« Cela fait de bonnes réunions, dit Gerry, philosophe. Les choses vont bien, malgré certaines rivalités. Je dois être diplomate et faire valoir l'intérêt de l'ensemble de l'entreprise plutôt que des intérêts particuliers ».

La culture maraîchère n'est ni subventionnée ni protégée par la gestion de l'offre. « Nous sommes obligés de répondre aux besoins du marché, d'être innovateurs et efficaces. Sinon, on disparaît », dit-il.

Veg-Pro sème, recueille, emballe et vend trois récoltes d'une quinzaine de variétés de laitues, d'épinards et de crucifères sur ses 3000 acres de terres agricoles situées dans un rayon d'une douzaine de kilomètres de son usine. C'est énorme, mais insuffisant. « Notre gros problème, c'est que la saison des cultures est courte, même à l'extrême sud du Québec. Il était donc impossible de signer des contrats d'approvisionnement annuel avec de gros joueurs. De plus, on ne peut pas bâtir une organisation solide et embaucher du bon personnel pour seulement 26 semaines par année », dit-il.

Voilà pourquoi Veg-Pro possède des terres et une usine à Belle Glade, en Floride. « Nous avons toujours voulu offrir un produit à valeur ajoutée », dit Gerry Van Winden. L'entreprise a misé depuis de nombreuses années sur le prêt-à-manger et le marché des primeurs. Veg-Pro a aussi fait fabriquer par des entreprises de la région une machinerie unique pour récolter mécaniquement les jeunes pousses.

Innovation aussi dans l'emballage : le mesclun n'est plus vendu dans des sacs, mais dans des barquettes de plastique. Son premier client, A & P en Ontario (aujourd'hui Metro), décuple ses ventes grâce à ce nouveau contenant.

Innovation, également, dans la capacité de répondre rapidement à la demande. Sherrington n'est qu'à 40 minutes de Montréal et les autres grands centres du nord-est du continent peuvent être approvisionnés en moins de 24 heures. Gerry Van Winden explique que le ratio de pertes en magasin peut atteindre de 9 % à 10 % dans son domaine, mais qu'il est inférieur à 1 % chez Veg-Pro.

Aux États-Unis, qui représentent 40 % de son marché, l'entreprise approvisionne en été à partir de Sherrington les marchés de Boston, New York, Philadelphie, Chicago, Cincinnati et même Atlanta. Son plus gros client américain reste Publix, qui compte 1000 supermarchés dans le Sud-est américain, dont 735 en Floride.

Gerry Van Winden quitte soudainement son bureau pour ouvrir un réfrigérateur placé dans le corridor. Il sort quelques barquettes de laitue. L'une contient des sachets de noix, de pommes et de vinaigrette. L'autre contient des brisures de bacon, du fromage et une vinaigrette César. Voici donc la salade repas, la dernière innovation de Veg-Pro International pour se démarquer et tenir compte des besoins des consommateurs de plus en plus pressés. « Nous consacrons 2 % de nos revenus annuels à la recherche et au développement », dit-il. Nous travaillons à améliorer la présentation de nos produits et nous travaillons même à améliorer certaines semences. Nous allons de plus en plus nous démarquer par la qualité et la sécurité de nos produits ».

L'entrepreneuriat et l'innovation doivent devenir une partie intégrante des organisations, de l'économie et de la société, écrivait Peter Drucker. « Nous avons besoin d'une société entrepreneuriale dans laquelle l'innovation et l'entrepreneuriat sont considérés comme des éléments normaux, stables et continus. »[176]

L'innovation explique le succès du Cirque du Soleil. C'est elle qui permet à Bombardier de s'imposer. Elle peut se manifester dans toutes les fonctions de l'entreprise et dans tous les secteurs de l'économie. Dollarama a innové dans le commerce au détail et Couche-Tard a réinventé le dépanneur. Aldo est devenu un leader mondial de la chaussure. Il y a dans le secteur aéronautique québécois des entreprises qui sont les seules au monde à faire leur produit. Cascades a parié avant tout le monde sur le développement durable et les produits écologiques.

Qu'arrive-t-il quand une entreprise ou un secteur n'innove plus ? Paul Arsenault, l'un des grands spécialistes de l'industrie touristique québécoise, porte un jugement sévère sur son domaine de prédilection. « Cette industrie génère 3,5 milliards de recettes provenant des touristes étrangers et constitue le quatrième produit d'exportation du Québec. Pourtant, il n'y a pas de jeunes entrepreneurs en tourisme. Nous avons les mêmes réflexes qu'il y a 30 ans et il y a peu d'innovation. Nous n'avons pas réinvesti, les entreprises n'ont pas d'argent et il n'y a pas de relève. À l'extérieur de Montréal et de Québec, notre parc d'hébergement est dans un état lamentable comparativement à l'Ontario et à la Colombie-Britannique. Ce n'est pas normal qu'une société d'État comme la Sépaq (Société des établissements de plein air du Québec) innove davantage que les campings privés ! », dit-il.

L'innovation est pourtant dans l'ADN de l'entrepreneur. On ne peut pas créer une entreprise si on n'a rien de neuf à proposer. On ne peut pas faire vivre une entreprise sans maintenir son originalité et on ne peut pas survivre en ne comptant que sur un prix moins élevé que ses concurrents. L'innovation est le facteur déterminant dans les chances de succès d'une entreprise et la croissance économique d'une société.

Steve Jobs déclarait à son biographe Walter Isaacson : « Certains disent : "Donnez au client ce qu'il souhaite". Ce n'est pas mon approche. Notre rôle est de devancer leurs désirs. Je crois qu'Henry Ford a dit un jour : "Si j'avais demandé à mes clients ce qu'ils désiraient, ils m'auraient répondu : un cheval plus rapide." Les gens ne savent pas ce qu'ils veulent tant qu'ils ne l'ont pas sous les yeux. Voilà pourquoi je ne m'appuie jamais sur les études de marché. Notre tâche est de lire ce qui n'est pas encore écrit sur la page. »[177]

« L'innovation est l'instrument spécifique de l'entrepreneuriat. C'est l'instrument qui permet de doter les ressources d'une entreprise d'une nouvelle capacité à générer la richesse », écrivait Peter Drucker. « L'innovation ainsi que des opportunités multiples constituent les fondements de l'entrepreneuriat puisqu'elles supposent des idées nouvelles pour offrir ou produire de nouveaux biens ou services, ou encore pour réorganiser l'entreprise », soutiennent également les professeurs Pierre-André Julien et Michel Marchesnay.[178]

Parce que l'innovation est partout dans l'entreprise, je n'aime pas que Industrie Canada définisse une entreprise innovatrice à partir des seules dépenses en R & D. Pour se qualifier, il faut qu'au moins 20 % de leur investissement global soit consacré à la R & D. Il n'y a que 5 % des PME qui réussissent à atteindre ce niveau.

Malgré ce cadre restrictif, les entreprises de moins de 500 employés accaparent 41,5 % des dépenses de R & D au Canada. Les PME innovatrices innovent surtout dans les produits et moins dans les procédés, à l'inverse des grandes entreprises.[179]

Dans le secteur manufacturier, 59,5 % des établissements québécois ont innové en produits entre 2005 et 2007 et 52,5 % ont innové en procédés. Ces proportions sont même légèrement supérieures à celles des entreprises manufacturières ontariennes.[180]

Comme en Ontario, nos entreprises sont, hélas, moins portées à l'innovation organisationnelle et commerciale. À peine 23 % des entreprises manufacturières innovent en matière commerciale.

Les entreprises savent qu'elles doivent innover pour se démarquer et avoir du succès. « L'innovation est de faire des choses différentes de ce qui se fait déjà. Mais comment savoir si votre idée est réellement porteuse et si elle vous permettra de réaliser vos objectifs ?

Pour vendre l'innovation, comme le suggère Guy Kawasaki,[xxvi] il faut répondre à la question par une seule phrase : *What's the underlying magic?* (Quelle est la magie qui se cache derrière cette innovation ?) », écrivait la consultante Michelle Blanc dans un commentaire recueilli dans le cadre de la série *Une idée pour gagner*.

Doblin, un consultant américain, a développé un outil de gestion pour évaluer le potentiel de votre innovation. Le résumé qu'en fait le *Harvard Business Review* est fort intéressant.[181] Doblin identifie dix types d'innovation touchant toutes les fonctions de l'entreprise. L'innovation peut être dans le modèle d'affaires, les ententes avec les partenaires commerciaux, la façon de produire, la performance du produit, l'expérience client, le service à la clientèle, les canaux de distribution, les attributs concrets de votre marque, etc.

L'idée n'est pas tant d'innover dans l'un ou l'autre de ces domaines, mais d'innover dans le plus de domaines possibles *à la fois*. D'après les recherches de la firme américaine, une idée qui innove dans six domaines et plus a de bonnes chances de succès. En revanche, votre idée n'ira pas loin si elle compte moins de trois éléments innovateurs.

On donne l'exemple de la deuxième version du Zune, le lecteur multimédia de Microsoft. Il innovait de deux façons : en disposant de la connectivité Wi-Fi et en permettant le partage de pièces musicales et de photos entre utilisateurs. Trop peu cependant pour s'attaquer sérieusement à l'iPod déjà immensément populaire et qui avait, lui, innové dans plusieurs dimensions lors de son lancement.

Doblin apporte aussi une méthodologie pour calculer la valeur que votre idée apporte au marché. Il s'agit de diviser la somme de toutes les économies de coûts qu'il permet par le prix actuellement payé dans le marché pour obtenir un produit ou un service semblable. Vous obtenez ainsi une *Valeur économique estimée* (Economic Value Estimation). Si le ratio est inférieur à 0,75, votre idée n'en vaut tout simplement pas la peine.

Les multiples visages de l'innovation

L'innovation touche toutes les dimensions d'une entreprise et d'un produit. « L'innovation est le plus souvent peu spectaculaire. Elle est faite de petites différences dans le produit et les matériaux utilisés, dans le métier et la façon de produire, dans la distribution, et

---

[xxvi] Auteur et spécialiste du marketing, il a travaillé chez Apple et il investit dans des sociétés en démarrage.

donc, dans la façon de faire et d'offrir les biens et services ou dans le service après-vente. »[182]

On parle ici de l'innovation incrémentale, moins ambitieuse, qui permet de profiter de la croissance du marché sans réinventer le monde. Les innovations de rupture, celles qui changent la donne et bousculent le marché, sont rares. Pierre-André Julien estime qu'un entrepreneur sur 100 réussit à réinventer son marché. Pensons à Apple dans la musique et en téléphonie, à Canon dans la photocopie ou à Amazon dans la distribution.

Difficile à croire, mais Apple serait aujourd'hui dans une situation financière difficile si elle ne dépendait que des ventes de l'iPod, un produit lancé en 2001 et qui aura marqué sa renaissance. Les ventes de iPod sont en chute libre, car il devient chaque jour un peu plus obsolète avec l'iPhone, l'iPad et l'Apple TV.

L'innovation a permis à Apple de se cannibaliser et de devenir la société la plus valorisée en Bourse au monde. « N'importe quelle entreprise est vouée à disparaître si elle n'a pas la passion de l'innovation et du client. Mes parents avaient l'autocritique très développée et ils avaient cette obsession pour le client. Nous avons toujours eu l'ADN de la qualité », confiait Jean-Pierre Léger, président et chef de la direction du Groupe Saint-Hubert, au cours d'une interview réalisée pour le projet de RSM Richter Chamberland.[183]

D'un seul restaurant ouvert le 25 septembre 1951, rue Saint-Hubert à Montréal, le groupe est devenu une chaîne de plus de 100 établissements et un fabricant de plus de 600 produits alimentaires. Ses 9000 employés servent 33 millions de repas par année. Les revenus de l'entreprise sont d'environ 500 millions.

Il y avait déjà en 1951 à Montréal des restaurants spécialisés dans le poulet rôti, mais aucun n'a innové comme St-Hubert qui a constamment redéfini les règles du marché.

Dès 1952, le restaurant offre la livraison gratuite et une douzaine de Chevrolet jaunes parcourent la ville pour livrer le poulet à domicile. La même année, St-Hubert devient l'un des premiers annonceurs au début de la télévision québécoise. « Mon père était un gars de marketing avant même l'invention du mot », dit Jean-Pierre Léger.

En 1967, St-Hubert vend ses premières franchises. Ses fameuses Coccinelles jaunes sillonnent la métropole et tout le monde connaît par cœur le slogan « *Dring Dring Dring, un poulet chez vous. Put Put Put St-Hubert B-B-Q* », omniprésent à la radio et à la télévision.

Dès 1972, les commandes à domicile sont centralisées et, en 1979, le groupe ouvre une « université » St-Hubert pour assurer la qualité du produit et du service. Les années 1990 verront à la fois l'ouverture des restos-bars et des sections pour enfants.

Depuis l'an 2000, les poulets sont nourris à 100 % d'aliments totalement végétaux et sont refroidis à l'air pour conserver leur fraîcheur, leur saveur et leur couleur. Les emballages sont aujourd'hui recyclables et un site Web transactionnel permet de commander le précieux poulet de son ordinateur ou de son téléphone intelligent.

Le nouveau pôle de croissance du groupe, ce sont les St-Hubert Express, des restaurants de taille moyenne (jusqu'à 150 places assises) où il n'y a pas de service aux tables et où c'est moins cher. De plus, l'ouverture d'un nouvel établissement de plus petite dimension coûte 50 % moins cher qu'un restaurant régulier.

C'est avec ce concept que St-Hubert repart à la conquête des autres provinces canadiennes, des États-Unis et, qui sait, à plus long terme, du Mexique et de l'Asie. Le groupe prévoit en ouvrir de cinq à sept par année, pas plus, promet Jean-Pierre Léger.

La popularité actuelle cache d'autres écueils, peut-être plus insidieux. « Il ne faut jamais s'endormir et commencer à se trouver bon. Il ne faut pas oublier de revenir à l'essentiel et tenter de s'améliorer constamment », dit-il. La complaisance est une redoutable tueuse d'entreprises.

L'innovation, c'est aussi la peur de tout perdre.

Mars 2008. Sonomax, un fabricant d'équipement de protection auditive de Mont-Royal, est menacé. L'entreprise, créée en 1998, n'a pas l'argent pour rembourser les détenteurs de débentures qui viennent à échéance. Les investisseurs qui avaient acheté des actions du titre sur le TSX Venture depuis 2001 n'ont plus confiance et les créanciers veulent leur argent. « On a frappé un mur. Il y avait pas mal de stress et j'ai prié beaucoup », raconte son fondateur Jean-Nicolas Laperle.

Jusqu'en 2005, Sonomax ne fabriquait que des protecteurs auditifs. À partir de la même technologie, elle a mis au point une façon plus économique de fabriquer des écouteurs faits sur mesure. Puisque chaque oreille a une taille et une forme uniques, comme les empreintes digitales, un écouteur intra-auriculaire personnalisé est beaucoup plus confortable en plus d'agir comme un véritable bouchon qui bloque les bruits ambiants.

L'invention de Sonomax a l'air d'un casque d'écoute. Au lieu de la mousse protectrice, il y a deux embouts qui s'insèrent dans les oreilles. Un dispositif injecte du silicone dans les embouts qui épousent la forme de chacune des oreilles. Quatre minutes plus tard, vous avez des écouteurs intra-auriculaires parfaitement ajustés.

Jean-Nicolas Laperle a convaincu le rappeur Arabian Prince, K.R. Nazel dans la vie civile, du groupe N.W.A de devenir le directeur créatif et le porte-parole de l'entreprise pour faire connaître les écouteurs tout simplement baptisés *Eers*, comme pour « ears » (oreilles). Le produit a remporté le prix Innovation pour les meilleurs écouteurs au dernier Consumer Electronic Show (CES), la grande foire annuelle de l'électronique grand public qui a eu lieu en janvier 2012 à Las Vegas.

Depuis l'iPod et les téléphones mobiles dits « intelligents », la musique est devenue le plus gros marché et c'est en s'y imposant que Sonomax compte populariser d'éventuelles applications militaires, industrielles et médicales. Il y a même une Chaire en recherche industrielle en technologies intra-auriculaires Sonomax-ETS (École de Technologie supérieure) pour développer ce que Jean-Nicolas Laperle appelle « l'oreille bionique ». L'écouteur fait sur mesure assure déjà une très bonne protection contre le bruit. L'idée est de jumeler dans le même dispositif à la fois les fonctions d'écouteur, de prothèse auditive et d'oreillette Bluetooth.

Le potentiel dépasse l'entendement. Près de 20 % des jeunes Américains de 12 à 19 ans souffrent déjà d'une perte auditive et la surdité industrielle est l'une des maladies professionnelles les plus signalées. Ajoutez à cela le vieillissement de la population.

Après avoir frôlé le précipice, Jean-Nicolas Laperle se dit qu'il a maintenant « le potentiel de changer le monde ».

L'innovation, ce peut être aussi d'offrir un service unique. Jean-François Dumas, d'Influence Communication, a créé une telle organisation. « Un client m'a appelé un jour pour que nous identifiions rapidement la source d'une fausse information sur son entreprise. L'info aurait circulé le jour même dans les médias de trois villes chinoises dont il ne connaissait pas le nom. Nous l'avons rapidement retracée même si c'était des villes secondaires et que c'était écrit en mandarin. Nous avons créé une entreprise pour répondre à une alerte comme celle-là », explique le président d'Influence Communication.

Influence Communication s'est fait connaître par ses classements hebdomadaires et annuels des sujets les plus traités dans les médias canadiens et internationaux. C'est aussi une PME rentable dont les revenus sont d'environ 5 millions. Ses clients ne sont pas les médias, mais des entreprises comme Bombardier ou le Cirque du Soleil qui veulent mesurer l'impact de leur présence dans les médias des pays où ils font affaire. « Nous avons aujourd'hui 185 clients, la plupart cotés en Bourse. Certaines de ces entreprises se retrouvent au cœur d'enjeux politiques importants », dit Jean-François Dumas. « Nous leur fournissons des données pour évaluer leur influence, car l'information est l'opium des organisations ».

Influence Communication collige et analyse chaque jour plus d'un million d'articles provenant de sources d'informations de 160 pays et en 22 langues. L'entreprise montréalaise a aussi développé un outil de surveillance du Web qui scrute 128 sites d'informations au Québec, 500 au Canada et 10 000 au monde. « Cet outil examine à la loupe un site comme LaPresse.ca (Cyberpresse.ca) toutes les deux heures et identifie les hyperliens qu'on peut y recenser en un seizième de millième de seconde », dit Jean-François Dumas.

Pendant des décennies, les entreprises misaient surtout sur l'efficacité productive. Elles recherchaient des économies d'échelle pour produire au meilleur coût possible et assurer ainsi leur prédominance. Ce paradigme ne tient plus à cause de la mondialisation, car les pays émergents peuvent produire à de bien meilleurs coûts.

« La concurrence se déroule aujourd'hui sur un autre terrain, celui de « l'intensité créative ». Il s'agit de générer des idées et d'être différent, de développer des nouveaux modèles d'affaires et de proposer le nouveau produit sur le marché », m'avait expliqué Laurent Simon, professeur agrégé à HEC Montréal qui a créé et enseigne le cours de Management de l'Innovation.[184]

C'est un travail de longue haleine. Laurent Simon m'a raconté que James Dyson avait réalisé 5126 prototypes avant de mettre en marché son aspirateur sans sac.

J'ai visité l'an dernier une entreprise où j'ai pris la mesure de l'ingéniosité des manufacturiers québécois. On coule du métal depuis 4500 ans, mais ce qui est peut-être la plus vieille industrie au monde a pris un tournant résolument technologique.

De sa fondation en 1980 jusqu'à 1989, Fonderie Saguenay a produit des pièces pour les alumineries et les sociétés papetières de sa région. C'était une belle entreprise dont les ventes dépassaient 3 millions en 1989.

Elle était néanmoins dépendante d'un nombre réduit de clients alors que les alumineries comptaient pour 70 % de ses revenus. De plus, elle n'avait pas de spécialité vraiment définie pour se mesurer aux quelque 2500 fonderies en activité aux États-Unis.

Fonderie Saguenay emploie aujourd'hui une cinquantaine de personnes et ses revenus frôlent les 10 millions. Autrefois confinée au marché local, elle réalise la moitié de ses revenus grâce à l'exportation aux États-Unis, en Islande et au Moyen-Orient. Les alumineries ne comptent plus que pour 30 % de ses ventes.

L'entreprise de Saguenay a trouvé son créneau. Au lieu de viser tous les marchés, elle se définit comme un producteur de grandes pièces en fonte à petites séries fabriquées sur mesure pour des clients qui privilégient la fiabilité et la rapidité.

Elle fabrique dorénavant des pompes pour l'industrie chimique, des poulies pour la pétrochimie, des convoyeurs de minerais pour les sociétés minières ou des boîtiers d'alternateur pour les éoliennes. « Nous avons diversifié notre clientèle pour ne pas trop dépendre de certaines grandes entreprises », dit Marc Savard, son président.

Fonderie Saguenay informatisait déjà sa production en 1998, ce qui lui permet d'avoir en mémoire les caractéristiques et « recettes » de plus de 8000 pièces différentes. L'innovation dont Marc Savard est le plus fier s'appelle Nopatech. Au lieu d'utiliser des moules en bois qui épouseront la forme de la pièce à fabriquer, un robot presque unique au monde alimenté par deux puissants logiciels permet de créer la pièce directement à partir du plan, permettant des économies de temps et de coûts spectaculaires.

Selon la pièce, les clients peuvent économiser de 28 % à 77 % sur le prix de fabrication d'un modèle. Cela permet aussi de compenser pour les salaires plus élevés payés dans la région pour attirer et garder les travailleurs et professionnels qui sont constamment sollicités par la grande entreprise. Surtout, le nouveau procédé réduit de trois à six semaines le temps de production d'une pièce. « Nous sommes les plus fiables et peut-être les plus rapides de notre industrie », dit-il. « Cela fait cinq ans que nous travaillons là-dessus et nous avons investi 1,5 million en R & D au cours des trois dernières années. Nopatech nous différencie beaucoup et nous permettra d'augmenter nos revenus de 30 % à 40 % d'ici trois à quatre ans », dit-il.

Tous les efforts ne se concrétisent pas et l'échec fait partie du jeu, surtout lorsqu'on s'attaque au cancer. AEterna avait beaucoup compté sur le Neovastat AE 941, un bloqueur d'angiogenèse censé couper l'alimentation en sang des tumeurs cancéreuses. Les essais cliniques menés sous la supervision de la FDA (Food and Drug Administration) américaine n'ont pas été concluants. La même chose est arrivée pour deux autres médicaments, Cetrorelix, contre l'hyperplasie de la prostate, et Perifosine contre le cancer colorectal métastatique avancé et le myélome multiple. Les produits et médicaments issus du secteur des sciences de la vie ont des cycles de développement variant entre 12 et 20 ans. Les coûts pour effectuer ces recherches sont faramineux, mais le taux de réussite de ce type de recherche est très rare.

AEterna Zentaris, le nom de l'entreprise depuis l'acquisition de la société allemande Zentaris en 2002, est néanmoins parvenue à mettre au point trois traitements fructueux, le Citrotide, un traitement de fertilisation in vitro vendu dans 80 pays, Impavido pour contrer la leishmaniose, la deuxième maladie infectieuse d'importance au monde et un test diagnostique de la déficience sur l'hormone de croissance chez l'adulte.

Je faisais état plus tôt du risque inhérent aux entreprises de biotechnologies. AEterna Zentaris et ses partenaires ont investi 75 millions dans la recherche et le développement de ce produit. Pour chaque tranche de 8000 à 10 000 découvertes, un seul médicament sera commercialisé.[185]

9. SAVOIR, RÉSEAUX ET MARCHÉS

« Le dire est aisé, le faire est difficile »
- Baltasar Gracian (1601-1658)

Après les fantômes du Forum, ceux du Nordelec

Le 1er décembre 2011, c'était la fête rue Richardson, à Montréal dans un des immeubles symboliques du passé industriel québécois. Le premier étage était transformé en une gigantesque discothèque alors qu'investisseurs, concepteurs, architectes et promoteurs immobiliers de partout au monde participaient à la réception donnée par une PME pour souligner l'inauguration de ses nouveaux locaux.

L'immeuble, c'est Le Nordelec, l'ancienne usine de la « Northern Electric » (devenue Nortel par après), inaugurée près de 100 ans plus tôt dans le quartier Pointe-Saint-Charles à Montréal, près de l'écluse Saint-Gabriel du canal Lachine. L'édifice est situé tout près de la rue… Augustin-Cantin.

Ce quartier est le berceau de l'industrie canadienne. Northern Electric avait fait construire en 1913 ce vaste bâtiment de pierres rouges pour fabriquer des câbles, des fils et des appareils électriques. À son apogée, en 1941, 4686 personnes y travaillaient.

L'ouverture de la voie maritime du Saint-Laurent et la fermeture du canal Lachine ont provoqué un net déclin de la vocation industrielle du quartier et la perte au fil des ans de 20 000 emplois.

L'entreprise qui fêtait bruyamment ce soir-là s'appelle Lumenpulse, le «Apple de la lumière», me disait un des actionnaires de l'entreprise.

Quelques jours plus tard, son président, François-Xavier Souvay – « F.-X. » pour tout le monde – me recevait pour la deuxième fois à son bureau, sur un immense canapé qui occupe deux des quatre côtés du local. « Mon espace de travail est une salle de réunion et un lieu de rencontres pour engager des échanges stimulants ».

Comme l'ensemble du lieu, il est le reflet de la culture d'ouverture et de partage des connaissances qu'il veut inculquer partout dans l'entreprise. «Nous sommes à l'ère de la transparence, alors aussi bien l'attaquer de front. Nous avons embauché 100 personnes au cours de la dernière année et il faut rapidement être capable de transférer les connaissances et empêcher la création de silos. »

François-Xavier Souvay mesure tout le potentiel du développement des systèmes d'éclairage à diodes électroluminescentes, qu'on a eu la bonne idée d'appeler DEL en français, ou LED en anglais. Ces luminaires consomment beaucoup moins d'énergie et durent beaucoup plus longtemps que les ampoules conventionnelles.

Les experts prédisent que 80 % des installations analogiques seront remplacées d'ici à 10 ans par des luminaires DEL. On parle d'un marché mondial de 120 milliards, dont 40 milliards seulement pour l'éclairage architectural. C'est aussi un marché fragmenté où aucun leader ne se démarque.

Lumenpulse a investi 10 millions pour concevoir des familles de produits qui s'intègrent dans le même projet architectural, que ce soit pour la façade, le toit, des panneaux lumineux ou des effets spéciaux. Chaque famille est modulaire et évolutive.

Une technologie propre à Lumenpulse maintient la température très basse à la jonction de ses luminaires DEL, ce qui leur procure une intensité lumineuse de 25 % à 40 % de plus que les luminaires DEL de ses concurrents et une durée de vie plus longue (entre 20 % à 25 %). On parle d'une durée d'utilisation de 120 000 heures. « Il y a beaucoup de savoir-faire derrière nos luminaires et nous sommes les seuls à avoir une approche de développement durable », ajoute François-Xavier Souvay.

L'éclairage architectural, la spécialité de Lumenpulse, permet de mettre en valeur les espaces et les bâtiments grâce à la lumière. Nous sommes ici à la jonction de deux univers, le design architectural et l'ingénierie. Il faut de la technologie pour faire de l'art. « Nous pouvons livrer les deux messages », dit François-Xavier Souray. Comme les fabricants conventionnels, Lumenpulse connaît l'éclairage et compte des dizaines de réalisations d'envergure pour le prouver. En plus, l'entreprise maîtrise la technologie qui est en train de bouleverser le monde de l'éclairage.

La remise en lumière de la croix du mont Royal, c'est Lumenpulse. L'éclairage qui met en valeur les façades du Musée d'art contemporain et celui de la structure du nouveau BC Place Stadium, à Vancouver, Lumenpulse aussi. L'éclairage de la tour principale de 108 étages du nouveau World Trade Center à New York, Lumenpulse encore une fois !

Les revenus de Lumenpulse ont bondi de 140% en 2011 et l'entreprise est allée chercher 16 millions de dollars chez des investisseurs privés pour financer son rapide développement. «Dans un marché dynamique comme le nôtre, la rigueur dans la gestion est essentielle. Notre marché est en si forte croissance qu'il serait tentant de tirer sur tout ce qui bouge et de s'éparpiller. Nous avons refusé cette année des contrats d'une valeur de 15 millions, soit presque la moitié de notre chiffre d'affaires annuel parce que nous voulons rester disciplinés et nous concentrer sur notre cœur de cible, devenir le leader mondial de l'éclairage architectural LED. C'est dur de dire non à un contrat de plusieurs millions de dollars. »

L'entreprise affiche des revenus de 35 millions, un chiffre d'affaires qui devrait doubler au printemps de 2013. «Lumenpulse pourrait avoir des revenus de 300 millions juste avec la croissance organique. Mais doubler ses revenus chaque année, c'est très exigeant. Nous visons surtout à bâtir une entreprise durable et solide et en faire un leader mondial. »

En tout, 135 personnes sont à l'emploi de l'entreprise, dont 15 à Boston où elle conçoit ses logiciels et six à Londres où elle a ouvert un bureau l'automne dernier. C'est de là qu'une équipe de six personnes gère les contrats en provenance d'Europe et du Moyen-Orient. «Nous ne voulions pas aller en Asie trop rapidement, mais ce marché est venu à nous. Nous avons maintenant un partenaire à Singapour qui vient d'ouvrir des bureaux à Hong Kong et à Shanghai pour faire la promotion de nos produits. »

La direction de l'entreprise est à Montréal, ainsi que le design optique, mécanique et industriel. C'est aussi à Montréal que se fait l'assemblage final des pièces produites par plusieurs sous-traitants, 80% d'entre eux étant situés dans la métropole. «La clef, c'est de trouver de bons sous-traitants avec des capacités financières et manufacturières. »

J'ai demandé à François-Xavier Souvay de faire le tour des spécialistes dont a besoin son entreprise pour son développement et la position de Montréal dans ces domaines. «En design industriel, il existe une belle culture et une véritable pratique à Montréal. Le multimédia est aussi une de nos forces. Par contre, on y trouve peu de spécialistes de la nano-ingénierie (*embeded engine*) et de la programmation cryptée dans un microprocesseur (*firmware engenering*). Boston est une véritable pépinière de talents dans cette dernière spécialité. Nous apprenons », dit-il.

Il faut aussi embaucher les bonnes personnes, «celles qui ont envie de prendre le même autobus», dit F.-X. Souvay. Chaque candidat est rencontré par plusieurs personnes. C'est toute l'équipe de direction, et pas juste moi, qui a embauché notre nouveau vice-président. »

Avec la lumière, il faut la vitesse. «Pour réussir, il faut rapidement éduquer notre clientèle provenant des grands bureaux d'architectes et des grandes firmes de design d'éclairage du monde et bien communiquer notre message», dit-il.

Les grands espaces du nouveau siège social seront aussi utilisés pour créer «l'université Lumenpulse» qui assurera la formation de la centaine d'employés de l'entreprise et de ses représentants dans les différents marchés. «Nous voulons la force de vente la plus formée et la plus éduquée de notre secteur, capable à la fois d'aider nos clients d'un point de vue technique, mais aussi capable de comprendre leur vision architecturale. C'est là que je veux investir au cours des prochaines années».

Il faut six mois pour développer un produit, trois fois moins que chez les concurrents, m'assure François-Xavier Souvay. L'entreprise a développé une méthode d'ingénierie simultanée très performante qui lui permet de faire travailler tous les départements en même temps sur le même produit et de mener le développement de plusieurs produits de front.

Il en fait une question essentielle à la survie et au développement de l'entreprise. Il ne laisse lui-même rien au hasard. «Quand je demande quelque chose à mon adjointe, je lui dis toujours ce que je suis en train de faire et pourquoi je le fais. Je veux qu'elle comprenne pourquoi je prends telle décision pour qu'elle puisse mieux m'épauler. Pour déléguer, il faut donner la perspective».

C'est la même chose avec les employés de l'atelier d'assemblage. «On peut leur dire de faire les choses d'une certaine manière, mais leur productivité et leur plaisir de travailler seront bien plus élevés si nous prenons le temps de leur expliquer pourquoi nous voulons que ce soit ainsi. Nous voulons les former pour leur donner une compréhension du produit, de ses effets et de son utilité. Nous voulons les embarquer dans l'histoire. Il faut propager cette attitude partout dans l'entreprise et que ce soit partie intégrante de la culture de l'entreprise. Si nous réussissons, nous aurons développé une équipe de champions du monde. »

2012 sera l'année du partage des connaissances chez Lumenpulse. «Il faut évangéliser Lumenpulse», dit François-Xavier Souvay.

Partager le savoir

Le partage du savoir dans une entreprise et le développement de ses réseaux sont les choses les plus importantes aux yeux de Chris Arsenault et de Pierre-André Julien.

À première vue, tout les distingue. Chris Arsenault est la version québécoise la plus achevée d'un *golden boy* de la Silicon Valley. Le sourire, l'assurance, la tenue, tout y est. Chic, mais toujours sans cravate, la coupe de cheveux est impeccable et le soulier bien verni. Natif du comté de Bonaventure en Gaspésie, il a un peu l'accent traînant de Kevin Parent. Il travaille surtout en anglais, il est branché sur la nouvelle économie et il étend ses antennes partout en Amérique. Son bureau est logé dans un des plus grands édifices du centre-ville de Montréal. C'est un capital-risqueur, c'est-à-dire quelqu'un qui investit son argent et celui des autres dans des entreprises à fort potentiel aux premières phases de leur existence. Son but est d'en faire de grandes entreprises.

Son langage est imagé. «Les meilleurs joueurs de hockey se passent constamment la rondelle. Les bons entrepreneurs agissent de la même façon. Ils foncent, ils virevoltent et ils n'ont pas peur de la concurrence. Ils aident leurs voisins parce que cela va leur profiter, à court, à moyen et à long terme. Ils ont compris que nous vivons dans une société de plus en plus connectée», dit Chris Arsenault.

iNovia Capital emploie 12 personnes à temps plein et cinq partenaires de coentreprise (*venture partners*) à son siège social à Montréal et à ses bureaux de Calgary, de New York et de San Francisco. La société examine près de 600 dossiers d'entreprises par année et elle investit en moyenne dans huit d'entre elles, ce qui lui permet d'y jouer un rôle actif. Elle s'est impliquée dans 31 projets depuis quatre ans et demi, investissant en tout 112 millions de dollars. Elle vient tout juste de lancer un troisième fonds de capital-risque de 110 millions.

Pourquoi investir dans si peu d'entreprises? «Parce qu'elles ont besoin avant tout de savoir-faire, de coaching et d'un réseau de contacts. Si tu mets tes dollars dans 15 compagnies au lieu de deux ou trois, tu as plus de chances de perdre ton argent parce que tu n'as pas le temps nécessaire pour les aider.»

Quant à Pierre-André Julien, il semble avoir été téléporté directement des années 1970. Les cheveux longuets, la barbe en collier et les vêtements modestes trahissent un métier qui privilégie les années d'expérience et les grandes connaissances. Son bureau sur le campus de l'Université du Québec à Trois-Rivières est minuscule. C'est un nationaliste convaincu (il fait partie du comité sur la souveraineté mis sur pied par Pauline Marois), il n'aime pas les grandes entreprises et il est bien fier de sa tante, la chanteuse Pauline Julien, décédée en 1998.

C'est surtout l'un des grands spécialistes des PME, non seulement au Québec mais au monde. Il a publié plus de 400 rapports et articles scientifiques en français, anglais, espagnol, allemand, finnois, portugais et italien, et il est l'auteur ou le coauteur de 22 livres.

Pour Pierre-André Julien, une entreprise se particularise par la force de son réseau. «L'entreprise seule n'existe pas. En fait, une entreprise, ce sont des entreprises. Le succès d'une PME repose sur ses relations avec d'autres», disait-il dans une interview publiée en 1997.[186]

Paul-André Julien et Chris Arsenault ont analysé au cours de leur carrière des milliers de dossiers d'entreprises. L'un est versé dans le manufacturier, l'autre plutôt en technologie. Le Trifluvien veut améliorer la gestion des compagnies; le Gaspésien d'origine veut investir dans celles qui ont le plus fort potentiel.

Pierre-André Julien considère qu'une entreprise est essentiellement un savoir-faire qu'il faut constamment mettre à jour et Chris Arsenault fait de la gestion de ce savoir le critère du choix de ses investissements et de sa pratique.

Les deux ont une vision mondiale des affaires et ce sont d'irréductibles optimistes sur l'entrepreneuriat au Québec.

Pour Chris Arsenault, le monde technologique s'appelle la Californie. «C'est un *must* d'avoir un réseau aux États-Unis, car les investisseurs et les clients seront fort probablement américains». Il est très actif au sein du C-100, qui regroupe 100 Canadiens demeurant en Californie et qui exercent un rôle dans la direction de compagnies en technologie de l'information (TI), dirigent des firmes de capital de risque ou sont des entrepreneurs à succès. «Ces personnes aident les entrepreneurs canadiens. Ils sont prêts à leur ouvrir leurs réseaux et les bonnes portes dans les grandes corporations. Ils organisent des événements de maillage, des sessions de coaching et de mentorat».

Pierre-André Julien est professeur émérite à l'Institut de recherche sur les PME, créé en 1976 à l'UQTR. Ce serait le plus vieux centre de recherche sur la PME au monde et ses professeurs et chercheurs ont réalisé au fil des ans plusieurs mandats pour l'Organisation de Coopération et de Développement économiques (OCDE), situé à Paris.

L'Institut se distingue par une collaboration entre spécialistes de la gestion, du génie et de la finance. Ses spécialistes sont actifs dans plus de 200 entreprises, surtout manufacturières, et ont noué au fil des ans des contacts avec plus de 600 d'entre elles, comptant en moyenne 100 employés et situées pour la plupart à l'extérieur de Montréal. « Des modes, j'en ai vu et des problèmes aussi. Dans les années 1970, tout le monde vantait les cercles de qualité. Les années 1980 étaient celles de l'ingénierie simultanée, de la production au plus juste (*lean productivity*) et de la flexibilité. La nouvelle mode, c'est l'innovation ouverte. Moi, je n'ai jamais vu d'innovation fermée, car l'innovation vient de l'information », dit Pierre-André Julien.

Selon lui, les PME doivent fonctionner de façon holistique, sans silos et avec flexibilité. La clef est le réseautage. « Toute entreprise est un système de savoirs qui permet de connaître ce que veut ou ce que pourrait vouloir le marché et comment répondre à ce besoin. Une entreprise qui n'échange pas n'aura pas de succès. »

En revanche, une organisation où le savoir est partagé sera capable de répondre au client. « Le patron n'est pas capable de faire ça seul. Qui va lui dire qui fabrique la meilleure machine, qui vend la meilleure matière première et qui va former le mieux ses employés ? Le savoir doit être complémentaire. La *job* du patron, c'est de créer et de nouer des contacts », dit-il.

Pierre-André Julien distingue trois types de réseaux : le réseau personnel du dirigeant, son réseau d'affaires, qu'il devra sans cesse stimuler et organiser, et ce qu'il appelle les réseaux à faibles signaux. « L'innovation vient de bribes d'informations entendues à gauche et à droite, de choses bizarres qu'on a observées, de rencontres avec des consultants, de voyages ou des contacts avec des centres universitaires ».

Un patron innovateur, c'est un patron qui se lève tôt, écoute beaucoup et cultive son réseau.

Chaque matin à 4 heures, Jean Fontaine, le président fondateur de Jefo à Saint-Hyacinthe, est debout pour correspondre ou parler à ses « amis » de partout dans le monde. « Moi, je privilégie la chaleur humaine avant la relation d'affaires ». Des clients, Jefo en compte des milliers. L'entreprise, dont le chiffre d'affaires dépasse les 150 millions de dollars, vend ses « vitamines » pour animaux dans 56 pays. Elle a des bureaux au Mexique, au Brésil, aux États-Unis, en France, en Australie, à Hong Kong et en Inde.

L'entreprise maskoutaine compte 140 employés, dont 25 vétérinaires, agronomes et technologues spécialisés en zootechnie et en nutrition animale. Elle consacre annuellement un demi-million à la recherche et développement et elle a mis sur pied un centre de recherche sur l'alimentation animale et deux autres plus spécialisés dans l'alimentation des volailles et du porc. «On a toujours été innovateurs», dit le président, qui s'est lancé en affaires en 1982, à l'âge de 25 ans. Depuis 1992, Jefo vend ses propres mélanges d'enzymes ou d'acidifiants. La coentreprise formée en 2001 avec la société italienne Vetagro, aussi un créateur et un producteur d'additifs nutritionnels pour animaux, lui a donné des ailes.

Vetagro est à l'origine d'une technologie qui permet d'emprisonner les ingrédients actifs dans un support de gras et sous la forme de petites billes. Cela permet d'accroître l'efficacité des produits en les protégeant de la lumière, de la moisissure, de la chaleur et de l'oxygène.

Selon Francine Mondou, deux facteurs expliquent le succès d'Harmonium International : ses relations avec ses clients et celles avec ses employés. On sent que le sujet l'anime et elle en parle avec conviction. «Il faut constamment expliquer à nos employés ce qu'on est en train de faire. Il faut les impliquer et bien communiquer», dit-elle.

Les relations avec les clients reposent sur le même désir d'harmonie - d'où le nom Harmonium. «Nous voulons aller au-delà de leurs attentes», dit-elle. L'entreprise s'est dotée dès le départ d'installations et de normes répondant aux exigences de l'industrie pharmaceutique.

Quand la réglementation sur les produits aliments naturels s'est précisée, Harmonium International a préparé tous les documents qui pourraient être requis par ses clients pour l'obtention d'une homologation de produit.

À chaque 1er décembre depuis 11 ans, Louis Bélanger-Martin, le président de DTI Software (DTI), rencontre à Tokyo le président de Japan Airlines. C'est devenu un rituel, mais c'est surtout la marque de commerce d'une entreprise qui compte parmi ses clients 110 compagnies aériennes.

Quand il n'est pas dans son hélicoptère, Louis Bélanger-Martin passe sa vie dans les avions pour rencontrer ses clients, s'enquérir de leurs besoins et leur suggérer quoi offrir à leurs passagers comme produits électroniques de divertissement à bord.

Plus de 90 % des consoles de divertissement à bord des avions civils sont animées par les logiciels de DTI, créés et développés rue Saint-Jacques à Montréal. Que vous voliez sur Air France ou sur Singapour Airlines, dans un Boeing ou un Airbus, que vous regardiez un film ou jouiez sur un écran tactile fabriqué par Panasonic, Thales ou Rockwell, que vous utilisiez le français, l'anglais ou 26 autres langues, vous avez toutes les chances de retrouver la technologie développée par DTI.

Gérard Trudeau, de Marvini, voyage dans le monde entier depuis plus de 20 ans à la recherche de nouveaux produits et de nouvelles idées. « Nous voulons offrir une expérience culinaire et des produits plus accessibles. Les Québécois sont réceptifs, pourvu qu'on les informe », dit-il.

Marvini cultive et commercialise 14 variétés de fines herbes. En plus de cultiver du persil, du thym et d'autres herbes, elle fabrique aujourd'hui plus d'une trentaine de trempettes, de pestos et d'aromates. Elle commercialise aussi des légumes asiatiques comme le bok choy, le bonsaï choy, le mini napa ou la bette à cardes sous l'étiquette de Fermes Trudeau.

Gérard Trudeau participe également à six grandes expositions alimentaires chaque année où il fait connaître personnellement ses produits. « Il faut être sur le front et ne pas avoir peur. Les acheteurs aiment ça voir les patrons. Je veux aussi voir comment les clients potentiels réagissent. » Sans compter que c'est l'endroit idéal pour prendre le pouls du marché et s'informer sur les nouveaux produits des concurrents.

Voilà ce qu'il faut faire, mais il est tellement facile pour l'entrepreneur propriétaire de se laisser emporter par la gestion quotidienne. « Les entreprises vivent une crise de leadership, parce que l'entrepreneur est très présent dans les activités quotidiennes de l'entreprise. Il perd sa vision, sa lecture du marché et de la concurrence », observe Catherine Privé, cofondatrice et présidente-directrice générale d'Alia Conseil, l'une des plus importantes firmes spécialisées en développement organisationnel au Québec. Pour ne pas tomber dans le même piège et rester branchée sur les besoins réels des organisations, elle consacre deux jours d'intervention par semaine chez des clients.

Il est tellement facile pour le propriétaire d'entreprise de s'emprisonner dans les structures qu'il a lui-même mises en place pour alléger son travail. « Les organisations doivent se renouveler. Or, elles s'enferment dans un carcan qui les empêche de s'ajuster rapidement et d'être agiles. Elles sont empêtrées dans des règles, des procédures et des conventions », ajoute Catherine Privé.

Peut-être que les lecteurs ne connaissent pas Beyond The Rack, mais il a fort à parier que le site Web de vente en ligne de marques haut de gamme est apprécié par de nombreuses lectrices. Le site compte plus de six millions de membres et l'entreprise a été désignée comme le détaillant en ligne à la plus forte croissance en Amérique du Nord en 2011 par le site *Internet Retailer*[187].

Les revenus de l'entreprise se chiffrent à 100 millions et son cofondateur Yona Shtern prédit que le chiffre d'affaires doublera en 2012 et atteindra 1 milliard dans cinq ans. Beyond The Rack, créée il y a quatre ans, emploie 260 personnes à Montréal, Plattsburgh et New York.

Dans une interview réalisée dans le cadre du projet avec RSM Richter Chamberland[188], Yona Shtern m'expliquait que lui et son partenaire savaient que le modèle d'affaires pour les ventes privées en ligne pouvait fonctionner, mais qu'ils ne connaissaient pas toutes les conditions du succès. Ils sont mis en contact avec un ange financier allemand vivant en Suisse et qui a investi dans des entreprises similaires dans 13 autres pays et qui est prêt à mettre 500 000 $ dans Beyond The Rack. Yona Shtern prend immédiatement l'avion pour Zurich pour le rencontrer.

Il prépare ce qu'il croyait être un bon plan d'affaires, mais le type le reçoit froidement. Pour lui, des prévisions de 30 millions de revenus en cinq ans, ce n'est pas suffisant et il trouve toutes ses hypothèses farfelues.

Il veut 1 million de plus par mois à partir du douzième mois et plus de 1000 nouveaux membres par jour. Selon lui, il faut du volume pour réussir et pas de demi-mesure : ça marche ou c'est l'échec et on le sait rapidement.

Deux jours plus tard à New York, il lui apprend comment faire de l'argent avec un site Web de ventes privées.

L'histoire de cette rencontre entre Oliver Jung, l'investisseur en question, et Yona Shtern mérite d'être racontée. Mieux que tout autre, elle illustre la magie des réseaux. Elle commence en 2003 au Japon. John Stokes, un Néo-Zélandais d'origine britannique qui a fait de Hong Kong sa base d'opérations et qui travaille à Tokyo sur un projet en télévision (vous voyez le genre !), fait la connaissance d'Oleg Tscheltzoff, un Français d'origine russe vivant à Versailles et à New

York, diplômé de Cambridge, de Harvard et de l'INSEAD, la grande école européenne de gestion. (Quelqu'un qui a ces trois universités dans son c.v. est promis à brillant avenir!) Tscheltzoff est aussi un pionnier du Web, un entrepreneur en série et un investisseur réputé en Europe.

En décembre 2008, John Stokes et Oleg Tscheltzoff se retrouvent à la grande conférence annuelle qui a lieu chaque année à Paris et qui s'appelle tout simplement «LeWeb». John Stokes, qui habite dorénavant Montréal, parle à son ami de cette petite entreprise en démarrage appelée Beyond The Rack dans laquelle il vient d'investir. Oleg Tscheltzoff lui dit qu'il connaît une personne qui vient d'investir dans un site allemand de ventes privées et qui se trouve justement dans la même salle, à une quinzaine de mètres devant eux.

Grâce à Oliver Jung,[189] Beyond The Rack appartient à un réseau informel d'entreprises similaires partout au monde. Chaque entreprise partage ses secrets et les fruits de ses expériences. Le site montréalais a appris des Brésiliens comment mieux utiliser Google et des Turcs comment améliorer l'utilisation du courriel pour obtenir de meilleurs résultats. «Nous apprenons tous les trucs du métier», dit Yona Shtern.

Le succès retentissant de Beyond The Rack lui a permis de récolter 17 millions dans trois rondes successives de financement et d'annoncer en novembre 2011 un investissement de 36 millions. Vous ne serez pas surpris d'apprendre non plus que John Stokes et Oleg Tscheltzoff font partie du conseil d'administration de Beyond The Rack.

Certains trouveront que Yona Shtern a eu beaucoup de chance de rencontrer cet investisseur qui a partagé tous ses secrets et l'a mis en relation avec des entrepreneurs du même secteur. Philippe Gabillet, professeur à ESCP Europe, l'une des écoles de gestion les plus réputées au monde, a une conception très dynamique de la chance. Pour lui, la chance est une compétence sur laquelle il faut travailler.

Sa vidéo sur la chance en affaires, diffusée sur YouTube, est devenue pour moi un extraordinaire facteur de motivation.[190] Non seulement Philippe Gabillet nous dit qu'on est responsable de sa chance, mais il nous dit comment la créer. «La chance est un élément déterminant de la réussite et ça s'apprend», dit-il.

Pour être chanceux, il faut d'abord créer un environnement favorable et «activer les boîtes à opportunités». Il faut donc faire les bonnes rencontres, aller sur les bons territoires des affaires, de la culture et de la géographie et être à l'écoute des bonnes demandes.

Il préconise quatre postures pour être chanceux. La première est d'être vigilant et curieux. « Il faut savoir sortir de ses routines » dit-il. Citant Pascal, il ajoute que « la chance ne favorise que les esprits préparés ».

Deuxièmement, il faut profiter de la « magie des réseaux ». Non seulement il faut s'en constituer un, mais il faut devenir celui qui met les autres en relation et qui les aide à réussir.

Troisièmement, il faut savoir que la chance ne fonctionne pas toujours et que les grandes réussites sont jalonnées de revers et d'échecs. Il faut savoir utiliser la matière de ces échecs pour rebondir. « La chance, ce n'est pas ce qui arrive, c'est ce que vous allez faire avec ce qui vous arrive. » Le quatrième secret de la chance, c'est l'anticipation. « Les chanceux ont comme par hasard le projet qui va leur créer une opportunité ».

Enfin, et c'est ce qui est le plus important, « la meilleure façon de rencontrer une opportunité, c'est d'en être une soi-même ».

Une entreprise, c'est un marché

Jacques Bernier est le grand argentier du capital d'investissement dans les entreprises technologiques québécoises. À la tête de Teralys Capital, il gère un fonds de 700 millions provenant de la Caisse de dépôt et placement du Québec, du Fonds de solidarité de la FTQ et d'Investissement Québec et deux autres fonds de capital de risque totalisant plus de 600 millions. « Nous sommes un peuple d'entrepreneurs, mais pas un peuple de commerçants », dit-il. « Nos entreprises doivent valoriser davantage l'aspect commercial. On crée une entreprise pour créer de la valeur et faire de l'argent, pas juste pour faire avancer la science ».

Il raconte que lorsqu'il a lancé sa première entreprise, en 1981, il n'avait obtenu aucune subvention et pas un cent en capital de risque. Il avait cependant quelque chose de bien plus précieux : un contrat en main. « J'avais vendu un produit qui n'existait pas encore. Heureusement, nous avons réussi à développer le logiciel à temps », dit-il.

François-Charles Sirois, de Telesystem, croit que chaque dollar investi en technologie doit être accompagné d'un dollar dépensé en marketing et en vente. Les gouvernements accordent des milliards en crédits d'impôt à la R & D, mais souvent les entreprises subventionnées n'ont pas d'équipes de ventes compétentes. « On fait de la bonne technologie au Québec, mais on vend nos entreprises à rabais aux États-Unis parce qu'elles n'ont pas su promouvoir suffisamment leur produit », disait le fils de Charles Sirois lors du congrès de l'Association des économistes québécois, en mai 2011 à Gatineau.

Un entrepreneur est un innovateur qui sait identifier les occasions d'affaires. « Entreprendre, c'est conquérir une place dans le marché. »[191] Éric et Luc Dupont ont très bien compris le concept.

J'ai rencontré Éric Dupont pour la première fois en 1997. La *Revue Commerce* venait de publier un article sur AEterna que le Dr. Dupont - il est docteur en physiologie-endocrinologie - n'avait pas du tout aimé. Même si je n'étais pas rédacteur en chef au moment où l'article a été publié, il tenait à rectifier personnellement les faits devant le nouveau patron du magazine. C'est ainsi que nous sommes devenus amis.

C'est un grand gaillard, carré comme un joueur de hockey et habillé comme un banquier. Tout semble calibré, ordonné et minuté dans sa vie. Cela lui permet sans doute de trouver le temps de s'entraîner, de jouer au tennis et de pratiquer les arts martiaux, de peindre (il a fait un premier vernissage au printemps 2012), de chasser, de jouer de la guitare (il a un studio à la maison), de piloter son hélicoptère… et de voyager à travers le monde pour faire la promotion de sa dernière entreprise, IDC : Intégrale Dermo Correction.

Éric a depuis toujours une devise en affaires qu'il résume sous l'acronyme WIN, la traduction anglaise de gagner. Chaque lettre a une signification particulière. Le W pour *work hard*, le travail acharné, I pour innovation et N pour *network*, le réseau indispensable au développement de chaque entreprise.

Cela rejoint ma compréhension du succès d'une entreprise : une organisation qui exploite un marché défini, dans laquelle les connaissances sont partagées, qui est alimentée par des réseaux bien développés et qui est bien financée. Une entreprise, c'est un marché, du savoir et de l'argent. Trop souvent on se lance en affaires sans clients, sans réseaux et sans ressources. Devinez ce qui va arriver…

L'aventure d'Éric et de son frère Luc débute en 1991 sur une page blanche. Éric Dupont a 25 ans et termine ses études postdoctorales et son frère Luc, 23 ans, est titulaire d'un baccalauréat en comptabilité.

Sur cette feuille blanche, les idées commencent à prendre forme. Les deux frères veulent se servir des connaissances d'Éric pour créer une compagnie de recherche pharmaceutique, une biotech, comme on dit communément.

C'est néanmoins un projet risqué et coûteux. Sur une échelle de 1 à 10, le niveau de difficulté d'une telle aventure mérite sans doute un 11 ! Le coût moyen de développement et de mise en marché d'une molécule est de 250 millions. Le cycle de développement du produit varie entre 12 et 20 ans et les chances de réussite sont de l'ordre de 1 %. « Il fallait être inconscient », dit aujourd'hui Éric Dupont avec le sourire.

La première grande innovation des frères Dupont ne sera pas faite en laboratoire. Ils mettent au point un modèle d'affaires qui leur permet de faire des profits en développant parallèlement une gamme de produits cosmétiques et nutraceutiques. « Pendant des années, on a pompé les millions qu'on faisait dans ces deux secteurs pour supporter les projets de recherche en pharmacologie », raconte Luc Dupont, le frère cadet.

Le marché du cosmétique et des produits de beauté est évalué aujourd'hui à 330 milliards[192] et celui des aliments nutraceutiques, qui contiennent des nutriments santé, est en pleine expansion et devrait atteindre sous peu 140 milliards grâce à une croissance annuelle de 7 %[193]. « La nutraceutique, ce n'est pas noble, mais c'est payant », me dira Jacques Bernier. Éric Dupont n'est pas d'accord avec l'absence de noblesse puisqu'il s'agit de prévention, mais il ne contredit pas l'emploi du mot payant.

Si fonder une biotech est un acte de folie, autofinancer la recherche scientifique grâce aux revenus tirés de secteurs immensément porteurs est une brillante idée. D'autant plus que le cycle de développement dans ces deux secteurs est beaucoup plus court (18-24 mois) que dans le domaine pharmaceutique.

Le grand défi, explique Éric Dupont, consistait à tenter une percée innovatrice dans un secteur de développement à fort potentiel de croissance, sans toutefois être trop avant-gardiste. « *Timing is everything* », disent les anglophones.

Dès 1993, quelques mois après sa fondation, AEterna commercialise un premier produit à base de facteurs de croissance ou cytokines. Celle-ci est une molécule complexe et naturelle qu'on retrouve en abondance dans le tissu embryonnaire bovin et permettant le renouvellement de l'épiderme et l'accélération de la réparation tissulaire. Éric Dupont en avait fait le sujet de ses études postdoctorales.

Les facteurs de croissance comportent des attributs uniques qui n'ont jamais été conceptualisés, brevetés ni commercialisés auparavant et ont le grand bonheur de s'appliquer autant au domaine cosmétique qu'au nutraceutique.

Cette première découverte permet donc la commercialisation d'un premier produit qui sera vendu dans plusieurs pays et assurera une profitabilité quasi immédiate de l'entreprise, un exploit pour une biotech. Éric Dupont se trouve un « champion » qui peut lui ouvrir les portes des grandes compagnies pharmacologiques et cosmétiques. Ce ne sera nul autre que l'ancien premier ministre Brian Mulroney qui entrera en contact avec les présidents de multinationales comme Pfizer, Mercks et Estée Lauder. Cette dernière entreprise deviendra le premier client pour la cytokine, un contrat de plusieurs millions de dollars.

L'approvisionnement en tissus embryonnaires en provenance du bovin est en soi une innovation. Comme l'explique Éric Dupont dans un document qu'il avait préparé pour notre entretien, les viandes bovines sont régulièrement inspectées par les autorités gouvernementales afin d'en évaluer la conformité pour la consommation humaine. Or, de 2 % à 3 % des vaches qui arrivent dans les abattoirs sont gravides (enceintes), un fait indétectable avant leur arrivée. À cette époque, les abattoirs n'utilisent pas ni ne récupèrent les fœtus d'animaux. Ils s'en départent étant donné l'absence de débouchés commerciaux.

La matière première est obtenue à très faible coût et sa transformation dans des niches de marché permet des prix de vente élevés et, conséquemment, des profits élevés qui seront réinvestis dans la division pharmaceutique.

Après le passage en Bourse d'AEterna en 1995, Éric et Luc Dupont procèdent à l'essaimage des divisions commerciales de l'entreprise en 2000. Cela marquera la naissance d'Atrium Innovations, qui exploitera les divisions cosmétique (avant de créer à son tour Unipex en 2007) et nutraceutique. Atrium Innovations a enregistré des ventes de 414 millions en 2011, en hausse de 16,7 %, et un bénéfice net de 55,9 millions.

François Xavier Souvay a un parcours semblable. Suivant les traces de son père éclairagiste, il développe le marché américain pour une compagnie d'éclairage avant de créer sa propre firme de représentation. En 1999, à 29 ans, il achète Luxtec, un expert en gestion de projet d'éclairage, dont il est toujours propriétaire et qui emploie 25 personnes.

Après avoir remboursé sa dette en deux ans, il utilise les profits générés par Luxtec pour financer le développement de la technologie qui donnera naissance à Lumenpulse en 2006. « Le jour où j'ai acheté Luxtec, j'avais Lumenpulse en tête. Je voulais mes propres produits », dit-il.

La société Enerkem, un fleuron québécois des technologies propres, produit de l'éthanol à partir de résidus domestiques. L'éthanol produit sera mélangé avec l'essence. Parmi ses actionnaires et partenaires, on trouve le raffineur Valero (Ultramar) et Waste Management, un géant de la collecte et de la récupération des déchets.

À une échelle plus modeste, Éric Quenneville et Martin Garon, de Biomomentum, commercialisent un premier produit, le Mach-1, qui permet de mesurer les propriétés mécaniques des tissus biologiques comme les cartilages ou la peau. Ses ventes et les revenus qui proviennent des tests réalisés pour des laboratoires permettent à l'entreprise d'être rentable et de bien prendre son temps avec un second produit.

L'Arthro-BST suscite un plus grand intérêt. En plus des laboratoires universitaires et des sociétés pharmaceutiques, cet instrument pourrait faire partie du coffre à outils des chirurgiens orthopédistes. Il y en a 25 000 aux États-Unis qui pratiquent 1 million d'arthroscopies par année. On parle ici d'un marché potentiel de 150 millions. Sans compter les embouts de 150 $ à 250 $ qu'on devra remplacer après chaque intervention et qui ont un fort potentiel de revenus récurrents.

Cette sonde arthroscopique fonctionne avec des électrodes qui permettent d'évaluer précisément la qualité des cartilages, surtout au niveau du genou. Le chirurgien peut ainsi mieux préparer son intervention. Biomomentum vient d'obtenir le marquage CE pour l'appareil, ce qui lui donnera accès au marché européen.

Sir Terrence Matthews est un ultra entrepreneur. Il a créé jusqu'à maintenant 90 entreprises, surtout en technologie de l'information, et n'aurait connu que six échecs.

Il a vendu Mitel (créée avec 4000 $) à British Telecom pour un milliard en 1985 pour ensuite racheter sa division de télécommunications pour 230 millions en 2000. Il a aussi vendu Newbridge à Alcatel pour 7 milliards, encaissant au passage 1 milliard.

Ce Gallois d'origine est peu connu au Québec, même s'il réside tout près de chez nous, à Ottawa. Sa première règle quand il lance une entreprise est claire : on ne crée pas une entreprise sans avoir *préalablement* trouvé un client pour le produit qu'on veut développer. Ce client vous assure des revenus et va bonifier votre produit avant que vous ne le fassiez connaître. Autre avantage : vous serez beaucoup plus crédibles quand vous approcherez d'autres clients.

Pour partir gagnant, il ne faut pas partir seul. «Au Québec, plusieurs entrepreneurs développent leur projet en secret et n'en parlent à personne, même pas à leurs clients potentiels de peur qu'ils ne leur volent leur idée. Les Américains font le contraire : ils parlent à tout le monde avant même de commencer», a observé Chris Arsenault. «Nos investissements aux États-Unis se sont tous développés plus rapidement que ceux que nous avons faits au Canada. Nous avons pourtant investi en fonction des mêmes critères, sauf qu'aux États-Unis nous travaillons avec des investisseurs qui ont plus d'expérience dans leur secteur et des entrepreneurs plus éprouvés qui lancent leur *startup*. Ces nouvelles entreprises bénéficient d'emblée d'un avantage concurrentiel.»

Bernard Bélanger possédait en 1960 Tourbières Saint-Laurent à Rivière-du-Loup, qui était peut-être la plus petite tourbière au Canada. Il avait néanmoins un client new-yorkais, nommé Premier Tech, qui a permis à la PME québécoise d'avoir un marché sécurisé et de se développer.

Quinze ans plus tard, Bernard Bélanger a acheté Premier Tech. Aujourd'hui, l'entreprise exploite une vingtaine d'établissements, dont la moitié au Québec, possède quatre centres de recherche, est présente en France, aux Pays-Bas, en Italie, aux États-Unis et dans six provinces canadiennes. Son chiffre d'affaires approche le demi-milliard et elle fait travailler directement 2400 personnes.

L'entreprise compte aussi 169 fournisseurs dont les revenus totaux atteignent 180 millions. 60 % d'entre eux proviennent de l'Est du Québec. «Le drame au Québec, c'est qu'il n'y a pas assez de donneurs de commandes», dit Yves Goudreau, de Premier Tech. Le donneur de commandes va servir de caution et même de banquier au petit entrepreneur. Il lui donne la sécurité et lui permet d'aller vendre ailleurs.»

Cette prise en main peut aller assez loin. «Les jeunes d'aujourd'hui veulent une expérience de vie. Tu choisis un jeune entrepreneur et tu lui fais un profil de carrière. Tu lui fais un plan de développement et tu lui montres qu'il y a un marché qui s'ouvre. Il développera ses habiletés en s'occupant d'une usine et c'est en faisant de la cuisine qu'on devient un bon cuisinier », dit le premier vice-président de Premier Tech.

Yves Goudreau se fait l'apôtre des systèmes productifs. Pour lui, une entreprise en crée nécessairement d'autres. Il me donne l'exemple de l'usine de Bombardier à La Pocatière. La formation de ses employés sera donnée au cégep et les centres de recherche et les centres de transfert de technologie seront mis à contribution. L'entreprise aura besoin de sous-traitants pour les enseignes, la soudure, les modules de plastique ou les plans, sans compter les fournisseurs de services. « Il faut donner une base dynamique qui assure du roulant à nos PME », dit-il.

Bref, pour assurer le développement des petits, il faut aussi penser aux gros. « Sinon, nous aurons des PME qui vivotent et qui sont peu pérennes. »

10. LE NOUVEAU MONDE

« Je n'ai jamais peur et je n'ai jamais honte.
J'appelle les gens, c'est tout »
- John Stokes

La mondialisation

Ce mot fait peur, comme s'il avait des propriétés maléfiques. À lui seul, il détruirait des emplois, saccagerait l'environnement et appauvrirait l'immense majorité de la population. Ce phénomène serait une sorte de sortilège qu'on peut facilement conjurer en se mettant tout simplement à l'abri des bouleversements ayant cours sur la planète. On dit « non à la mondialisation » et, oups, nous n'y sommes plus !

Hélas, il n'y a rien de magique dans l'économie, surtout pas de pensée magique. La mondialisation est irréversible et se poursuivra. Le contraire serait même fâcheux, car les économies canadienne et québécoise s'appuient sur les marchés étrangers. Plus de 30 % de notre économie dépend des exportations à l'étranger et plus de 20 % des ventes dans d'autres provinces. Au total, plus de 50 % de l'économie québécoise est liée à la capacité de nos entreprises à trouver des clients à l'extérieur de nos frontières.[194] Cette proportion est beaucoup plus élevée que pour l'Union européenne (22,6 %) et elle est énorme quand on la compare aux États-Unis (12,8 %).

Le commerce international dans nos économies (2008)[195]

	Québec (% du PIB)	Canada (% du PIB)	Ontario (% du PIB)	États-Unis (% du PIB)	Union européenne (% du PIB)
Exportations internationales	31,4 %	35,1 %	36,8 %	12,8 %	22,6 %
Importations internationales	37,4 %	33,5 %	40,6 %	17,7 %	22,4 %
Solde international	- 6 %	1,6 %	-3,8 %	-4,9 %	0,2 %

L'importance des exportations pour le Québec (2007)[196]

Valeur : 86,2 milliards $	
Emplois : 604 000 emplois	
% des emplois manufacturiers : 48,1 %	
% des emplois : 15,7 %	

Le Québec n'a donc pas le choix. Les questions qui s'imposent sont fort simples : qu'avons-nous à offrir et à qui ? Les réponses sont plus complexes.

Examinons donc d'abord la nouvelle carte économique du monde. J'ai demandé à Martin Coiteux, professeur agrégé au Service de l'enseignement des affaires internationales à HEC Montréal, de m'expliquer les bouleversements en cours, les mutations qui auront un sérieux impact sur les entreprises québécoises.

« Le monde d'aujourd'hui s'est constitué récemment. Plus de la moitié de l'humanité ne participait pas à l'économie capitaliste. La Chine et la Russie (URSS) étaient communistes, l'Amérique latine était protectionniste et étatiste, l'Afrique décolonisée plutôt socialiste et l'économie indienne peu libéralisée. L'implosion du bloc soviétique, le désastre de la Révolution culturelle en Chine, la dette en Amérique latine, ont provoqué une ruée vers le capitalisme, un système lié aux profits, à plus d'efficience et au ciblage des marchés. Ces pays sont sortis d'une logique politique pour entrer dans une logique des marchés. C'est cette vague qui déferle, qui a fait des petits et continuera d'en faire », explique Martin Coiteux.

Son impact est spectaculaire. Entre 1990 et 2007, l'économie mondiale passe d'une production de 22 800 milliards de dollars à 53 300 milliards alors que le commerce international augmente de 133 %.[197]

Selon l'Organisation mondiale du commerce, le PIB mondial a été multiplié par neuf et le volume du commerce des marchandises par 33 entre 1951 et 2010.[198]

La mondialisation est-elle un maléfice pour l'humanité, comme ses adversaires le prétendent ? En 2005, la population de la terre gagne en moyenne trois fois plus d'argent qu'en 1955, même en tenant compte de l'inflation. Nous mangeons 33 % plus de calories par jour, la mortalité infantile a baissé de deux tiers et notre espérance de vie a augmenté d'un tiers.[199]

Des centaines de millions de personnes se sont déjà sorties de la pauvreté et des centaines de millions d'autres pourraient en faire autant au cours des prochaines années. La pauvreté diminue même en Afrique où une étude de la Banque mondiale affirme que pour la première fois depuis 1981, moins de la moitié de la population africaine vivait sous le seuil de 1,25 $ US par jour en 2008.

Le cas de la Chine mérite qu'on s'y attarde. En 1994, au moment où l'Accord de libre-échange nord-américain (ALÉNA) était signé, le PIB de la Chine était inférieur à celui du Canada. «C'était une anomalie historique qui n'avait aucun sens», dit Martin Coiteux.

L'impact de cette transformation a été ressenti sur l'ensemble de la planète. L'industrialisation massive de la Chine lui a permis de devenir le principal client des pays producteurs de matières premières, tant de métaux que d'énergie.[xxvii-200] Le secteur des ressources et les pays producteurs en ont profité. Le Canada n'est pas le plus important exportateur vers la Chine, mais les prix des ressources dépendent de la demande mondiale, elle-même déterminée par la Chine.

Cette industrialisation s'est traduite aussi par la concurrence de millions de travailleurs chinois. «Au début, certains secteurs comme le textile et le vêtement ont été touchés. Ces secteurs n'auraient pas pu résister à l'abolition des tarifs douaniers», poursuit Martin Coiteux.

La Chine a ensuite bâti une importante grappe dans le secteur électronique. «On ne peut pas parler de délocalisation, parce que ces industries n'ont pas vraiment existé dans les pays développés. C'est plutôt une *localisation*. Les ordinateurs et les téléphones cellulaires n'étaient pas des produits de masse en 1995 et les premières usines d'assemblage ont été ouvertes en Asie», dit-il.

En février 2011, le président Obama recevait dans une rencontre privée des figures de proue de l'industrie technologique américaine. Selon le *New York Times*[201], Barack Obama aurait alors demandé à Steve Jobs, décédé neuf mois plus tard, pourquoi les iPhones, iPads et autres produits d'Apple étaient fabriqués à l'extérieur des États-Unis et si ces emplois pouvaient être relocalisés sur le territoire amé-

---

[xxvii] Par exemple, la Chine représente à elle seule 44 % de la consommation mondiale de plomb et 43 % de celle de cuivre.

ricain. Steve Jobs aurait répondu que ces emplois ne retourneraient jamais aux États-Unis.

En fait, on n'a jamais assemblé de téléphones intelligents ou de tablettes numériques aux États-Unis et on ne pourrait tout simplement pas le faire, à moins d'augmenter considérablement les coûts de fabrication. Pourquoi les produits Apple sont-ils assemblés en Chine ? D'abord parce que c'est moins cher. *The Economist*[202] évalue que le coût de la main-d'œuvre chinoise n'entre que pour 2 % dans le prix de revient d'un iPad.

Vous avez besoin d'ingénieurs ? De beaucoup d'ingénieurs ? Pour fabriquer les iPhones dans les quantités requises et encadrer le travail de 200 000 travailleurs, il en faut 8700. Cela prend 15 jours pour en trouver autant en Chine alors qu'il faudrait jusqu'à neuf mois pour combler tant de postes aux États-Unis.

Troisième facteur, aussi déterminant : la proximité des autres joueurs faisant partie de la chaîne d'approvisionnement. Les composants de l'iPad proviennent surtout du Japon, de Corée et de Taiwan. L'électronique est asiatique, c'est un fait incontournable.

Règle générale, on trouve en Chine tout ce dont on a besoin pour assembler un produit aussi sophistiqué que l'iPad. On voudrait les fabriquer à Montréal ou à San Francisco, vous ne trouveriez pas les fournisseurs nécessaires sous la main.

En 2007, j'ai visité en Chine les installations d'une entreprise qui venait de délocaliser là-bas son usine montréalaise. Le directeur de l'usine chinoise était d'ailleurs un jeune Québécois. L'entreprise avait décidé de s'y installer parce que ses fournisseurs et ses clients importants y étaient. C'était devenu hors de prix de faire assembler à Saint-Laurent toutes les pièces venant de Chine pour les réexpédier dans ce pays.

Le même principe s'applique dans toutes les grappes industrielles. On peut construire un avion de A à Z à Montréal, à Seattle ou à Toulouse, mais pas nécessairement à Toronto, malgré la taille de son secteur manufacturier et la présence d'usines dans le secteur de l'aéronautique. Et c'est pourquoi, en revanche, que tous ceux qui ont voulu assembler des autos au Québec ont manqué leur coup.

Quatrième raison : le marché. Dans une chronique de Thomas L. Friedman[203] dans le *New York Times*, Michael Dell raconte que 96 % de ses clients potentiels viendront de l'extérieur des États-Unis et qu'il doit faire produire dans ces pays pour pouvoir leur vendre éventuellement des ordinateurs.

Cinquième raison : la qualité des ressources et des technologies. On parle moins de sous-traitance aujourd'hui, mais d'un produit *Fabriqué dans le monde*, grâce à l'apport des meilleures ressources disponibles. Au cours des 30 dernières années, la part des importations en pourcentage de la production manufacturière a triplé, pour atteindre près de 30 %.[204] On est passé de l'échange de marchandises à l'échange de tâches avec ce phénomène surnommé *Fabriqué dans le monde* par l'Organisation mondiale du commerce.

Andy Grove, l'ancien président du fabricant de microprocesseurs Intel, dénonce les conséquences de cette division du travail. Il constate que 10 fois plus de personnes travaillent à la fabrication des produits Apple en Chine qu'aux États-Unis. Selon lui, Foxconn, qui assemble les produits de « la marque à la pomme », sort victorieuse puisqu'elle fabrique aussi les ordinateurs de Dell, de HP, les téléphones de Nokia, la Xbox de Microsoft et même les cartes mères d'Intel.[205] L'entreprise taïwanaise, dont on a critiqué sévèrement les conditions de travail de ses travailleurs chinois, assemble 40 % des produits électroniques vendus au monde.[206]

Le déplacement des activités manufacturières entraînerait tôt ou tard celui des activités en recherche et développement et des capacités innovatrices des économies émergentes. Entre 1999 et 2009, la part des investissements mondiaux en R & D des États-Unis a baissé de 38 % à 31 % du total alors que celle des pays asiatiques a crû de 24 % à 35 %.[207]

L'autre point de vue fait valoir la complémentarité des tâches et l'avantage considérable des États-Unis quand on fait assembler en Chine un produit conçu aux États-Unis. Le talent des Américains réside dans la conception, le design et le marketing de produits exceptionnels comme l'iPad. Voilà ce qui coûte vraiment cher. Presque toute la valeur ajoutée est créée aux États-Unis. On peut même dire que les emplois créés en Chine ou ailleurs *permettent* la création d'emplois très bien rémunérés aux États-Unis.

On peut aussi faire valoir que les éditeurs d'applications pour les appareils mobiles ont créé 430 000 emplois aux États-Unis depuis le lancement du premier iPhone, en 2007.[208] Cette industrie, qui n'existait pas il y a cinq ans, aurait donné de l'emploi à deux fois plus de personnes aux États-Unis que l'assemblage des produits Apple en Chine.

L'exemple de l'iPad montre finalement comment les statistiques sur le commerce extérieur sont trompeuses et dépassées. Chaque iPad vendu ajoute 275 $ – c'est le coût total de production – au déficit commercial américain avec la Chine. Pourtant, la valeur réelle du travail effectué en Chine ne représente pas plus de 10 $ l'unité. *The Economist* a calculé que l'iPad ajoutait 4 milliards au déficit commercial américain. Si on calculait plutôt la valeur ajoutée en Chine, sa contribution au déficit américain ne serait que de 150 millions.

Retenons deux autres leçons dans le succès d'Apple. La clé de la réussite est plus que jamais dans l'innovation. Une entreprise qui n'innove pas est condamnée à se battre sur le terrain des prix, un jeu où la victoire n'est jamais acquise. Deuxième leçon : en plus d'innover, il faut offrir le produit à un bon prix pour le consommateur, ce qui implique, tôt ou tard, de bâtir une chaîne de production internationale.

Il est de plus en plus rare qu'un produit soit entièrement fabriqué dans un seul pays. Entre 2007 et 2009, 39,3 % des entreprises de fabrication canadiennes qui vendent à l'étranger ont imparti des activités aux États-Unis, 31,4 % en Chine et 12,2 % en Inde. De plus, 94,3 % des grandes entreprises, 86,1 % des entreprises de moyenne taille et 69,8 % des petites entreprises exportatrices ont des fournisseurs aux États-Unis et, pour environ la moitié des proportions, des fournisseurs en Europe et en Asie du Pacifique.[209]

Prenons les avions produits au Québec. Les avions, moteurs et pièces d'avions constituaient 11,5 % des exportations du Québec en 2010 avec des ventes de 6,8 milliards.[210] Ces vedettes de l'exportation sont aussi parmi nos plus importants importateurs, car elles ont besoin de systèmes électroniques, de pièces ou de matériaux fabriqués ailleurs pour fabriquer ce qu'elles vendent à d'autres.

En agissant ainsi, ces entreprises réalisent des gains d'efficience qui permettent d'améliorer la productivité et de réduire les prix. La mondialisation leur complique sans doute la vie, mais elle leur donne aussi une chance de se mesurer à armes égales avec les concurrents internationaux.

Dans le cadre du projet de recherche avec RSM Richter Chamberland, j'ai eu la chance de visiter le quartier général de Vêtements Peerless, boulevard Pie IX, à Montréal.[211]

L'entreprise produit 37 000 vestons et 41 000 paires de pantalons *par semaine* qui portent les griffes Ralph Lauren, Calvin Klein, DKNY Men, Joseph Abboud, IZOD ou VanHeusen. Pour rester concurrentielle, elle a dû sous-traiter la fabrication de gammes complètes de produits en Asie. 95 % de la production est dorénavant fabriquée en Chine, en Inde, en Indonésie, au Vietnam ou aux Philippines alors que l'usine montréalaise confectionne les vêtements des marques les plus dispendieuses, de plus grande qualité et produites à faible volume.

En agissant ainsi, l'entreprise a néanmoins sauvegardé 600 emplois en usine à Montréal et maintenu et créé 300 postes administratifs, aux achats, à la conception des vêtements, au marketing, aux ventes, à la distribution, à la logistique et au contrôle de la qualité. Ses ventes atteignent 500 millions cette année.

Il y a évidemment un côté sombre à la mondialisation. Des entreprises provenant de tous les pays rivalisent dorénavant avec les compagnies canadiennes et québécoises, y compris sur leur propre territoire.

Dans le commerce au détail, l'Espagnole Inditex (Zara), la Suédoise H & M et les chaînes américaines comme Target, J. Crew et Victoria Secret s'établissent au Canada et accaparent les meilleurs emplacements commerciaux, rendant la vie difficile aux détaillants québécois. En revanche, une compagnie comme Aldo est devenue un géant mondial de la chaussure avec 1600 magasins dans près de 70 pays et territoires.

Les plaques tectoniques en mouvement

Il faut toujours se méfier des projections économiques à long terme, et celles qui prédisent la domination totale et sans équivoque de la Chine et des pays émergents au cours des prochaines décennies ne font pas exception à la règle.

La Banque HSBC, PricewaterhouseCoopers, Ernst & Young se sont notamment livrées à l'exercice. On peut quantifier et qualifier la trajectoire que prendra un pays à partir de la croissance de sa population, de son urbanisation, de la meilleure éducation de ses citoyens, du développement d'une classe moyenne, de sa situation géographique ou de ses ressources naturelles. Mille ans d'histoire économique peuvent attester qu'un pays avec une population en croissance bien éduquée, et doté de bonnes institutions améliore ses chances de s'enrichir. On peut aussi extrapoler le rythme de croissance des investissements en capital et l'augmentation de la productivité, mais cela est déjà plus hasardeux.

Le côté aléatoire demeure donc entier. La Chine, pour revenir à elle, a-t-elle les institutions et le cadre légal pour passer à une autre étape de son développement? Sera-t-elle piégée par sa politique d'enfant unique et la plus grande proportion d'hommes parmi sa population? Peut-elle maintenir un modèle économique soutenu par des exportations massives de biens manufacturés? Pourrait-elle être frappée par l'éclatement d'une gigantesque bulle immobilière? Une sévère dépression économique et une nouvelle guerre mondiale changeraient dramatiquement la donne. Comme le disait le physicien danois Niels Bohr, « la prédiction est très difficile, surtout lorsqu'il s'agit de l'avenir ».

Dans les années 1980, tous les observateurs prédisaient que le Japon deviendrait la première puissance économique mondiale. L'économie nipponne s'est mise à stagner au début des années 1990. Qui, parmi les historiens, commentateurs, économistes ou financiers, aurait misé sur la Chine aux dépens du Japon il y a 30 ans? Et si les États-Unis n'avaient pas dit leur dernier mot, portés par une population jeune et des ressources énergétiques inconnues il y a cinq ans?

Ne prenons donc pas ces intéressantes études pour des prophéties. Elles demeurent néanmoins pertinentes quand il s'agit de déterminer quels devraient être nos clients au cours des décennies à venir. Je les considère avec le même respect que les études de marché : de bons indicateurs de tendance. Ne misons donc pas sur un seul pays, en l'occurrence la Chine, mais sur un ensemble de pays rendus à un stade de développement qui implique de grands investissements et suscite d'immenses besoins.

En 2050, 19 des 30 premières économies selon la taille du PIB seraient des économies que nous qualifions aujourd'hui d'émergentes. L'économie mexicaine ferait le double de celle du Canada, qui serait distancée par celles du Nigéria, de l'Indonésie et du Vietnam. La taille de ce monde émergent aurait quintuplé et dépasserait celle du monde développé.[212] Parlerons-nous alors des pays « émergés »? Cela m'est égal, tant que nous ne parlerons pas de nous comme faisant partie des pays submergés!

Ce mouvement en faveur des économies émergentes est bien engagé. L'Argentine, le Brésil, le Chili, la Colombie, le Mexique, la République tchèque, l'Égypte, le Ghana, l'Inde, le Kazakhstan, le Nigéria, la Pologne, le Qatar, la Russie, l'Arabie Saoudite, l'Afrique du Sud, la Turquie, l'Ukraine, les Émirats arabes unis, la Chine, l'Indonésie, la Corée du Sud, la Malaisie, la Thaïlande et le Vietnam devraient contribuer à la moitié de la croissance mondiale au cours des trois prochaines années, soutient Ernst&Young. Ces huit pays sont au nombre des 10 pays les plus peuplés et comptent au total quatre milliards d'habitants, soit 58% de la population mondiale.[213]

Ce processus englobe maintenant l'ensemble des continents. En janvier 2012, Maxime Bergeron, de *La Presse*, a écrit une série de reportages sur l'Afrique où le taux de croissance global dépasse les 5% depuis 10 ans. L'Institut McKinsey parle maintenant des *lions africains*, en référence aux *tigres asiatiques*, ces pays, comme la Corée, dont le rapide développement économique a marqué les 30 dernières années.

«Plus de la moitié de la croissance mondiale est dans les pays émergents. Y aller n'est pas facultatif. Nous devons avoir accès à ce niveau de croissance pour répondre aux besoins de nos déposants. Mais je ne veux pas donner la perception que nous ciblons seulement les marchés émergents. Un autre volet de notre stratégie est d'investir de façon directe et indirecte dans les entreprises québécoises pour encourager leur expansion à l'international, car nous sommes convaincus que l'avenir de l'économie québécoise se trouve aussi dans l'économie mondiale», disait le grand patron de la Caisse de dépôt et placement du Québec, Michael Sabia, dans une interview à *L'actualité*.[214]

Peter Hall, vice-président et économiste en chef d'Exportation et développement Canada, estime possible que les pays émergents, qui comptent pour 11% des échanges internationaux canadiens, représentent 50% de nos importations et exportations en 2025.[215]

La guerre pour l'emploi

Jim Clifton, le président du conseil de Gallup, a publié à l'automne 2011 un livre sur le marché mondial de l'emploi. Le titre donne le ton: *The Coming Jobs War*.[216]

Voici ses prémisses.

Il y a 7 milliards d'êtres humains.

Cinq milliards d'entre eux ont plus de 15 ans.

Trois milliards ont un emploi ou voudraient en avoir un, selon les sondages réalisés par l'institut à travers le monde.

Il n'y a que 1,2 milliard d'emplois à temps plein dans tous les pays du monde.

Il manque donc 1,8 milliard d'emplois pour répondre à la demande, soit l'équivalent de 25 % de la population mondiale.

Seule la croissance économique peut créer des emplois.

Le PIB mondial était de 60 000 milliards de dollars en 2010 (60 trillions).

La taille de l'économie mondiale devrait atteindre 200 000 milliards d'ici 2040 (200 trillions).

Nous parlons donc ici de 140 000 milliards générés d'ici 30 ans par les consommateurs, les travailleurs, les nouvelles entreprises et les actifs investis.

La bataille pour les emplois de qualité sera celle pour ces 140 000 milliards de nouvelles richesses.

Les pays qui remporteront cette bataille auront des emplois de qualité pour leur population. Pas les autres.

Cette bataille pour l'emploi est plus importante que toute autre. Elle est l'équivalent de ce qu'a été la Deuxième Guerre mondiale pour les pays occidentaux, à commencer par les États-Unis.

Je fais pour cette étude la même mise en garde que j'ai faite pour ceux qui prédisent le classement économique des pays dans 40 ans. Je reproche surtout à Jim Clifton sa vision statique du marché du travail. Un emploi créé ici en élimine-t-il vraiment un autre ailleurs ? Ou vice versa ? Revenons aux iPhones et aux iPads. Des emplois sont créés en Asie et d'autres aux États-Unis, sans compter les centaines de milliers d'emplois indirects créés dans ce dernier pays. Quand l'économie va bien, il y en a pour tout le monde et tous s'enrichissent.

J'avais déjà entendu une telle prévision apocalyptique sur le marché de l'emploi, fin 2010 à Bruxelles. Freddy Van Den Spiegel, l'économiste en chef de la banque belgo-néerlandaise BNP Paribas Fortis, mettait en perspective, et avec beaucoup d'effets dramatiques, sa vision de l'économie mondiale au cours des prochaines années. « Les pays émergents, disait-il, bénéficient toujours de l'avantage des bas salaires, mais ils ont rattrapé leur retard scientifique et technologique, ce qui les rend encore plus concurrentiels. Cela pourrait marquer la fin de la complémentarité que l'on observait entre les pays industrialisés et émergents. Il faudra dorénavant se battre pour chaque emploi. »

Il suggérait aux pays européens de reconstruire leur secteur industriel. « Les dirigeants des pays industrialisés auront beau parler de destruction créative des emplois ou vanter le commerce international comme source d'enrichissement, leurs électeurs les enverront promener. *It does not fly !* Les citoyens ont peur. »

Le Nouveau Monde pour Gilbert Rozon, du Groupe Juste pour rire, c'est aussi « l'écrasement de la classe moyenne ». « La grande majorité des personnes qui assistent aux spectacles proviennent de la classe moyenne. Il faut lui redonner des moyens, parce que c'est elle qui tient l'économie. Même un capitaliste comme moi est en furie contre la fausse création de richesse générée par la spéculation et les paradis fiscaux. Je comprends qu'on n'avait pas le choix de sauver les banques, mais c'est fâcheux quand même », dit-il.

Cette discussion illustre également l'insécurité de la population et la complexité de l'économie mondiale. Les citoyens se sentent impuissants et laissés pour compte. Toutes les décisions se prennent à des niveaux stratosphériques et plusieurs trouvent que « le marché » en mène décidément trop large.

Cela explique la montée du protectionnisme, que je n'aime pas, et la volonté de mieux contrôler l'économie locale et nationale par une nouvelle industrialisation, que j'aime mieux. « On ne peut pas juste être des entreprises de distribution et des festivals d'été », déclare de façon colorée Marc Dutil, PDG du Groupe Canam, dans la vidéo qui accompagne la présentation de l'étude sur le Québec manufacturier réalisée par Deloitte.

Faut-il sauver le secteur manufacturier québécois ? Plusieurs économistes comparent sa lente érosion à celle de l'agriculture il y a un siècle. Ces économistes n'accordent pas une plus grande importance au secteur de la fabrication et estiment que le secteur tertiaire - les services - est aussi structurant et bénéfique pour l'économie. L'emploi manufacturier accuse d'ailleurs un recul partout en Occident, même en Allemagne, où il passe de 40 % du PIB en 1981 à 31 % en 2009.

L'étude de plus de 200 pages de Deloitte mesure bien les enjeux et les défis du secteur. On y recommande aussi plusieurs pistes de solutions. Deloitte dit même que *le secteur manufacturier est l'avenir du Québec.* Par souci de transparence, sachez que mon frère, Louis Duhamel, est le porteur de l'étude. Il parle avec autorité et passion du sujet et je tiens à vous soumettre ses arguments.

« Le secteur manufacturier occupe une grande place dans l'économie québécoise avec plus de 21 154 établissements répartis sur l'ensemble du territoire. Ces entreprises comptent pour 48 % des dépenses en R & D comptabilisées au Québec. Elles représentent aussi 88 % des exportations du Québec, car 56 % de la production manufacturière est exportée. En 2010, elles embauchent 493 000 personnes et permettent 295 800 emplois indirects, soit au total 20,6 % des emplois », me dit Louis, qui commence à peine à mitrailler les chiffres.

« Les salaires payés dans le secteur manufacturier sont en moyenne de 35 % plus élevés que le salaire moyen, 53 177 $ contre 34 563 $ en 2007. Les entreprises manufacturières contribuent directement pour 41 milliards au PIB québécois, auxquels il faut ajouter 26 milliards de façon indirecte en comptant tous les fournisseurs de services. En tout, on peut dire que la fabrication représente 25 % de l'économie québécoise. Et, malgré ce qu'on en pense, ce n'est pas un secteur moribond alors que plus de 50 % des entreprises manufacturières ont augmenté leur chiffre d'affaires en 2010 », dit-il.

Les écueils sont par ailleurs nombreux et le secteur manufacturier québécois vit une époque à tout le moins mouvementée depuis une dizaine d'années. En 2001, la Chine devient membre de l'Organisation mondiale du commerce et l'accès aux marchandises chinoises est grandement facilité, ici et chez nos clients. Comme un malheur ne vient jamais seul, entre 2002 et 2007 le dollar canadien s'apprécie de 44 cents face au billet vert américain. Sans compter la récession de 2008-2009, qui a porté un dur coup à notre principal client, les États-Unis. En peu de temps, un ennemi dangereux apparaît, la hausse du huard rend les entreprises moins compétitives et le premier client s'affaisse. Difficile de faire pire !

Il devient donc de plus en plus difficile d'exporter vers les États-Unis et la part de nos exportations en direction de nos voisins est passée de 86 % en 2000 à 70 % en 2010. Depuis leur sommet de 2000, la valeur des exportations manufacturières a chuté de plus du tiers, ce qui a contribué à une baisse importante de la balance commerciale du Québec, nous apprend aussi l'étude de Deloitte.

La conjoncture économique cache néanmoins une cruelle réalité : nous n'investissons pas suffisamment pour maintenir notre capacité industrielle à niveau. Nos entreprises manufacturières sont aussi petites : neuf entreprises sur 10 ont moins de 50 employés. Ces petites entreprises exportent moins et sont moins productives que les grandes entreprises du secteur.

C'est sans compter le problème de la relève qui se fait de plus en plus criant. 81 % des étudiants québécois sont peu ou pas intéressés à suivre des cours pour travailler plus tard dans le secteur manufacturier, ai-je aussi lu dans cette étude.

Certains ont déjà trouvé la cause de ce qui ressemble à un affaiblissement généralisé de l'industrie québécoise. Ce serait ce qu'on appelle la «maladie hollandaise». Cette «maladie» est causée par une trop forte dépendance de l'économie envers les ressources naturelles. Quand les prix de celles-ci augmentent, la devise s'envole et fragilise les secteurs de l'économie qui ne dépendent pas des matières premières. Pourquoi «hollandaise»? Parce que le phénomène a été observé pour la première fois avec la découverte de gaz naturel dans les années 1960 aux Pays-Bas.

Le Canada a tous les symptômes de la «maladie hollandaise». L'Ouest du pays est propulsé par l'exploitation de ressources en forte demande alors que le centre industriel se trouve aux prises avec une devise plus élevée qui sape la compétitivité de ses entreprises exportatrices. Pourtant, je trouve que le dollar était beaucoup plus «malade» en février 2002, alors qu'il gisait à 62,13 cents US.

Pendant les années 1990 et le début des années 2000, les entreprises canadiennes ont reçu deux cadeaux du ciel: un accès plus facile au marché américain grâce à l'ALÉNA et un dollar canadien déprécié qui les rendait très concurrentielles.

L'économie canadienne en a profité, car c'était devenu une bonne affaire pour les entreprises de s'installer au Canada ou d'y investir. Alors que le secteur manufacturier avait entrepris sa décroissance dans tous les pays industrialisés, le Canada ajoutait 541 500 emplois dans la fabrication entre 1994 et 2002. Le mouvement était tel que la part du secteur manufacturier québécois dans l'économie est passée de 19,5 % en 1990 à 23,6 % en 2000.

Cela ne pouvait pas durer. Les finances publiques canadiennes, qui avaient jeté le huard par terre, ont repris du mieux et le prix des matières premières, notamment celui du pétrole, s'est envolé, exerçant une forte pression à la hausse sur le dollar canadien.

Les beaux emplois créés dans les années 1990 dans la fabrication ont disparu. En fait, on s'est aperçu que plusieurs de ces emplois étaient artificiels et reposaient sur un avantage strictement conjoncturel, c'est-à-dire une devise sous-évaluée. Dorénavant, pour concurrencer les manufacturiers américains, il faut être plus innovateurs et plus productifs, car nous jouons à armes égales avec un dollar canadien essentiellement à parité avec le billet vert. Nous avons engagé ce combat, mais le concurrent se rebiffe.

Depuis la fin de la récession, les entreprises américaines ont augmenté de 26 % leurs achats en équipements, rapportait un article du *New York Times*.[217] Que se passait-il au Canada et au Québec pendant ce temps ? Décontenancés par la montée rapide du huard et voyant leur profitabilité diminuer, les dirigeants d'entreprises manufacturières ont diminué les leurs.

En 2008, les fabricants canadiens investissaient 19,9 milliards en immobilisations, matériel et outillage. Ces investissements ont diminué à 14,3 milliards en 2009 pour remonter légèrement à 14,8 milliards en 2010. Le même phénomène a été observé dans le secteur manufacturier québécois alors que les immobilisations et les achats de matériel et d'outillage, qui étaient de 4,1 milliards en 2008, ont chuté à 3,1 milliards en 2009 et à 2,8 milliards en 2010.[218] En 2011, le Québec représente seulement 12,5 % de l'investissement privé *non* résidentiel au Canada.[219]

Ces déséquilibres ne font qu'accroître la sous-performance canadienne. Du premier trimestre de 1997 au premier trimestre de 2011, la productivité du travail au Canada a diminué de 17 % par rapport à celle enregistrée aux États-Unis.[220]

On peut parler de « maladie hollandaise », mais c'est le manque de productivité qui fait mal au secteur manufacturier. La maladie hollandaise s'apparente à une grippe; le manque de productivité, à un cancer.

Notons par ailleurs, que le mal hollandais, aussi grave soit-il, n'a pas empêché l'économie canadienne de créer 2 185 000 emplois supplémentaires entre février 2002 et janvier 2012. L'économie québécoise ? Elle compte 392 700 emplois *de plus* qu'en février 2002, malgré une dure récession et la faiblesse actuelle du marché du travail.

Le réveil américain

L'annonce des fermetures des usines de Mabe, à Montréal, de Caterpillar, à London, et d'Electrolux, à L'Assomption, nous rappelle que nos principaux concurrents sont souvent nos voisins américains, des voisins affamés et où les syndicats sont très accommodants.

Chez Ford, les Travailleurs unis de l'automobile ont accepté que les nouveaux employés soient payés à 14 $ de l'heure. Les employés américains de l'usine de GE où on fabrique des sécheuses gagnent en moyenne 20,20 $ de l'heure alors que les travailleurs montréalais de Mabe empochent entre 22 $ et 30 $ de l'heure.

Le président Obama fait du renouveau industriel un cheval de bataille. Il n'arrête pas d'en parler, promettant de rendre la vie extrêmement facile aux entreprises américaines qui décident de réinvestir aux États-Unis et de créer des emplois. Depuis deux ans, 330 000 emplois manufacturiers ont été créés aux États-Unis, après une saignée de 7,5 millions d'emplois dans les 30 dernières années.

Les États-Unis restent une grande puissance industrielle. Même si les emplois dans le secteur de la fabrication ont baissé du tiers depuis 1972, la valeur de la production industrielle a été multipliée par 2,5 en dollars constants. Les États-Unis accaparent 19,4 % de la valeur de la fabrication mondiale, tout près de la Chine à 19,8 %.[221]

Selon le Boston Consulting Group, l'une des grandes firmes de consultation américaine, la rémunération totale des travailleurs chinois a augmenté de 10 % par année entre 2000 et 2005. Elle a bondi de 19 % par année entre 2005 et 2010, contre une augmentation de 4 % aux États-Unis. La différence entre le coût de produire en Chine et celui de produire aux États-Unis ne cesse de diminuer et l'écart ne serait que de 10 % à 15 % entre les villes côtières chinoises et celles des États américains comme la Caroline du Sud, l'Alabama et le Tennessee.

Tous les pays asiatiques empruntent la même dynamique. Le salaire minimum a augmenté de 40 % d'un seul coup en avril 2012 en Thaïlande. Les salaires augmentent aussi en Indonésie, aux Philippines et en Malaisie. Ces augmentations sont en train de créer des marchés de consommateurs qui rendront ces pays moins dépendants de l'exportation et de l'investissement.

Une enquête récente indique que 20 % des entreprises nord-américaines qui ont délocalisé une partie de leur production dans des pays émergents songent à revenir s'établir sur le continent.[222] La hausse des salaires dans les pays émergents, la hausse des coûts de transport, les délais de livraison engendrés par la congestion dans les grands ports du Pacifique se traduisent par la diminution de l'écart de prix entre un produit fait en Amérique du Nord et un produit fabriqué en Chine[223], ce qui fait réfléchir les fabricants. Où s'installeront-ils ? Les Américains ne nous rendront pas la vie facile pour obtenir notre part de cette activité.

En octobre dernier, un article de *La Presse* révélait que les autorités portuaires américaines veulent imposer de nouveaux tarifs pour les marchandises en provenance d'Asie qui transitent par des ports canadiens.[224]

Elles veulent aussi instaurer de nouvelles mesures d'inspection des conteneurs en direction des États-Unis pour ralentir le trafic et augmenter les coûts des entreprises qui préfèrent utiliser les ports et les réseaux de transport canadiens pour acheminer des marchandises aux États-Unis.

Il y a quelques mois, on apprenait que seules les entreprises américaines pouvaient se qualifier pour obtenir des contrats dans le cadre du programme de relance de l'emploi du président Obama, malgré les accords commerciaux en vigueur.

Pourquoi les Américains agissent-ils ainsi? Dans un texte lumineux,[225] mon ami Laurent Desbois, économiste et président d'une société de gestion des devises, explique comment la crise économique favorise le retour du chacun pour soi. Les Américains, les Chinois et les Brésiliens font tout pour maintenir leur devise respective la plus basse possible pour favoriser leurs exportations.

Les mesures protectionnistes, comme celles envisagées ces derniers temps aux États-Unis, se veulent une réponse à une situation dramatique. Entre janvier 2008 et janvier 2011, le nombre d'emplois est passé de 138 millions à 131 millions chez nos voisins, explique Laurent Desbois. La situation de l'emploi manufacturier est encore plus préoccupante puisque le nombre d'emplois dans ce secteur est passé de 17 millions à moins de 12 millions entre 2000 et 2011.

Le réflexe primaire, c'est d'attribuer la disparition de ces emplois à la concurrence extérieure. On cherche un coupable.

Pour les démocrates au Congrès, ce coupable est tout trouvé. Il s'agirait de la Chine qui maintiendrait artificiellement le yuan à une valeur jugée trop faible. Le bas coût des marchandises chinoises s'expliquerait par une monnaie faible.

Le Congrès américain trouvait aussi que le Canada subventionnait trop son bois d'œuvre et financerait injustement ses infrastructures portuaires et ferroviaires. Le but de ces remontrances à répétition, c'est d'« externaliser » la responsabilité de la crise et des pertes d'emplois, comme disent les économistes. En clair, rendre les autres responsables de ce qui nous arrive.

Y a-t-il vraiment un lien direct entre le niveau des importations et le chômage? C'est loin d'être évident. Laurent Desbois constate plutôt que l'emploi augmente quand le déficit commercial monte et qu'il diminue quand le déficit commercial est en baisse. L'explication m'apparaît simple : quand l'économie va bien, des emplois sont créés, les gens et les entreprises ont de l'argent et ils achètent plus de biens ou de machines à l'étranger, d'où un déficit commercial plus élevé qu'en période de vaches maigres.

Ces importations permettent aux entreprises d'être plus productives et aux consommateurs de se procurer des biens à meilleur prix, ce qui leur permet de dépenser plus pour se loger, se nourrir, s'habiller ou se divertir. Le protectionnisme est une illusion dangereuse, mais il va créer bien des soucis à nos entreprises.

Mondialisation et PME

Jefo, c'est un peu le Adrien Gagnon des animaux de la ferme. L'entreprise de Saint-Hyacinthe crée et produit des additifs non médicamenteux destinés aux volailles, aux porcs, aux ruminants et même aux poissons. Ces produits, que l'on ajoute à l'alimentation régulière des animaux, les rendraient plus productifs et maintiendraient leur bonne santé intestinale.

À l'entrée des bureaux de Jefo, sur un petit chemin parallèle à l'autoroute 20, on trouve cinq gros sacs qui ont le design accrocheur d'un emballage de croustilles et la taille d'un sac de ciment. Sauf que ces sacs coûtent entre 125 $ et 575 $ l'unité. Le plus cher est destiné aux vaches laitières, mais il y en a pour tous les animaux. « Nous offrons des additifs pour chaque espèce. Notre mise en marché est établie sur ce principe », explique Jean Fontaine, agronome de profession et formidable vendeur par passion.

L'entreprise, dont le chiffre d'affaires dépasse les 150 millions, vend ses « vitamines » pour animaux dans 56 pays. Jean Fontaine pense que son entreprise atteindra un jour le cap du milliard de ventes. « Tout animal a besoin de nous et cinq produits pourraient à eux seuls représenter un potentiel de 6 milliards par année », dit-il.

Comme le judoka qui utilise la position de force de l'adversaire à son propre avantage, il faut miser sur le développement du commerce international et l'émergence de nouvelles puissances économiques pour notre propre développement. Le Nouveau Monde qui se profile sous nos yeux offre de formidables opportunités rendues possibles par l'enrichissement de centaines de millions de personnes à travers le monde et le rapide développement technologique.

Les PME peuvent-elles jouer sur ce terrain ? Bien sûr que oui. Les compagnies de moins de 50 employés représentent près de 75 % des exportateurs canadiens et comptent pour près du tiers du volume total des exportations.[226] Par contre, un sondage de la Fondation de l'entrepreneurship indiquait que seulement 13,6 % des propriétaires d'entreprises québécoises sont actifs à l'étranger, comparativement à 19,4 % dans le reste du Canada.[227]

Harmonium International fabrique 80 % des probiotiques vendus au Canada et exporte la moitié de sa production à plus d'une cinquantaine de compagnies d'aliments naturels situées dans 17 pays. Personne ne connaît cette entreprise de Mirabel qui a choisi de ne pas commercialiser elle-même ses produits.

Le marché des probiotiques est en pleine expansion et affiche des ventes en hausse de 10 % en moyenne par année. Le tiers des adultes connaîtraient un problème intestinal en raison de la forte consommation d'antibiotiques et du monde aseptisé dans lequel nous vivons, m'explique Francine Mondou, sa cofondatrice et présidente.

Pour répondre à la demande, l'entreprise a agrandi deux fois ses installations de Mirabel, modernisé ses équipements et a acheté en 2010 une entreprise de Québec. «Il faut tenir compte de la réalité des différents marchés», dit-elle. En Amérique du Nord, le produit sera vendu sous forme de capsules pendant que les Européens et les Asiatiques préfèrent les sachets. Dans certains pays, le coût du produit est primordial et on leur propose des formulations moins chères. De plus, les consommateurs n'ont pas toujours de réfrigérateur et il faut offrir un produit qui se conserve longtemps à la température de la pièce.

Comment trouver ces partenaires étrangers ? «Nous identifions un acteur national important dans les produits naturels ou connexes et nous ne le lâchons pas ! Nous voulons l'aider à devenir ou à rester le leader dans son marché », dit Francine Mondou.

Depuis 18 mois, je travaille sur un site consacré et dédié aux entreprises exportatrices appelé «Affaires sans Frontières»[228]. Les contenus francophones proviennent de *L'actualité* et du journal *Les Affaires* et nous faisons traduire des articles provenant de *Canadian Business*, de *Profit*, du *Globe & Mail*, du *Wall Street Journal*, du magazine *The Economist* ainsi que de nos deux sites frères *Business without Borders* au Canada anglais et aux États-Unis. Nous écrivons aussi des articles originaux, surtout sur des PME exportatrices québécoises.

Nous n'avons jamais de difficulté à en trouver, car abondance il y a. Depuis un an, nous avons notamment publié des profils de Audio-kinetic qui a mis au point une application permettant de programmer des environnements sonores pour les jeux vidéos, de Nyx Hemera qui commercialise des systèmes de contrôle intelligents pour les tunnels d'autoroute, de Acier Hason qui fabrique des composantes pour craqueurs catalytiques utilisés dans des raffineries de pétrole, de Lactopur qui exporte du lait en poudre, de Fraco qui produit des plateformes élévatrices, de Moment Factory qui est sorti de l'ombre avec le spectacle de Madonna à la mi-temps du dernier Super Bowl, de l'expert en balistique Forensic Technology dont le savoir-faire est mis en lumière dans les séries CSI à la télévision.

Je pourrais continuer ainsi pendant des pages. C'est sans compter des entreprises comme Ressorts Liberté, à Montmagny, qui équipe une automobile sur quatre produite dans le monde; Velan, un fabricant de valves industrielles pour toute la marine américaine présente depuis 60 ans sur les marchés internationaux; Barette, le leader nord-américain de la clôture; Camoplast à Sherbrooke ou Usinatech, non loin de là. Comme je l'écrivais plus tôt, les Québécois n'ont pas idée combien leur « équipe entrepreneuriale » est talentueuse et a de la profondeur, comme on dit dans le monde sportif.

Toon Boom Animation est le prototype même d'une PME québé-coise qui réussit très bien à tirer profit des marchés internationaux et de la montée en puissance des pays émergents. Cette entreprise de Montréal, spécialisée dans les logiciels d'animation et de contenus numériques, est présente dans 120 pays, a plus de 150 000 licences déployées dans le monde et 95 % de ses ventes se font à l'extérieur du Canada. Pas mal pour une entreprise qui emploie 70 personnes et dont les revenus sont inférieurs à 20 millions.

J'ai rencontré sa présidente Joan Vogelesang à la fois pour le projet avec RSM Richter Chamberland et pour *Affaires sans Frontières*. Selon Joan Vogelesang, la classe moyenne des pays émergents augmente de 25 % par année, ce qui représente des centaines de milliers de personnes qui ont un revenu disponible plus élevé et qui veulent acheter des télévisions, aller au cinéma et se divertir. « Juste en Argentine, il y a 150 demandes pour des licences de télévision. Partout il y a une forte demande pour du contenu animé », dit-elle.[229]

Quand j'ai interviewé Jacques Latendresse, le coprésident de Ezeflow, une PME manufacturière de Granby, il revenait tout juste de Dubaï où il était parti vanter les technologies utilisées au Canada pour extraire l'huile lourde qu'on retrouve au fond des puits de pétrole.

Ezeflow est l'un des plus importants fabricants de raccords de tuyauterie utilisés dans le transport du pétrole et du gaz, dans les centrales thermiques et nucléaires et dans les raffineries et les usines pétrochimiques. Pour s'assurer que chaque pièce soit d'une qualité exceptionnelle, chacune des soudures est passée aux rayons X, aux rayons gamma ou doit subir un test d'ultrason, selon l'épaisseur du morceau de métal.

« Nous travaillons avec 400 000 combinaisons différentes réalisées à partir de l'acier au carbone, du nickel, du titanium, du zirconium, de l'aluminium et de plusieurs aciers inoxydables. Nous avons pris deux ans à développer un alliage unique composé de carbone à l'extérieur et de nickel à l'intérieur », raconte Jacques Latendresse.

Chaque nouvel alliage est analysé en laboratoire pour s'assurer de sa résistance à la corrosion et évaluer ses propriétés mécaniques. « Nos concurrents à l'échelle mondiale se comptent sur les doigts d'une main, dit-il. À notre niveau de complexité, nous sommes parmi les meilleurs au monde. »

L'entreprise compte parmi ses clients des géants comme Shell, Exxon, TransCanada (pipelines) et autres BP. « Nous avons tous les grands joueurs de l'industrie. Pas de problème pour se faire payer », blague Jacques Latendresse.

Ezeflow a fourni les raccords de grande dimension du pipeline Alliance qui relie le nord de l'Alberta à Chicago ou les plateformes de forage au large des côtes de Terre-Neuve. « Nous vendons en Inde, en Chine, à Oman, en Arabie Saoudite et en Australie. Nous voulons participer à tous les défis technologiques associés à la production et au transport de l'énergie », dit-il.

La réputation d'Ezeflow est telle que la firme de Granby est consultée sur certains des travaux les plus complexes et les plus futuristes. Un géant américain de la géothermie lui a même demandé de travailler au développement et à l'élaboration des exigences techniques d'un projet de production d'électricité à partir de l'énergie produite par les geysers.

La société compte aussi sur les travaux de réfection qui doivent être entrepris dans les centrales nucléaires d'Amérique du Nord.

Jacques Latendresse et son frère Pierre dirigent conjointement l'entreprise dont les ventes atteignent 45 millions. Ils visent des revenus de 100 millions en 2014. « J'aime atteindre des objectifs qu'on pense irréalisables », dit-il.

Une chose à changer pour les entreprises du Québec ? « Elles manquent beaucoup d'occasions d'affaires à cause de l'opposition à l'industrie gazière et pétrolière », dit-il.

11. QUE FAIRE DE NOS RESSOURCES?

« Notre civilisation est fondée sur les métaux »
- Alain Paquet

Découvreur de trésors

« Le Plan Nord offre aux jeunes une grande aventure à la découverte de trésors », dit André Gaumond, président des Mines d'Or Virginia.

Ce prospecteur qui explore depuis plus de 15 ans le potentiel minier de la baie James s'avère lui-même un formidable chasseur de trésors. Son équipe a découvert et mis en valeur la mine Éléonore, l'un des deux plus grands gisements d'or du Canada, puis le gisement Coulon « la plus grande ressource non développée » de cuivre, zinc et argent au Québec. « Le Québec recèle un potentiel minier exceptionnel, l'un des plus riches au monde », me raconte cet ingénieur géologue qui a travaillé pour plusieurs sociétés minières et le gouvernement du Québec avant de reprendre en main Mines d'Or Virginia, en 1992.

Le Plan Nord regroupe trois territoires géologiques distincts, tous susceptibles de cacher des gisements « de classe mondiale ». Le plus connu et le plus ancien est celui de la Côte-Nord, dans ce que les géologues appellent la « ceinture de fer » ou Fosse du Labrador. Les réserves seraient de plusieurs milliards de tonnes de fer et pourraient être exploitées encore pendant 100 ans. Le potentiel est également immense dans la fosse d'Ungava, tout au nord du Québec, où Mine Raglan exploite l'une des grandes mines de nickel au monde.

Sur le territoire avoisinant la baie James, une région qu'André Gaumond connaît bien, il me parle de deux gisements de fer de plus de 1 milliard de tonnes, d'un gigantesque gisement de diamants (Mine Renard) et d'un gisement de cuivre tout aussi impressionnant. « On assiste à la naissance d'un camp minier à la baie James. Nous ne sommes qu'au début de l'aventure », dit-il.

Son optimisme s'appuie sur sa grande expérience. « Les gisements viennent en nids ou en grappes. C'est ce qu'on appelle un camp minier. On trouve très rarement des zones qui ne contiennent qu'un seul gisement. C'est sûr qu'on va trouver d'autres mines d'or de l'ampleur d'Éléonore», dit-il. Sans oublier les autres facteurs qui favorisent la prospection et l'exploitation du sous-sol de la région : les infrastructures, la disponibilité d'électricité à bon prix, des ententes conclues avec les Premières Nations et la présence d'équipes habituées à travailler en terrains nordiques.

Mines d'Or Virginia se spécialise dans l'exploration et a vendu la mine Éléonore à Goldcorp pour 500 millions. La société de Vancouver prévoit y extraire 600 000 onces d'or par année sur une période d'au moins 20 ans et d'y investir 1,4 milliard. André Gaumond dit que cela n'a pas été fait sans un pincement au cœur après 13 ans d'efforts acharnés pour trouver le gisement. Il se console en disant qu'il est le fiduciaire de 5000 investisseurs très patients. «J'ai le sentiment du devoir accompli et cette mine va créer 800 emplois en partie grâce à nos efforts. J'ai décidé d'avoir un seul créneau et de me spécialiser. Je cours à ma perte si je m'en éloigne trop.»

André Gaumont ne trouve rien de magique dans le grand projet de société proposé par Jean Charest, mais il le considère stimulant, structurant et rassembleur. «Nous allons développer des mines, créer des infrastructures sur un immense territoire, bâtir des barrages et des parcs d'éoliennes, construire des ports sur la nouvelle voie maritime de l'Arctique. Nous allons chercher des richesses, tout en respectant les communautés autochtones et les principes du développement durable. C'est un beau projet de société», dit-il.

En avoir pour son argent

Chantal Trépanier a un problème de conscience.

La présidente de SIM (Service d'intervention sur mesure), une firme de Shawinigan qui est devenue la championne de la formation en santé et sécurité au travail au Québec, bénéficie grandement du Plan Nord. Les revenus de son entreprise ont bondi de 50 % cette année grâce au boom minier. «Je sens mon énergie décupler. La Plan Nord a donné un puissant élan à mon entreprise», dit-elle. Au même moment, elle se demande, comme bien des Québécois, si nous tirerons suffisamment profit ce cette grande aventure.

SIM a été crée en 1972 par le Collège de Shawinigan. C'est l'un des plus anciens centres de services aux entreprises créés en milieu collégial. Chantal Trépanier en est la présidente depuis sa privatisation en 1999.

Cinquante pour cent des revenus de SIM dépendent de la formation en milieu de travail, l'autre moitié d'un système de gestion de la sous-traitance conçu et développé sur le Web, nommé «Cognibox». Un lien symbiotique unit les deux dimensions de l'entreprise. Cognibox n'aurait pas existé sans les activités de consultation et de formation en entreprise et Cognibox alimente aujourd'hui ces mêmes activités. Voici comment cela fonctionne concrètement.

SIM a bâti au fil des ans plusieurs programmes de formation pour améliorer le profil de compétences des employés et des cadres des entreprises. Ces cours sont établis à partir des meilleures pratiques observées dans certaines des plus grandes compagnies du Québec. «Nous sommes devenus la norme», dit Chantal Trépanier.

Cognibox est par ailleurs un outil bâti sur la technologie Web qui permet à ces grands donneurs d'ouvrage de savoir quels sous-traitants peuvent effectuer le travail requis en plus de leur indiquer - photos et identifications à l'appui - qui sont les travailleurs de ces sous-traitants ayant reçu les formations adéquates pour travailler dans leur usine.

Pour se qualifier, chaque sous-traitant doit répondre à un questionnaire en ligne portant sur sa solidité financière, la protection de l'environnement, la santé-sécurité ou le développement durable. Il doit aussi fournir une preuve d'assurance et faire connaître son programme de protection des accidents et sa politique concernant l'abus d'alcool et de drogues.

En intégrant toutes ces informations, Cognibox établit un système de pointage en fonction des attentes particulières de chaque donneur de commandes. Un sous-traitant pourrait ainsi obtenir une cote de 75 % auprès de Pratt & Whitney et un meilleur résultat auprès d'une autre entreprise qui n'aurait pas les mêmes exigences ou qui privilégierait des éléments différents.

Le système est avantageux à la fois pour les grandes entreprises, les sous-traitants et leurs employés. Les donneurs de commandes bénéficient d'un outil précieux pour présélectionner leurs sous-traitants. Ces derniers apprennent quels éléments ils doivent améliorer pour obtenir des contrats et les employés adéquatement formés se trouvent qualifiés pour tous les donneurs de commandes.

Par ailleurs, si un sous-traitant et ses employés ne réussissent pas à se qualifier, ils seront forcément tentés d'aller chercher les formations qui leur manquent chez SIM, puisque ce sont leurs cours qui sont à la base du système Cognibox.

Cognibox est utilisé par plus de 3000 entreprises et des dizaines de milliers de travailleurs y sont enregistrés. Le plus beau dans tout cela, c'est qu'une compagnie comme Rio Tinto Alcan l'a adopté et l'implante petit à petit partout où elle est présente. «Le système a créé une véritable place de marché. Un sous-traitant qualifié peut maintenant soumettre une offre de service partout dans le monde et avoir accès à des contrats qu'il n'aurait jamais pu avoir», dit Chantal Trépanier.

Avec Cognibox, SIM est en train de devenir un acteur international dans la gestion de la sous-traitance. Ses clients actifs dans le Nord québécois comme ArcelorMittal et Cliffs Natural Resources à Fermont et la Compagnie I.O.C à Sept-Îles tiennent l'entreprise de Shawinigan bien occupée. «Les minières étaient déjà mes clientes et nous sommes aussi présents chez Aluminerie Alouette à Sept-Îles et chez Alcoa à Baie-Comeau, deux entreprises en expansion.» C'est SIM qui gère les qualifications des entreprises «qui montent dans le Nord» pour profiter du boom alimenté par la hausse du prix des métaux.

L'ambivalence qu'éprouve Chantal Trépanier envers le Plan Nord est partagée par de nombreux Québécois qui ne sont pas sûrs de tirer avantage de la situation. En entrevue au *Devoir*, Yvan Allaire, professeur émérite à l'École des sciences de la gestion de l'UQAM, croit que le gouvernement devrait tenir compte des prix sur le marché pour calculer le taux de redevances. Dans le même article, Jacques Fortin, professeur à HEC Montréal, reproche au gouvernement d'opter pour un calcul de redevances fondé sur un pourcentage du profit de la mine, plutôt que sur la quantité de matière extraite. Il souhaite aussi que le gouvernement favorise la transformation du minerai au Québec.[230]

L'enjeu se résume ainsi : comment obtenir le maximum tout en restant concurrentiel ?

Toutes les provinces canadiennes ont choisi d'imposer des redevances sur les profits. Elles ont deux avantages sur celles dites *ad valorem*, établies en fonction de la valeur de la production. Elles génèrent en effet des revenus beaucoup plus stables compte tenu de la fluctuation importante des prix des métaux. Ce régime tend aussi à favoriser les projets dont la profitabilité est limitée, constate Statistique Canada.[231]

Le Québec a un potentiel formidable, mais elle n'est pas la seule juridiction au monde à avoir du fer, du nickel ou de l'or dans son sous-sol. Le *Financial Times* compte 61 pays dont les ventes de minerais représentent plus de 25 % de leurs exportations totales.[232] Les sociétés minières peuvent s'établir ailleurs et le minerai trouvé ici n'a pas de propriété particulière. Du fer, c'est du fer, et il a le même prix partout au monde.

Les mines québécoises doivent rester compétitives, sinon elles seront les dernières à être exploitées et les premières à cesser leurs activités si les prix du minerai dépriment, comme cela arrive régulièrement dans cette industrie très cyclique. À risque politique égal et à gisement équivalent, les sociétés minières investiront en fonction des coûts d'exploitation. À partir des données des sociétés minières actives en Australie, le professeur d'économie Martin Coiteux a estimé que les coûts d'extraction d'une tonne de fer sont pratiquement deux fois plus élevés au Québec que dans ce pays.

La fiscalité est aussi un facteur de compétitivité. En ce qui concerne les droits miniers, le Québec est déjà la deuxième juridiction au Canada avec un taux de redevances de 16 %, contre 10 % seulement en Ontario. PricewaterhouseCoopers a évalué l'ensemble du fardeau fiscal d'une mine d'or au Québec à 40,9 % par année, comparativement à 28,8 % en Ontario. Les trois provinces canadiennes où le fardeau fiscal est le moins élevé, l'Ontario, la Saskatchewan et la Colombie-Britannique, sont les plus importants producteurs minéraux au pays.[233]

Malgré le boom minier que connaît le Québec et le potentiel de son sous-sol, les investissements pour des activités d'exploration et de mise en valeur ont augmenté plus rapidement dans l'ensemble du Canada qu'au Québec entre 2001 et 2010 et on n'observe pas de renversement de tendance au cours des dernières années.[xxviii-234] Je n'attribue évidemment pas cet écart aux modifications apportées en 2010 aux droits miniers au Québec ; je souligne seulement que le Québec taxe davantage que ses quatre principaux concurrents canadiens qui ont *tous* réduit le fardeau fiscal total de leur industrie minière au cours des dernières années. Non seulement nous sommes moins concurrentiels, mais certains souhaitent que nous le soyons encore moins.

À les entendre, non seulement le Québec est seul au monde et peut imposer toutes ses volontés, mais il aurait été abandonné aux sociétés minières qui seraient en train de piller nos ressources, de creuser des trous partout et même de nous appauvrir.

[xxviii] 369 % au Québec et 412 % au Canada.

Comparons donc le Québec à une juridiction comparable qui a décidé de miser sur ses ressources minières pour son développement économique. Je vous propose donc l'État de l'Australie-Occidentale dont la population fait grosso modo celle de Montréal (2,1 millions). Perth, située près de l'océan Indien, est à la fois sa ville principale et sa capitale.

Un État béni des dieux. Le sous-sol regorge de pétrole et renferme plus de 50 minerais différents. On y trouve énormément de fer : on en a vendu pour 60 milliards de dollars canadiens en 2010-2011. C'est environ 10 fois plus que la production de minerais du Québec la même année. Le climat est plus agréable, le sol n'est jamais gelé et les marchés asiatiques sont plus proches, comparativement au Nord québécois. 42 % du minerai australien est d'ailleurs expédié vers la Chine.

Vous trouvez qu'il y a trop de mines au Québec ? Il y en 893 en activité dans cet État, contre 23 au Québec. Cela permet à l'État de collecter 5,8 milliards de dollars australiens[xxix] en redevances minières, surtout, et pétrolières. Le cinquième des revenus de l'État provient de ces redevances. Ces redevances sont-elles plus élevées qu'au Québec ? L'économiste Martin Coiteux a calculé qu'en 2010-2011, le Québec a touché en redevances l'équivalent de 5,32 % de la valeur de la production minière tandis qu'en Australie de l'Ouest, ce taux n'a atteint que 4,89 %.[235]

Les investissements dans le secteur des ressources ont augmenté de 22,3 % en moyenne par année depuis cinq ans. En septembre 2011, les investissements en cours ou autorisés atteignent 138 milliards de dollars australiens et des projets totalisant 169 milliards attendent leur autorisation.[236] Les investissements miniers au Québec en 2011 totalisaient 3,2 milliards, une année record.

L'Australie-Occidentale compte pour 46 % des exportations totales de l'Australie. Les exportations internationales du Québec représentent 15 % de l'ensemble canadien.

L'État australien n'a pas de scrupules non plus à produire du pétrole et du gaz naturel et il considère que les gaz de shale (ou de schiste) font partie de son avenir énergétique.

Voilà donc le genre de concurrent contre lequel se bat le Québec. Cela vaut-il la peine de mener ce combat ?

[xxix] En mars 2012, 1 dollar australien valait 1,04 dollar canadien.

Géographie et commerce

Deux livres m'ont beaucoup marqué ces dernières années. Dans *Guns, Germs, and Steel*[237], Jared Diamond soutient que les facteurs géographiques expliquent en premier lieu le développement et l'enrichissement de certaines parties du globe. Ainsi, le bassin méditerranéen a été le berceau de la civilisation parce qu'on y trouvait presque toutes les céréales qui constituent la base de l'alimentation humaine et des animaux prêts à être domestiqués. Par contre, il n'y avait rien à faire avec les animaux en Afrique équatoriale et l'agriculture y était difficile.

L'autre livre prend le contre-pied de cet argument et prétend que le commerce, et la division du travail qu'il rend possible, ont permis à certains pays de s'imposer. Dans *The Rational Optimist*[238], Matt Ridley dit que les échanges entre groupes ont conduit à la spécialisation du travail et à l'innovation. Le commerce a aussi permis de « féconder les idées » et de partager et améliorer les savoirs et les technologies. « Les échanges sont à l'évolution culturelle ce qu'est le sexe à l'évolution biologique », dit-il.

Quand je pense à l'exploitation des ressources naturelles du Québec, je pense à ces deux idées maîtresses : la géographie du Québec marque sa destinée et le commerce assure sa prospérité.

On peut presque deviner son histoire économique en regardant de près une carte géographique. Le territoire est grand et il est traversé d'un grand fleuve qui relie le centre du continent à l'océan Atlantique. La plaine fluviale est propice à l'agriculture, mais on appréhende que sa situation au nord du continent en limite la productivité. Le bassin du Saint-Laurent est alimenté de plusieurs cours d'eau qui multiplient les accès et les relais vers l'intérieur des terres. Plusieurs de ces rivières ont un vaste potentiel hydro-électrique favorable à l'implantation d'industries énergivores.

On se doute que ce territoire ne sera pas celui que choisiront en premier lieu les populations autochtones ou immigrantes, compte tenu de sa position au nord-est d'un continent déjà plus froid que l'Europe. La faible occupation du territoire laisse présumer que les forêts sont immenses et vierges. « *La terre y est surchargée d'arbres qui n'en font qu'une forest qui est à mon sentiment de belles et de riches productions* », écrivait l'intendant Jean Talon au ministre Colbert.[xxx-239]

[xxx] Colbert est le ministre de la marine de Louis XIV et responsable de l'administration coloniale.

On devine aussi qu'une île à la pointe sud du territoire a un fort potentiel commercial compte tenu d'un climat un peu plus tempéré, de la présence de grands cours d'eau donnant accès aux terres plus à l'ouest et au sud-ouest et à l'Atlantique, sans oublier sa proximité avec les territoires des partenaires commerciaux, amérindiens, canadiens ou américains.

Voilà pourquoi le Québec a toujours été une économie ouverte. La forêt est à la source de son peuplement, de l'occupation du territoire, de l'industrialisation et du développement des ressources hydrauliques. Même la ville de Québec doit son développement à l'exploitation des ressources.

Les exportations massives de bois vers l'Angleterre au début du Régime anglais suscitent la construction navale et l'implantation de scieries. En 1825, on construit 69 vaisseaux à Québec seulement. Québec compte 28 chantiers navals en 1850, devenus les principaux employeurs de la ville. De 8000 habitants au début du 19e siècle, la population de la ville passe à 59 700 personnes en 1871.[240]

Le port de Québec est l'un des plus importants au monde et les exportations de pin blanc, de pin rouge et de chêne représentent les trois quarts de ses exportations. Le pin blanc est le plus prisé et il est utilisé à la construction des mâts des navires de la Marine royale britannique.[241] Il n'y avait aucune conscience environnementale à l'époque et les coupes massives de pin blanc se sont avérées catastrophiques pour l'espèce au Québec. Arthur Buies, le secrétaire du curé Labelle, le sous-ministre de la Colonisation, écrivait en 1889 : « Jusqu'à présent, ce n'est pas une industrie intelligente que bon nombre de marchands de bois ont exercée, mais de la dévastation forestière, un véritable saccage, une extermination aveugle, brutale, furieuse, des plus belles essences de bois qui existent au monde ».[242]

La croissance de la population aux États-Unis entraîne un déplacement des marchés à partir de 1850 et une forte demande en bois de sciage. Il en sera ainsi jusque vers les années 1930 alors que l'essor des grands journaux américains et britanniques donne le coup d'envoi aux usines de papier journal qui feront la renommée et la richesse du Québec pendant des décennies.

Dans son discours du budget de 1957, le Trésorier de la province, Onésime Gagnon, est fier de dire qu'« une page de chaque journal du monde sur quatre vient de la province de Québec et (que) sur les 130 usines de pâte à papier et de papier du Canada, 55 sont situées dans le Québec. »[243] J'ai passé ma tendre enfance à Trois-Rivières, qui était alors considérée comme « la capitale mondiale du papier journal ». De l'ouverture de la première usine de papier, en 1913, à 1951, la population de la ville (en incluant Cap-de-la-Madeleine) a quadruplé. Boréalis, le Centre d'histoire de l'industrie papetière, est situé à l'endroit où était installée l'usine de la CIP, au confluent du Saint-Maurice et du Saint-Laurent. Dans l'une des animations de cet intéressant musée, on y parle de cette eau « transformée en papier et en pain pour les travailleurs ».

En 2010, la forêt et les mines ont contribué pour environ 20 milliards à l'économie québécoise, soit 7,1 % du P.I.B. La moitié de cette somme provient des activités de transformation des métaux, une donnée qui passe souvent inaperçue. L'Abitibi-Témiscamingue, la Côte-Nord et le Nord-du-Québec ont accaparé 95 % de l'investissement minier au Québec. 52 000 personnes profitent directement ou indirectement de l'exploitation minière au Québec.

L'histoire du Québec pourrait se résumer en un combat perpétuel pour l'élargissement de ses frontières économiques et le développement de ses ressources. Depuis 125 ans, presque tous les mandats de nos premiers ministres ont été marqués par de grands projets qui les mettaient en valeur.

Honoré Mercier (1887-1891) favorise la colonisation des Laurentides et du Saguenay–Lac-Saint-Jean. Les mandats de Lomer Gouin (1905-1920) et de Louis-Alexandre Taschereau (1920-1936) sont marqués par le développement des ressources naturelles du Saguenay–Lac-Saint-Jean, de la Mauricie et de l'Abitibi-Témiscamingue et de la construction de routes vers ces régions et la Gaspésie. Maurice Duplessis mise sur l'exploitation des ressources naturelles, notamment celles de la Côte Nord, pour favoriser l'industrialisation du Québec. Ironie du sort, il meurt subitement à Schefferville en 1959. C'est sous l'Union Nationale et sur l'impulsion de Daniel Johnson père, alors ministre des Ressources naturelles, qu'est mis en œuvre le complexe Manicouagan. Daniel Johnson, devenu premier ministre, meurt d'une crise cardiaque la veille de l'inauguration de Manic-5, en 1968. Deux ans auparavant, il avait signé l'entente par laquelle Hydro-Québec s'engageait à acheter l'électricité produite au barrage des chutes Churchill, au Labrador, un coup fumant que les Terre-Neuviens ne digèrent pas encore. Robert Bourassa lance le complexe de la baie James qui est inauguré sous René Lévesque. Le même René Lévesque qui termine en 1962 la nationalisation d'Hydro-Québec engagée en 1944 par Adélard Godbout. C'est le gouvernement de Jacques Parizeau qui réduit en 1995 les redevances minières au nord du 55e parallèle en raison des coûts d'exploitation très élevés.

Il y a aujourd'hui des barrages, des centrales et des réservoirs qui portent le nom de Mercier, Gouin, Lesage, Johnson, Bourassa et Lévesque.

Voilà l'héritage des Québécois. J'en suis plutôt fier. Et vous ?

Quand le Sud a besoin du Nord

« Nous refusons d'être dépossédés de nos richesses et des sources d'un véritable progrès », est-il écrit dans le *Manifeste du 22 avril 2012*, une initiative du metteur en scène Dominic Champagne dénonçant à la fois la vente à rabais des ressources naturelles québécoises et le type de développement économique que leur exploitation génère.[244]

Ces remontrances mettent Alain Paquet hors de lui. « Notre civilisation est fondée sur les métaux. Il n'y a pas un objet qui n'a été fabriqué et aucun aliment qui n'a été semé, récolté ou transformé sans eux. Ils apportent le bonheur, la richesse et la dignité », me dit le copropriétaire de Fordia.

Fordia est le plus grand fabricant mondial d'outils diamantés utilisés dans le forage minier. Ses outils permettent de forer et de recueillir dans un cylindre un échantillon de roche qui sera par la suite analysé pour connaître sa teneur en minerais et ainsi évaluer la rentabilité d'une future exploitation. Les géologues appellent cela du forage de carottage. C'est une technique utilisée dans les tous les types d'exploration, que ce soit du charbon, de l'uranium ou du cuivre.

Son frère Luc et lui ont acheté Fordia à leur père en 1986. L'entreprise affichait alors des ventes de 1 million et employait une quinzaine de personnes. En 2011, ses revenus atteignaient les 100 millions.

Alain Paquet en a gros contre ceux qu'il appelle les « NoNo », ceux qui disent tout le temps non. « Ils étaient contre l'établissement du Cirque du Soleil dans le sud-ouest de Montréal, ils sont contre les barrages hydroélectriques et ils sont contre les mines. Ils ne veulent pas être taxés davantage, mais ils exigent un gel des frais de scolarité et des frais de garde. Où vont-ils prendre l'argent ? » demande-t-il. « Aujourd'hui, ils en veulent aux profits de l'industrie, mais manifestaient-ils dans la rue pour demander au gouvernement de nous aider quand les prix des métaux étaient affaissés et que les mines fermaient les unes après les autres ? » ajoute-t-il avec la même ferveur.

Plus positivement, il me raconte le rôle historique du Québec et de l'Ontario dans l'exploration minière mondiale. Tous les outils servant à la découverte de gisements utilisent des mesures conçues dans les deux provinces et 50 % des sommes amassées pour l'exploration minière le sont au Canada. «Nous sommes un leader mondial», dit-il.

C'est devenu une habitude chez ceux que j'ai interviewés pour ce livre, mais lui aussi me donne l'exemple de la Suède. Il y a plusieurs décennies, plusieurs mines étaient en exploitation dans ce pays, ce qui a permis la naissance et le développement d'une grappe industrielle bâtie autour de cette industrie. Ces entreprises sont restées des joueurs importants du secteur minier mondial, même si les mines suédoises ne sont plus en activité.

La firme de service-conseil E & B Data a recensé 3800 fournisseurs de l'industrie minière au Québec, dont 1800 situés dans la région de Montréal et 250 dans celle de Québec.[245]

Alain Paquet affirme que chaque emploi dans un site minier en crée quatre autres dans les villes. «Fordia emploie 325 personnes, dont près de 250 à Montréal. On trouve parmi eux des ingénieurs et des concepteurs. Nous sommes une entreprise technologique et nous possédons des brevets et des marques de commerce. De plus, 70 % de notre production est exportée. J'espère que la vague actuelle va créer d'autres Fordia.»

Les outils de Fordia permettent de forer dans tous les types de roches, même les plus dures. «Nous fabriquons des matrices qui vont percer rapidement la roche et qui ont une durée de vie supérieure à celle de nos concurrents». Ces matrices sont fabriquées avec du diamant synthétique, fabriqué dans une usine qui recrée les mêmes conditions permettant au diamant de se former dans la nature. Voilà pourquoi chaque cylindre 7 Hero, son produit vedette, coûte 700 $. «Les ressources et la haute technologie sont de plus en plus reliées et nos entreprises ont développé des technologies de pointe dans l'exploration et le développement des ressources naturelles», dit Peter Hall, vice-président et économiste en chef de Exportation et développement Canada.[246]

Le Plan Nord? «C'est intéressant», me répond Alain Paquet. Il fait toutefois cette mise en garde: le *momentum* actuel va disparaître si les prix des métaux baissent, car les entreprises ne seront pas en mesure d'obtenir un bon rendement sur leurs investissements. Alain Paquet connaît trop bien le secteur minier pour oublier son caractère cyclique. «C'est toujours la même histoire. Quand les prix sont bons, tout le monde cherche et trouve des mines. On inonde le marché de minerais, les prix s'effondrent et l'exploration diminue. » Cette fois, il croit possible que la fin de l'histoire soit différente à cause du développement des pays émergents.

S'il y a un expert des contrées nordiques, c'est bien Louis-Marie Beaulieu, président du conseil et chef de la direction du Groupe Desgagnés, une entreprise de transport maritime établie à Québec. L'armateur de Québec a fait sa réputation dans le Grand Nord.

En 2008, le *Camilla Desgagnés* a été le premier navire commercial à atteindre l'Arctique de l'ouest à partir de l'est du continent en sillonnant le passage du Nord-Ouest. « Notre développement passe par là », dit Louis-Marie Beaulieu. Desgagnés Transarctique est le plus important transporteur général dans l'Arctique où il est présent depuis plus de 40 ans. Trois de ses navires desservent le gouvernement du Nunavut, les entreprises minières et les magasins d'alimentation. C'est aussi Desgagnés qui approvisionne la région en essence.

L'armateur de Québec réalise près de 30 % de son chiffre d'affaires dans l'Arctique et elle est très présente aussi sur la Côte-Nord. Les cycles miniers, il connaît. « En 2008, nous avions transporté de la machinerie et des matériaux de construction pour un projet minier au Nunavut. Il a fallu tout ramener parce que le projet a été abandonné. Cette année-là, nous avions acheté trois navires et, croyez-moi, j'avais hâte que le marché reprenne », dit-il.

L'armateur québécois croit que le Plan Nord va lui donner un plus grand volume d'affaires parce que le bateau est le seul moyen d'apporter de grandes quantités de marchandises dans des endroits où il n'y a pas de routes terrestres ou de chemins de fer. Il ne fait pas le transport du fer et d'autres minerais, mais des marchandises générales et du pétrole dont les minières ont besoin.

Louis-Marie Beaulieu se méfie cependant et veut s'assurer que la proportion de son chiffre d'affaires réalisé dans le Grand Nord reste la même malgré l'augmentation des quantités transportées.

Quelque 90 % du commerce mondial est transporté par voie maritime, car il n'existe pas de façon plus économique et plus écologique de transporter d'énormes quantités de biens d'un endroit à un autre. Les navires du Groupe Desgagnés parcourent aujourd'hui toutes les mers du monde où ils transportent annuellement plus de 5 millions de tonnes métriques de marchandises. Les revenus du transporteur maritime dépassent les 200 millions et il emploie 950 personnes.

Pour suivre la vague, le Groupe Desgagnés a investi 290 millions et prévoit investir entre 200 et 250 millions pour faire l'acquisition de cinq ou six navires pour grossir et renouveler sa flotte. « Sans subvention ni argent public », insiste Louis-Marie Beaulieu.

Pourquoi le Nord?

L'exploitation des ressources minières et le modèle de développement économique du Plan Nord mis de l'avant par le gouvernement Charest suscitent beaucoup d'opposition. Je ne veux pas le défendre ici spécifiquement. De quelles infrastructures a-t-on besoin? Qui va payer quoi? Quelles sont les priorités? Qui doit les déterminer? Voilà de bien bonnes questions. Je reste néanmoins persuadé que la valorisation des richesses nordiques demeurera un enjeu économique crucial pour le Québec au cours des prochaines décennies.

La vague est irrésistible et ouvre la porte à tellement de belles occasions d'affaires. Les entrepreneurs québécois peuvent aspirer à bâtir les prochaines grandes sociétés minières, à devenir les spécialistes mondiaux de l'exploration et du développement en régions nordiques et les meilleurs en logistique et en transport en régions éloignées. Le travail dans un écosystème fragile est propice au développement de leaders en technologies propres et en développement durable. Nous pouvons apprendre beaucoup et faire de cette aventure un tremplin pour exporter le savoir-faire québécois, de la même manière que les grands ouvrages hydro-électriques ont été de formidables accélérateurs de croissance pour les firmes de génie-conseil.

De façon plus prévisible, le développement du Nord générera des revenus pour le gouvernement, des contrats importants pour les firmes d'avocats et de services professionnels ainsi que pour les milliers de fournisseurs et sous-traitants établis dans les villes du « Sud ».

Voici ce que je crains, et j'avoue que cela trahit davantage mon inquiétude qu'un amour fou pour les mines et les pipelines. Nous sommes à une période où la croissance économique du Québec n'est pas très forte et on ne voit pas comment elle pourrait reprendre rapidement du tonus. Notre dette est lourde, notre train de vie gouvernemental élevé et la démographie nous causera des problèmes considérables. Le déficit commercial du Québec avec les pays étrangers est de presque 20 milliards. Cela veut dire que nous achetons beaucoup plus de biens à l'étranger que nous en vendons.

Or, ce Nouveau Monde à construire que j'ai évoqué plus tôt dans le livre a besoin de ressources pour soutenir son développement. Dans une interview à *L'actualité*, Roland Lescure, le premier vice-président et chef des Placements à la Caisse de dépôt, disait : « Le secteur des infrastructures et celui des ressources naturelles nous interpellent particulièrement. Une partie du monde est surendettée et l'autre est en train de se construire. Forcément, les deux vont avoir des besoins accrus en matière de financement privé pour des projets d'infrastructures. De plus, tout le phénomène d'urbanisation des pays émergents va augmenter la demande d'énergie et de matériaux de base, des secteurs très importants pour le Canada et le Québec. »[247]

Des entreprises sont prêtes à investir au bas mot 20 milliards pour mettre en valeur notre territoire. Dix nouvelles mines ont été annoncées entre 2010 et 2013. Selon André Gaumond, l'industrie minière pourrait être responsable de 10 % de la croissance économique du Québec d'ici 2015.[248]

Nous avons une carte en main, une terre « riche et généreuse » pour reprendre les mots du *Manifeste du 22 avril*. Que faisons-nous ? Certains voudraient qu'on ne la joue pas, à moins que des conditions exceptionnelles ne soient réunies pour réaliser les « objectifs économiques, écologiques et sociaux *les plus élevés au monde* », est-il écrit dans ce manifeste. Cela m'apparaît un bon plan pour mettre le Québec hors marché et lui faire perdre une grande occasion.

L'exploitation des ressources naturelles a bien servi le Québec et le Canada qui sont devenus parmi les endroits les plus riches au monde en accompagnant l'expansion britannique au 19e siècle et la croissance américaine au 20e siècle. Cette formule éprouvée sourit aux économies de l'Ouest du pays qui connaissent une progression beaucoup plus rapide que celles des provinces centrales. Elle sourit aussi à la Norvège et à l'Australie.

Il est légitime de s'opposer à ce type de développement. J'ai néanmoins le sentiment que pour plusieurs des signataires de ce manifeste - pas tous - le Québec est l'endroit le plus riche sur terre, tellement riche qu'il peut dire non à tout. L'argent semblerait littéralement pousser dans les coffres de l'État, indépendamment de l'activité économique. Les créateurs d'emplois seraient évidemment les gouvernements, dont les capacités financières n'auraient aucun lien avec la croissance et la vigueur de l'économie. Ils oublient que presque 80 % des emplois au Québec dépendent de la prospérité du secteur privé.

La dette serait une création de financiers qui veulent s'attaquer à nos acquis. En cas de pépins, on pourrait toujours compter sur les «riches» pour payer l'addition. Tous les projets d'investissements privés s'expliqueraient parce que nous les subventionnons généreusement ou parce que le gouvernement céderait nos ressources au premier investisseur qui se présente. Le Québec vivrait en totale autarcie et nos entreprises n'auraient ni marchés à conquérir ni concurrents venant de l'extérieur.

Enfin, j'ai entendu l'argument tellement de fois, il ne faudrait produire que ce qui est *nécessaire* pour ainsi sauver la planète. Puisque les Chinois et les autres produisent et consomment plus, il faudrait que nous produisions et consommions moins pour contrebalancer. Ce sont les propos des réalisateurs du film *Survivre au progrès,* Mathieu Roy et Harold Crooks : «L'empreinte écologique d'un Occidental aisé – vous et moi et la majorité des gens qui liront ce texte – est près de 50 fois plus importante que celle des habitants d'un village pakistanais, de la savane africaine ou de la vaste majorité de la planète. N'avons-nous pas atteint dans nos sociétés un niveau de gaspillage suffisant ? Ne serait-il pas logique de réduire notre niveau de consommation et de chercher à mieux répartir les richesses pour qu'elles atteignent les 5 milliards d'hommes, de femmes et d'enfants qui survivent, mais aimeraient mieux vivre ?»[249]

Je ne me fais pas l'apôtre d'une consommation effrénée et déraisonnable, pour autant qu'on puisse définir une consommation *appropriée*. Il appartient à chacun d'entre nous de vivre en fonction de ses valeurs et de ses moyens. Je me place du côté de la production. Chacun a aussi droit à un bon travail bien rémunéré et ceux qui trouvent qu'il faut produire et consommer moins sont souvent des gens peu susceptibles d'aller travailler en forêt, dans une mine, en usine ou sur une ferme.

Faudrait-il manufacturer deux fois moins de produits au Québec puisque nous exportons la moitié de ce que nous fabriquons ? Si oui, il serait bon d'en parler au préalable aux 50 % de travailleurs québécois qui seraient sacrifiés par une telle logique. À moins qu'il soit plus éthique de couper leurs revenus de moitié ?

Casser la machine économique ou lui mettre tous les bâtons dans les roues possibles a un coût. Les pertes d'emplois créent insécurité et pauvreté et leurs répercussions se font sentir partout. Nous savons très bien comment cela se passe puisque de tels événements se produisent trop souvent quand une usine ou un employeur important ferme ses portes dans une communauté. Pour l'État québécois, chaque recul de un point de pourcentage du PIB signifie des revenus moindres de 500 millions, calcule-t-on au ministère des Finances. Comment va-t-on payer les soins de santé et financer l'éducation des jeunes, si nous décidons de produire et de consommer moins ?

Si les adversaires de la croissance estiment que la survie de la planète exige que nous baissions notre niveau de consommation, disons de 6 %, cela pourrait enclencher une succession de très vilaines nouvelles économiques. Les plus âgés d'entre nous se souviennent de la récession du début des années 1980. Le PIB réel a justement baissé de 6 % en 1982. Entre août 1981 et août 1982, 236 000 emplois ont été perdus et le taux de chômage moyen a atteint 13,8 % en 1982, un tiers de plus que l'année précédente. La taxe sur l'essence est passée de 20 % à 40 % et le gouvernement a dû couper de 20 % les salaires des employés de l'État pendant les trois premiers mois de 1983. Malgré des efforts inédits, le déficit de l'année budgétaire de 1982-1983 a atteint 3,7 % du PIB. Il devrait être de 0,4 % en 2012-2013.

En revanche, que se passerait-il si le Québec allait de l'avant avec le Plan Nord ? Nul n'est prophète et je me méfie aussi des calculs de retombées économiques. Trois économistes de Secor ont néanmoins estimé que le Québec retirerait une moyenne de 5,9 milliards par année en valeur ajoutée additionnelle, soit l'équivalent d'environ 1,8 % du PIB québécois de 2011. Sans même tenir compte des redevances minières, les revenus fiscaux et parafiscaux (Régie des rentes du Québec, CSST, assurance-emploi, etc.) du Québec sont estimés à 781 millions par année et un total de 37 200 emplois serait soutenu annuellement.[250]

Certains opposants à l'exploitation des ressources du Nord prétendent que ce sont des« étrangers » qui profiteront de ces investissements. Bien sûr, des grandes multinationales comme Rio Tinto, Xstrata et ArcelorMittal exploitent des gisements au Québec et des groupes chinois y ont de grands projets. Il n'empêche que sur les 23 sociétés minières actives au Québec en 2011, 17 étaient contrôlées directement ou indirectement par des sociétés canadiennes, dont huit québécoises. Six mines (26 %) appartiennent à des multinationales étrangères.

Les multinationales sont fortement représentées dans l'industrie minière parce que l'ampleur de l'investissement favorise les grands joueurs capables de répartir les risques élevés entre plusieurs mines, métaux et continents. C'est aussi dans la nature de la bête : on observe dans chaque secteur économique une concentration qui conduit à la domination de quelques joueurs majeurs.

On peut aussi comprendre dans les discours des opposants au développement des richesses du Nord que les entreprises privées, peu importe leur nationalité, font partie des « étrangers » qui spolient les ressources québécoises et nous « dépossèdent » pour reprendre les expressions consacrées.

Les entreprises privées confisquent-elles la propriété publique ? Les sociétés minières dépensent un demi-milliard par année pour trouver des gisements et en évaluer la rentabilité potentielle. La société minière Osisko évalue qu'au Québec, seulement *un projet d'exploration sur 2000* franchit toutes les étapes qui mèneront à la mise en production d'une mine.[251] Elles ne volent pas nos ressources, elles les trouvent !

André Gaumond, de Mines Virginia Gold, connaît les risques de son métier. « Nous nous sommes acharnés pendant 13 ans sur le même territoire avant de trouver une première mine. Les actionnaires étaient découragés, le prix de l'or était au plancher et je devais néanmoins trouver du financement pour poursuivre nos travaux. Les probabilités étaient contre nous », dit-il.

Le gouvernement compte investir 1,2 milliard dans des prises de participations de sociétés minières et énergétiques par l'entremise de Ressources Québec, la nouvelle entité annoncée lors de la présentation du budget de mars 2012. À la fin de 2010, la Caisse de dépôt et de placement du Québec avait déjà des participations évaluées à 480 millions dans les sociétés minières en activité au Québec, un montant calculé en fonction de la proportion québécoise des activités de ces sociétés. Elle investira près de 1 milliard dans la construction d'un chemin de fer entre les projets miniers de la Fosse du Labrador et le port de Sept-Îles, un projet de plus de 5 milliards mené conjointement avec le CN, une autre société québécoise. Les Québécois sont plus que jamais partenaires de l'industrie minière, de moins en moins « étrangère ». Ceci dit, nous partagerons aussi les risques inhérents et élevés du secteur.

Pendant ce temps aux États-Unis...

J'ai interviewé le président de Junex, Jean-Yves Lavoie, au printemps 2007 pour l'une de mes premières chroniques au magazine *L'actualité*. Il m'avait parlé de ces fameux *shale gas*, francisés depuis en gaz de schiste ou gaz de shale. Je l'avoue bien franchement, j'ai raté la nouvelle.

Je trouvais cette histoire aussi compliquée qu'improbable. Je ne comprenais rien à ce fractionnement hydraulique des roches qui permettait d'en extraire du gaz naturel et encore moins à toutes les cartes géologiques qu'il me montrait et qui suscitaient chez lui un grand enthousiasme. Je me suis plutôt attardé dans l'article du magazine au potentiel pétrolier de la Gaspésie, qui me semblait une possibilité plus réelle.

Il n'y avait à l'époque que quelques illuminés comme Jean-Yves Lavoie qui croyaient au potentiel gazier de la vallée du Saint-Laurent. Entre 2007 et 2011, l'industrie du gaz naturel a investi plus de 200 millions dans l'exploration des schistes gaziers du Québec. Ces investissements ont permis de savoir qu'il pourrait y avoir assez de gaz naturel pour répondre aux besoins en approvisionnement énergétique du Québec pendant plus d'un siècle et entraîner des investissements de plusieurs milliards.

Les 28 puits forés dans la vallée du Saint-Laurent ont toutefois suscité appréhension, grogne et colère. Il y en a entre 15 000 et 20 000 nouveaux par année en Alberta; mais 28, c'est déjà trop pour les Québécois. La fracturation hydraulique, pratiquée depuis 50 ans en Saskatchewan[252], devenait la menace numéro un à la sécurité et à la santé publique. Le ministre de Développement durable, de l'Environnement et des Parcs (MDDEP), Pierre Arcand, a dû annoncer en 2011 ce qui est en fait un moratoire, suspendant l'exploration des schistes des basses terres du Saint-Laurent en attendant une évaluation environnementale stratégique.

De guerre lasse, Junex annonçait en janvier dernier qu'elle lançait de nouvelles activités d'exploration pétrolières et gazières au Texas, tout en poursuivant ses activités pétrolières sur l'île d'Anticosti et en Gaspésie.

Le Québec a une longue histoire avec les hydrocarbures, mais c'est une histoire décevante et compliquée. Le premier forage d'un puits de pétrole au Canada a eu lieu en 1859, en Gaspésie. Après avoir observé des suintements d'huile en surface, des investisseurs avaient foré, à l'époque, une cinquantaine de puits à la recherche de ce qui, espérait-on, allait remplacer l'huile de baleine. Plus de 150 ans plus tard, la Gaspésie n'est toujours pas une puissance pétrolière, même si Pétrolia a bon espoir que ses travaux portent bientôt fruit.

On a commencé à creuser des puits pour trouver du gaz naturel dans les basses terres du Saint-Laurent à la fin des années 1800. En tout, 589 puits ont été forés, menant à la découverte de deux (!) gisements conventionnels de gaz naturel, l'un à Pointe-du-Lac (Trois-Rivières) et l'autre à Saint-Flavien. Ces puits ont été exploités entre les années 1960 et 1990.

On cherche du pétrole sur l'île Anticosti depuis 1960 et ce n'est que récemment qu'on peut entrevoir un fort potentiel. L'exploitation du gisement Old Harry dans le golfe Saint-Laurent est l'objet d'un litige territorial avec Terre-Neuve et les milieux environnementaux craignent comme la peste toute exploitation dans le golfe ou l'estuaire du fleuve.

Le Québec importe pour 12 milliards de dollars de pétrole brut, 2,6 milliards de mazout et 2 milliards de gaz naturel par année. Sans compter les 2,9 milliards provenant de dérivés du pétrole et du charbon. Pourtant, il s'accommode difficilement avec l'idée de devenir lui-même une puissance pétrolière et gazière.

Pour certains, comme Bernard Landry et Gérald Larose, l'exploitation de gaz et du pétrole devrait revenir à l'État pour en faire bénéficier l'ensemble des Québécois et dans son dernier budget le gouvernement libéral dit vouloir moderniser son régime pétrolier et gazier sur le modèle de l'Alberta et de la Saskatchewan.

Le Québec deviendra-t-il un jour une puissance pétrolière et gazière? J'en doute. Je vois trop d'obstacles, du syndrome «pas dans ma cour» à l'opposition systématique des groupes environnementaux qui viendront pleurer devant les caméras sur tous ces paradis perdus souillés ou menacés par le bitume. Je suis conséquemment pessimiste sur l'essor ou l'éclosion d'une véritable grappe industrielle dans ce secteur au Québec. Au nom de la propreté, nous prenons parti pour la dépendance.

Dans son Discours sur l'état de l'union du 24 janvier 2012, le président Barack Obama réitérait l'engagement du gouvernement américain à favoriser l'exploitation des gaz de shale et à diminuer ainsi la dépendance énergétique des États-Unis.

La moitié du gaz naturel américain proviendra des gaz de shale en 2035, contre 23% en 2010 et 1% en 2000. Les États-Unis deviendront un net exportateur de gaz naturel liquéfié dès 2016 et le développement technologique devrait permettre d'exploiter plus efficacement la ressource dans les années qui viennent. En 2035, les États-Unis deviendront le deuxième plus important producteur de gaz naturel au monde, derrière la Russie.

On cherche également des gisements de gaz de shale au Royaume-Uni où ils pourraient créer 50 000 emplois,[253] en Pologne, au Danemark, en Allemagne, en Autriche, en Roumanie et en Chine, tous des pays où il est vu comme un moyen extraordinaire de stimuler l'activité économique et de réduire la dépendance énergétique.

Revenons aux États-Unis parce que ce que font les Américains a un grand impact sur le Canada et le Québec. Le prix du gaz naturel s'est effondré de 80 % depuis 2005.[254] La croissance de la production d'environ 7 % par année maintient les prix très bas et il n'est plus sûr que la production de gaz dans la vallée du Saint-Laurent reste une bonne affaire à ce niveau de prix.

Les Américains utilisent le tiers de leur gaz naturel pour produire de l'électricité. L'abondance de gaz naturel fait baisser le prix de l'électricité, ce qui améliorera la compétitivité des usines américaines. Cela aura aussi une incidence à la baisse sur le prix de nos exportations d'électricité. Hydro-Québec fait le pari que le gaz naturel rendra caduques les centrales thermiques au charbon, ce qui fera éventuellement remonter le prix du gaz et celui de nos exportations d'électricité. Cela reste un pari.

Dans son discours, le président Obama affirmait que la production pétrolière américaine était plus élevée qu'au cours des huit dernières années et que son administration était pour autoriser l'exploration de champs pétrolifères et gaziers sur terre et sur mer représentant 75 % des réserves potentielles du pays.

Grâce à la fracturation hydraulique, le procédé utilisé pour le gaz de shale, les Américains pourraient en effet extraire des centaines de milliers de barils de pétrole par jour des formations géologiques jusqu'à maintenant inexploitables au Texas et au Dakota du Nord. On pourrait trouver d'autres gisements de même nature au Colorado, au Wyoming et en Ohio.

Pendant ce temps au Québec...

Saint-Patrice-de-Beaurivage. Ce village de 1000 habitants de la MRC de Lotbinière a un nom digne d'un roman. À l'automne 2012, la société Innoventé inaugurera sa première usine de cogénération qui produira suffisamment d'électricité pour 1500 demeures de cette localité, située à 45 minutes de Québec et des villages voisins.

Richard Painchaud, le président d'Innoventé, est venu d'une drôle de façon à l'entrepreneuriat. Après son cours en microbiologie à l'Université Laval, il joint une petite entreprise qui fait la récupération des déchets miniers. Il trouve la PME tellement mal organisée et mal gérée qu'il se dit qu'il pourrait sans doute faire mieux. L'incompétence de ses premiers patrons a provoqué la naissance d'un entrepreneur.

Il lance rapidement une première entreprise, également dans le domaine minier. Il franchira toutes les étapes de son développement, de la recherche de financement au début de l'exploitation. Entre 1990 et 2006, il fonde quatre entreprises, vendant les trois premières à des partenaires.

L'expérience s'accumule. « J'ai une grande mémoire et je ne fais pas la même erreur deux fois », dit-il. Il développe aussi une habileté particulière, celle de comprendre le langage scientifique et celui des affaires. Cela lui permet de voir dans les travaux des chercheurs un potentiel économique que d'autres ne saisissent pas. « Après la vente de ma troisième entreprise, je disposais enfin de capitaux suffisants pour avoir les coudées franches et prendre davantage mon temps. J'avais vu que les technologies environnementales n'avaient pas de prise dans le marché, à moins qu'elles ne soient liées à l'énergie. J'ai vu dans ce mariage un immense potentiel et j'ai fondé Innoventé », dit-il.

Il me raconte que la Ville de Montréal est aux prises avec 300 000 tonnes de boues municipales chaque année. Elle dépense 5 millions en gaz naturel pour les incinérer, parce que 70 % de cette boue est composée d'eau. En plus de coûter cher, l'incinération contribue aux gaz à effet de serre.

L'enfouissement constitue une autre option. « On a choisi le compostage au Québec. C'est une technologie éprouvée, mais un échec commercial puisqu'il n'y a pas de marché pour ces résidus. Les sites d'enfouissement débordent et ils produisent du méthane, tout aussi nocif pour l'environnement. Moi, je fais de l'électricité avec ça ».

C'est ainsi que naît Innoventé en 2006. Une technologie unique permet d'assécher les boues, le fumier de poulet, le lisier de porc ou l'herbe mouillée et de les transformer en combustible pour produire de l'électricité. « On vend un concept unique à partir d'une petite unité de production qui élimine les déchets et assure l'indépendance énergétique au niveau local », dit-il. Hydro-Québec s'engage à acheter la production à un prix de 12 cents le kilowatt-heure, un prix qui serait comparable à l'éolien.

Je fais remarquer à Richard Painchaud que c'est très cher et qu'on peut produire de l'électricité à bien meilleur prix. «En incluant ce que les producteurs agricoles et d'autres nous donneront pour leurs déchets, on devrait réussir à produire à moins de 7 cents le kWh.»

Richard Painchaud sait que le marché québécois sera difficile en raison de tous les nouveaux barrages en construction, mais il anticipe néanmoins une croissance rapide au cours des prochaines années. Je vois très bien le potentiel d'une telle technologie dans certains marchés internationaux où les déchets sont considérables et les sources d'énergie chères ou peu accessibles.

Denis Leclerc, président de Écotech, la grappe industrielle des technologies vertes québécoises, recense 400 entreprises innovantes au Québec en environnement et en énergie. Ces entreprises détiennent des titres de propriété intellectuelle et font partie de ce que les anglophones appellent les «cleantech», les technologies propres en français. Il en existe de tous genres. L'une d'entre elles, Odotech, a même conçu un nez électronique capable de détecter et de prévenir les odeurs.

Le grand défi reste le même que dans les autres secteurs. «Quand j'étais vice-président à l'environnement et au développement durable à la papetière AbitibiBowater, je ne connaissais pas les entreprises québécoises qui auraient pu nous aider à régler nos problèmes environnementaux. De l'autre côté, les PME ne connaissent pas les besoins des grandes entreprises et elles conçoivent leurs innovations sans savoir si elles répondent à des besoins réels. C'est ce que je veux changer à la tête de Écotech Québec», dit-il.

Denis Leclerc veut favoriser les partenariats entre PME et grandes entreprises. «Nos entreprises ont besoin de partenaires pour mettre à l'essai leurs innovations. Si elles n'en trouvent pas, elles iront à l'étranger et risquent de s'y établir», dit-il. Écotech mène une expérience pilote avec une grande société minière active dans le nord du Québec qu'elle met en contact avec les innovateurs du sud.

Denis Leclerc était au Danemark et en Finlande fin avril 2012 pour nouer des relations avec des entreprises de ces pays. «Nous parlons d'une *coopétition,* un néologisme créé à partir de coopération et de compétition. Leur situation se compare bien à la nôtre et nos besoins sont complémentaires. Leurs entreprises veulent pénétrer le marché américain et les nôtres, le marché européen. Nous avons souvent mis au point des technologies complémentaires et nous avons tout intérêt à bâtir des alliances», dit-il.

Une étude du World Wildlife Fund et de la firme de recherche internationale Cleantech Group LLC place d'ailleurs le Danemark au premier rang d'un classement de 38 pays propices à l'émergence et au développement d'entreprises de technologies propres. Les États-Unis arrivent cinquièmes dans ce classement et le Canada occupe le septième rang. Selon ce rapport, le marché des technologies propres a augmenté de 31 % par année entre 2008 et 2010, passant de 104 milliards d'euros à 179 milliards d'euros. L'éolien accapare 31 % de ce marché, le solaire 24 % et la biomasse 20 %.[255]

Esteban Chornet, un professeur à la Faculté de génie chimique et biotechnologique de l'Université de Sherbrooke, a mis au point une technologie pouvant transformer les déchets domestiques en éthanol. En 2000, il lance Enerkem avec son fils Vincent. Enerkem est la vedette de l'heure des technologies propres au Québec.

Pour réduire leur dépendance énergétique, les Américains produisent 13,2 milliards de gallons américains[xxxi] d'éthanol par année qu'ils mélangent, dans une proportion de 10 %, avec le pétrole. La production augmente de 20 % par année et devrait atteindre 36 milliards de gallons en 2022.[256] Le gouvernement américain subventionne la production de maïs en hausse constante et accaparée au tiers par l'éthanol. Les coûts en engrais et en énergie sont énormes et la forte demande pousse à la hausse le prix du maïs et contribue à la cherté du prix des aliments. Trouver une autre façon de produire de l'éthanol, tout en se débarrassant des matières résiduelles est une brillante idée.

Pour le Québec, qui importe pour 12 milliards de pétrole, voilà l'occasion d'une production locale de carburant de transport. Pour atteindre l'objectif de 5 % d'éthanol dans le pétrole vendu au Québec, il faudrait produire 450 millions de litres.

Éthanol GreenField produit 150 millions de litres d'éthanol à son usine de Varennes à partir de maïs. La société ontarienne et Enerkem investiront 90 millions dans une usine qui devrait produire 38 millions de litres de biocarburant. Enerkem a deux autres projets en construction, une usine à Edmonton et une autre à Pontoloc, au Mississippi.

Philippe Mercure, dans *La Presse*, souligne par ailleurs que l'entreprise n'a pas encore généré de revenus de la vente d'éthanol et que son usine pilote de Westbury, en Estrie, produit du méthanol qu'il faut transformer par la suite en éthanol. Le prospectus de l'entreprise

---

[xxxi] 1 gallon américain correspond à 3,785 litres.

prend la peine d'indiquer que « la conversion du méthanol en éthanol à l'échelle commerciale peut s'avérer plus difficile que prévu ».[257]

Le futur appartient aux technologies propres, mais leurs coûts restent élevés et peu concurrentiels. La nouvelle usine de Varennes recevra des subventions de plus de 50 millions des deux gouvernements et n'embauchera que 40 personnes. Pour son usine au Mississippi, elle recevra une subvention de 50 millions du département américain de l'Énergie et une garantie de prêt de 80 millions du département de l'Agriculture, et elle recevra pour 23,4 millions de fonds publics pour l'usine d'Edmonton.

L'usine de Innoventé à Saint-Patrice-de-Beaurivage créera 25 emplois. Il faut investir dans l'avenir, mais le monde a encore besoin d'hydrocarbures, de minerais et de bois. Le monde dématérialisé et propre n'est pas pour tout de suite. Quoique…

12. LE CONTINENT NUMÉRIQUE

« \$ = mV², ou encore création de richesse = motivation par vitesse au carré »
- Pierre Chappaz

La 5ᵉ puissance économique au monde

La dernière fois que j'ai parlé à Martin-Luc Archambault, il était aux anges. La veille, un nombre record de personnes avaient téléchargé Wajam, une application qui intègre les contenus des médias sociaux comme Twitter et Facebook au moteur de recherche Google.

Cette progression le comble, car la hausse de la fréquentation du site le rend plus attrayant pour les annonceurs. Le modèle d'affaires de Wajam est le même que celui de Google et de Facebook : des sites et outils gratuits qui se rentabilisent par la publicité. Le jeune entrepreneur de 31 ans veut d'ailleurs faire de son application *« the next big thing »*, dans la foulée de ces entreprises mythiques du Net. Par contre, la popularité du logiciel oblige l'entreprise à ajouter sans cesse de nouveaux serveurs - elle en avait 100 en avril 2012 - pour éviter l'encombrement du site et assurer une bonne expérience aux utilisateurs. Les investissements doivent accompagner presque en temps réel la hausse de la demande, ce qui est plus facile à dire qu'à faire.

« The next big thing ». Toute l'économie du Web carbure à cette seule pensée. Les entrepreneurs technologiques comme Martin-Luc Archambault et les investisseurs comme Chris Arsenault rêvent de passer à l'histoire et de gagner le gros lot. Ce dernier me raconte que l'un de ses amis a investi 7 millions il y a quelques années dans Facebook, dont la valeur était alors évaluée à 125 millions. « Aucun banquier n'aurait accordé une telle valeur à une entreprise sans revenus et au modèle d'affaires encore flou. Il fallait comprendre l'impact d'Internet, celui de la connectivité, le potentiel de cette plateforme et de son accessibilité et tenir compte des changements sociaux. Il fallait faire une analyse très fine et prendre un pari audacieux », raconte l'associé directeur d'iNovia Capital. Je calcule que le placement de 7 millions de l'ami en question vaut aujourd'hui 5,3 milliards ! »[xxxii]

Les chiffres du Web sont renversants. Je disais l'an dernier à un groupe d'investisseurs que le monde du futur se résumait en trois

---

[xxxii] 7 millions sur (125 +7) = 5,3 % d'une société évaluée à 100 milliards de dollars.

mots : Chine, Inde et Web. On peut sagement décider de ne pas investir, vendre ou sous-traiter dans les deux premiers pays, mais on ne peut pas faire abstraction de l'économie numérique. Elle est en train de tout changer, y compris la manière de fabriquer, de commercer et de consommer.

L'ARCEP (l'Autorité de régulation des communications électroniques et des postes), le CRTC de la France, prédit que le Web comptera pour 20 % de l'économie mondiale en 2020.[258] Un dollar sur cinq généré dans le monde le sera par les technologies de l'information et la communication au sens large. Internet deviendra « la colonne vertébrale de toute notre économie ».

Pour arriver à 20 % de l'économie mondiale, il faut inclure beaucoup de monde : les fabricants de réseaux, serveurs et terminaux, les télédistributeurs, les fournisseurs d'accès à Internet, les éditeurs de logiciels, les opérateurs de téléphonie mobile, les fabricants de fibres optiques, etc.

Restreignons un peu le champ d'observation. Le cabinet de stratégie Boston Consulting Group estime que l'économie Internet devrait doubler entre 2010 et 2016 pour atteindre 4200 milliards dans les pays du G20.[259] C'est un peu plus que l'économie allemande de 2011 et un peu moins que l'économie japonaise. Il y aura alors 3 milliards d'internautes dans le monde, contre 1,9 milliard en 2010. Presque un humain sur deux naviguera sur le Web. Voilà qui donne une idée de l'ampleur de ce qui se déploie devant nous.

Le Web est et sera de plus en plus social et mobile : les médias sociaux rejoignent déjà 80 % des utilisateurs du Web, tant dans les pays développés que les pays émergents, et il s'est vendu l'an dernier 488 millions de téléphones intelligents contre 415 millions d'ordinateurs portables. En 2010, le chiffre d'affaires de l'Internet mobile s'est élevé à 128 milliards.[260] En 2016, les appareils mobiles compteront pour 80 % des connexions sur le Web.

Les enjeux sont tout aussi fabuleux, que ce soit l'utilisation et la maîtrise des données, la géolocalisation et l'infonuagique (cloud computing). Chaque sujet devient un véritable pays dans un continent dont on ne mesure pas encore l'étendue.

Le paradoxe saute aux yeux : ce qu'il y a de plus gros est animé par des unités de travail infiniment petites, surtout quand on les compare aux entreprises des précédentes révolutions économiques. Je mentionnais plus tôt dans mon récit le cas de Automattic, ce géant furtif du Web. Ce qui reste fascinant, c'est le rapport subtil entre la petitesse et la puissance. En 1985, le premier domaine était enregistré sur le Web et le microprocesseur Intel 80386 contenait 275 000 transistors. En avril 2012, il y avait 677 millions de noms de domaines enregistrés[261] et le tout récent microprocesseur de Intel, le i7 Sandy Bridge-E, compte 2,27 milliards de transistors.[262]

Revenons sur terre. Le Boston Consulting Group prédit que l'économie numérique va croître de 10 % en moyenne par année dans les pays du G20, mais de seulement 7,7 % au Canada. En 2016, l'économie du Web devrait représenter 12,4 % de l'économie britannique et 5,4 % de l'économie américaine, loin devant le Canada à 3,6 %. Ce décalage est malheureux parce que nous nous privons d'un puissant moteur de croissance et il va contribuer à nos retards en matière de productivité. L'étude américaine révèle qu'au cours des trois dernières années, les PME qui ont migré vers le commerce numérique ont augmenté leurs revenus de 22 % de plus que celles qui ne l'ont pas fait.

À cause de son retard au niveau de la productivité et de la petitesse relative de ses PME, je serais surpris que le Québec fasse mieux que l'ensemble du Canada. Nous avons néanmoins des atouts. Seulement à Montréal, on compte quelque 5000 entreprises dans le secteur des technologies de l'information, employant 120 000 personnes.[263] Il y a aussi une effervescence particulière à Montréal autour de l'économie du Web. Chris Arsenault n'hésite pas à parler de Montréal comme étant «la capitale entrepreneuriale du Canada». Qui l'eût cru?

Montréal Web

«Montréal fait aussi bien que toutes les grandes villes nord-américaines pour le Web et la mobilité, à l'exception de New York, Boston et la Silicon Valley. J'ai le sentiment que tous les entrepreneurs de notre secteur travaillent à bâtir des entreprises pour un marché mondial et que leur culture est très entrepreneuriale», dit John Stokes, fondateur de Montreal Start Up et partenaire de Real Venture, des fonds spécialisés dans le capital d'amorçage pour les entreprises des services Internet, sans-fil et des nouveaux médias. Un fonds d'amorçage finance des entreprises au premier stade de leur développement, avant même la validation de son modèle d'affaires.

John Stokes, si vous vous rappelez bien, est ce grand nomade à l'accent indéfinissable qui a démarré ou redressé des entreprises en

Asie, en Afrique et en Australie à partir de son port d'attache de Hong Kong. Il a fait quelques beaux coups d'argent en cédant des entreprises et il est devenu un ange financier, ces investisseurs qui misent personnellement leurs dollars dans des entreprises en démarrage.

L'amour l'a amené à Montréal. Il a rencontré la femme de sa vie au Japon alors qu'il était en train de vendre une maison de production télévisuelle. Il a suivi cette Québécoise francophone jusqu'à chez elle et a décidé de mettre ainsi fin à cette vie complètement folle qui l'amenait constamment d'un pays et d'un continent à l'autre. « Une année, j'avais voyagé 13 fois entre la Grande-Bretagne et l'Asie et je m'étais installé pour le travail pendant de courtes périodes de temps en Australie, en Inde, en Chine, aux Philippines et à Taïwan. J'avais besoin d'une vie normale ! » dit-il.

La « normalité » a pris une drôle d'allure. Il met les pieds à Montréal pour la première fois le 27 décembre 2005. Ce que c'était froid ! Deuxième surprise, il n'avait pas réalisé que le français était la langue officielle et d'usage dans sa ville d'adoption. « Ma force, c'est la vente et je me suis dit que je n'arriverai jamais à vendre quoi que ce soit si je ne parle pas la langue. Je me suis donc inscrit à un cours intensif de trois mois pour apprendre le français. »

Au début de 2006, il lance un blogue qu'il appelle Montreal Start Up et qui deviendra en quelque sorte sa lettre de présentation. Dans son premier billet, il raconte qu'il est nouveau en ville, qu'il a une certaine expérience et a accompli plein de choses. D'une rencontre à une autre, il crée autour de lui le noyau qui donne naissance au fonds Montreal Start Up. « Ils étaient de jeunes entrepreneurs âgés entre 22 et 27 ans et moi, j'en avais 39. Au lieu de leur faire concurrence, j'ai choisi de devenir un investisseur », dit-il.

John Stokes n'est pas du genre gêné. « Je n'ai jamais peur et je n'ai jamais honte. J'appelle les gens, c'est tout. » C'est ainsi qu'il profite d'une disposition du programme FIER (Fonds d'intervention économique régional) qui prévoit la création de fonds de soutien pour le capital d'amorçage. À sa grande surprise, personne n'avait manifesté son intérêt sur l'île de Montréal pour créer un tel fonds de 3 millions, financé aux deux tiers par l'argent public. Voilà comment un type à la double citoyenneté britannique et néo-zélandaise récemment arrivé à Montréal est devenu l'une des figures de proue de l'industrie Web montréalaise. En plus de Beyond de Rack, dont il sera l'un des premiers actionnaires, il siège aux conseils d'administration de Book Oven, Oneeko, Emotify, KeenKong, Mobilito et Standout Jobs, des entreprises qui aspirent à devenir « *the next big thing* ».

J'avais eu un choc en assistant en décembre 2010 à Paris à la conférence LeWeb, tenue entièrement en anglais, sans la moindre documentation en français ou traduction simultanée. J'y avais aussi découvert des applications Web créées par des Français et qui n'étaient disponibles qu'en anglais.

Le Web se vit dans toutes les langues, mais il est d'abord conçu en anglais. Marc Gingras, qui a vendu Tungle, un logiciel qui donne des stéroïdes à votre calendrier électronique, à RIM (BlackBerry), résume bien la situation. « Il ne faut pas juste penser au Québec. On démarre une entreprise Web pour le monde », dit-il.

Pour réussir dans ce marché, il faut d'abord produire un impact sur le marché anglophone, à la fois le plus nombreux et celui susceptible d'influencer les autres. Je ne pense pas qu'on aurait pu créer un « Gazouilleur » (Twitter) en français. Voilà pourquoi les entreprises technologiques québécoises s'appellent Praized, Wajam, Woozworld, Beyond the Rack, Local Mind, PlanBox ou Planora. Quand Marc Gingras a décidé de créer une nouvelle entreprise, il avait identifié trois critères essentiels : que ce soit une entreprise Internet, que son nom s'épelle facilement et qu'on puisse en faire un verbe en anglais, à la manière de Google ou de Twitter. Cela avait donné Tungle.

L'utilisation de l'anglais est vue comme un raccourci et une façon d'économiser. Quelqu'un m'a raconté que les plans d'affaires et les documents légaux écrits en français lui compliquaient la vie dès que des partenaires financiers américains et canadiens-anglais se montraient intéressés à investir dans une entreprise. Il faut tout traduire et demander l'opinion d'un cabinet d'avocats pour l'exactitude de la traduction et la préséance légale de la version. « Ça prend du temps et de l'énergie et cela nuit aux chances de réussite du dossier. Le fardeau de la preuve doit être du côté des entrepreneurs », me dit-il.

Autre caractéristique du Web montréalais : on y trouve des francophones et des anglophones travaillant ensemble.

L'entrepreneur Web est typique et reconnaissable entre tous : il est jeune, plutôt masculin, ne porte jamais de cravate, court toujours après l'argent, connaît tout le monde de son milieu, travaille sans relâche, parle franglais et mène plusieurs projets de front. Comme Martin-Luc Archambault, ils sont souvent des entrepreneurs en série. À 31 ans, ce dernier a déjà créé plus d'une dizaine d'entreprises technologiques. Non seulement il est prolifique, mais il est aussi boulimique. Voilà pourquoi il a créé Bolidéa, qui se veut un laboratoire pour concevoir, créer, tester et développer des sites sociaux et transactionnels sur l'Internet.

Un laboratoire? L'idée est un emprunt direct à l'investisseur Bill Gross, qui a créé et soutenu 75 projets d'entreprises dans son Idealab en Californie. Bolidéa est à la fois un incubateur d'entreprises et un investisseur.

Martin-Luc Archambault choisit des idées qu'il trouve particulièrement prometteuses. Il bâtit des équipes qu'il héberge dans ses locaux du boulevard Saint-Laurent, à Montréal. Il les aide à concrétiser leur projet, à le tester sur le marché et à lui trouver du financement. « C'est pour empêcher les autres de faire les mêmes erreurs que moi », dit-il.

Devenu millionnaire à 25 ans, il lance Bolidéa avec deux associés, Olivier Cabanes (exploitation) et Magali Janvier (développement de produits et marketing), avec qui il est en affaires depuis 10 ans. « Avant d'avoir une idée, il faut identifier un besoin. Par exemple, Planbox a été créé parce qu'il nous fallait un outil de développement de projets et Wajam nous permettait d'économiser du temps dans nos recherches sur Google », dit-il.

Entre une idée et une entreprise, il faut investir au moins 100 000 $, souvent beaucoup plus. Martin-Luc Archambault et ses partenaires ont jusqu'à maintenant investi 1 million dans Wajam. C'est à la fois beaucoup, mais peu quand on compare avec d'autres secteurs de l'économie. Pas besoin d'une usine et de machinerie et les serveurs, hébergés chez un tiers, sont de moins en moins chers. L'essentiel consiste à réunir autour de soi les concepteurs, programmeurs et experts en marketing nécessaires, les faire travailler sur une ou quelques bonnes idées, de cultiver un réseau international et de joindre « la communauté ».

L'économie du Web est communautariste. « Nous avons dépassé l'économie du savoir. Ce qui compte aujourd'hui, c'est l'interprétation de ce savoir. Ceux qui sont prêts à partager ce qu'ils savent deviendront les leaders de demain », dit John Stokes. Ce qui se passe à la Maison Notman, rue Sherbrooke à Montréal, est la matérialisation de cette idée.

Si l'immeuble Le Nordelec[xxxiii] est emblématique du passé industriel de Montréal, la Maison Notman incarne son passé artistique et entrepreneurial. Arrivé d'Écosse en 1856, William Notman se fait

---

[xxxiii] Voir le passage sur Lumenpulse, page 139 du chapitre 9.

connaître deux années plus tard par ses photos de la construction du pont Victoria qui lui vaudront une renommée internationale. Ce pionnier de la photographie est infatigable : il prendra des photos de Montréal sous tous ses angles et de l'ensemble du Canada naissant. Sa contribution est à la fois historique et artistique et on peut apprécier son œuvre au Musée McCord, à Montréal. William Notman s'avère aussi un grand entrepreneur. Dans les années 1880, il ouvre une vingtaine de studios aux États-Unis et au Canada.

La Maison Notman est devenue le repaire de John Stokes, mais elle est surtout reconnue comme étant le centre d'innovation technologique et du Web à Montréal. Presque une dizaine d'événements s'y déroulent chaque mois, sans compter les activités de Founder Fuel, lancé sous l'impulsion de John Stokes et de ses partenaires de Real Ventures.

J'ai peine à synthétiser ce programme qui me fait penser à une sorte d'amalgame entre *Star Académie*, *Dans l'œil du dragon* et l'École d'entrepreneurship de Beauce. Pendant 12 semaines intensives, une dizaine d'équipes entrepreneuriales, choisies à partir de plusieurs centaines de candidatures en provenance de partout au Canada, tenteront de bonifier leur produit déjà sur le marché. La récompense : à la fin de la session, ils auront la chance de le présenter à des investisseurs montréalais, mais aussi de New York, Boston, Londres ou San Francisco.

Pour bien se préparer à cet événement, ils participent à des ateliers et des conférences de maîtres et ont accès à une centaine de mentors recrutés dans «la communauté». Des entrepreneurs du Web, des spécialistes du capital de risque ou encore des gestionnaires d'entreprises technologiques leur donneront des conseils et les guideront tout au long du programme. Le financement de ce qu'on appelle un accélérateur d'entreprises est bien pensé. Real Ventures accorde à toutes les équipes de deux ou trois personnes participantes de 20 000 $ à 25 000 $ en échange de 6 % de la propriété de l'entreprise. Ce programme est en fait un investissement, car chaque projet qui décolle se transforme en gain potentiel pour Real Ventures.

Founder Fuel cristallise deux grandes caractéristiques de l'économie du Web : l'ouverture et la collaboration dans la création et l'internationalisation dans son exécution et son financement. L'idée est aussi de montrer que Montréal est une ville formidable et une base exceptionnelle pour faire grandir son projet. «Nous vous garantissons que vous ne voudrez plus partir de Montréal», est-il écrit sur le site de Founder Fuel.

Financer le futur

« L'entrepreneuriat technologique est fondamental à notre survie. J'ai une fille et il n'est pas question de l'élever dans un pays où il n'y a que des ressources et des Walmart. Je devais faire quelque chose ».

Jacques Bernier est le premier à reconnaître que le Québec doit développer davantage ses ressources naturelles, mais il est persuadé que l'avenir du Québec dépend de sa capacité à créer de grandes entreprises technologiques. Pour cela, elles doivent avoir accès à des capitaux, « car la sueur ne suffit pas », dit-il.

Il est bien placé pour le savoir puisqu'il a directement participé au démarrage d'une douzaine d'entreprises de haute technologie. Diplômé de l'École polytechnique à 20 ans, il a créé le premier centre de transfert technologique au Canada. Ces organisations favorisent la commercialisation de technologies mises au point en milieu universitaire.

Il bâtit par la suite une firme de logiciels et de semi-conducteurs. En 1987, il lancera le Téléport de Montréal, un lieu à l'avant-garde technologique créé pour regrouper des entreprises de télécommunications. Ce centre a été vendu à BCE en 2002 et il abrite les bureaux et studios de CTV à Montréal et de RDS. En 1995-1996, il fonde Le Monde virtuel, au Complexe Desjardins. Il travaille ensuite au Fonds de solidarité de la FTQ et il investit à titre d'ange financier dans des entreprises en phase de démarrage.

C'est à un congrès sur le capital de risque tenu à Québec qu'il a une révélation qui change le cours de sa carrière. « Les investisseurs institutionnels boudaient le capital de risque à cause des faibles rendements obtenus au fil des ans. J'ai eu peur, car sans leur apport, les sources de financement se seraient taries et l'industrie serait morte. Que devais-je faire ? Me mettre sur le dos et me laisser mourir ? »

Teralys Capital est née à sa suggestion le 30 juin 2009 après qu'il eut convaincu la Caisse de dépôt, Investissement Québec et le Fonds de solidarité qu'il fallait amasser une masse critique de capitaux gérés à l'extérieur du milieu institutionnel, où on appliquerait les meilleures règles de l'industrie pour obtenir une véritable rentabilité. « Il faut créer une nouvelle génération d'entrepreneurs au Québec », dit-il. Il n'existe aucun « fonds de fonds » de cette ampleur au Canada.

Son filtre : la technologie. Teralys n'investit que dans des fonds spécialisés dans les technologies de l'information, les sciences de la vie et les technologies propres. Voilà quand même un beau et grand terrain de jeu. Ces trois secteurs sont les plus cotés, les plus recherchés et les mieux financés. Plus que tous les autres, ils représentent l'avenir et l'innovation. De plus, ils ont une vocation mondiale et touchent des marchés immenses.

Jacques Bernier est en quelque sorte le « banquier » d'une firme comme iNovia Capital. Teralys a ainsi investi 50 des 110 millions récoltés pour le troisième fonds d'iNovia. Chris Arsenault et ses associés sont allés chercher les autres 60 millions chez des institutions financières comme les caisses de retraite et les compagnies d'assurance qui ont de larges sommes à placer à plus long terme ainsi qu'auprès d'entrepreneurs à succès. En investissant une petite partie de leurs capitaux dans des fonds de capital de risque, ils espèrent obtenir un rendement supérieur à ce qu'offre généralement le marché boursier.

En finançant les fonds de capital de risque, Jacques Bernier est en train de participer à la formation d'un véritable *écosystème* pour les entreprises innovantes.

Un « écosystème » ? C'est le dernier mot à la mode et il est employé à toutes les sauces. Il représente d'abord la multitude des appareils, produits, applications et services interreliés et offerts par les géants de la technologie. Apple parle de son écosystème, Google, Amazon Bell et Quebecor aussi.

L'écosystème de l'entrepreneuriat au Québec englobe toutes les ressources offertes aux entrepreneurs, qu'elles proviennent des gouvernements ou de leurs sociétés d'État, des centres universitaires d'entrepreneuriat, des centres de recherche et des multiples organismes voués au développement des jeunes entreprises. Elles comprennent, outre le financement, les services-conseils, le *coaching* et la formation.

Dans un sens plus restreint, l'écosystème fait référence à tous les investisseurs actifs aux différentes phases de l'évolution d'une entreprise. Au sommet de la pyramide se trouve Teralys Capital. Sa taille en fait un interlocuteur de choix pour les grands fonds américains et la compagnie dispose de capitaux suffisants pour investir dans plusieurs fonds de capital de risque.

Il y a dorénavant du capital d'amorçage disponible pour les projets naissants, des fonds de capital de risque quand l'entreprise est en phase de précommercialisation et de commercialisation et des fonds de capital d'investissement pour les plus grosses transactions. À chaque stade de développement, les risques sont différents et les partenaires aussi.

«Au démarrage, les investisseurs vont évaluer l'intérêt et le potentiel d'une technologie. Cela relève plus de la foi et de l'instinct et ces fonds sont gérés par des gens qui ont un profil moins financier», m'explique Mathieu Gauvin, associé - financement d'entreprises de RSM Richter Chamberland et qui possède plus de 25 ans d'expérience en fusions et acquisitions. «À ce stade, on choisit l'entrepreneur», ajoute son collègue et le coassocié directeur du cabinet, Denis Chamberland.

Plus tard dans la vie de l'entreprise, quand il s'agira de négocier un rachat ou une transaction plus complexe, ce sont des firmes comme Novacap, le Fonds de Solidarité de la FTQ, Roynat ou Champlain Capital qui interviendront. Les discussions, plus financières, porteront sur les ventes, les clients et la rentabilité d'une entreprise déjà en activité et avec une feuille de route.

De l'argent, une entreprise en aura toujours besoin. «L'argent c'est l'huile, l'entrepreneur c'est la machine», dit Chris Arsenault. Avec une pointe de malice, François Gilbert, président-directeur général d'Anges Québec, fait remarquer qu'il y a trois moments où les entreprises ont particulièrement besoin d'argent : «Quand l'entreprise va bien et qu'il faut financer son expansion, quand l'entreprise va mal et quand elle va encore plus mal!»

Les entrepreneurs estiment qu'ils n'ont jamais les fonds nécessaires pour mener à bien leur projet et atteindre les objectifs. Or, selon François-Charles Sirois, le président de la société d'investissement Telesystem, le montant investi dans une entreprise ne garantit pas son succès, au contraire. «Si tu investis trop d'argent au début, tu n'en feras pas», soutient-il. Une entreprise qui disposerait de trop d'argent sous la main se créera des besoins et elle dépensera trop. En revanche, la précarité force l'innovation et le coût moindre du produit.

Pourquoi ne pas aller à la banque? me demanderont certains lecteurs peu familiers avec ces questions. Pour l'entreprise en démarrage, la réponse est simple. Les institutions financières prêtent quand il y a des actifs et des ventes. Sinon, ce seront vos biens personnels qui seront mis en contrepartie. Pour les entreprises en croissance, il est conseillé d'avoir un bon équilibre entre l'équité (le capital-actions) et les dettes.

Le Québec est un champion du capital de risque au Canada. 36,6% des fonds investis au Canada en 2011 l'ont été au Québec, le même niveau que l'Ontario. 256 entreprises se sont partagé des investissements de 549 millions. 84 % de ces investissements l'ont été dans la région de Montréal.[264] Le nombre peut paraître impressionnant, mais il reste dérisoire par rapport au nombre d'entreprises technologiques et non technologiques qui ont sollicité les différents fonds et minuscule par rapport aux besoins en capital des entreprises.

Selon François-Charles Sirois, il y a une contradiction fondamentale entre le temps que prend une entreprise pour se développer et les attentes des investisseurs, particulièrement en capital-risque.

Dans sa conférence au congrès de l'Association des économistes québécois, en mai 2011, le fils de Charles Sirois a expliqué qu'une entreprise prend de 10 à 15 années pour atteindre la maturité et commencer à afficher des profits prévisibles. Il faut compter cinq ans pour que l'entreprise connaisse bien son produit, cinq autres années pour qu'elle s'établisse dans le marché et c'est pendant les cinq années suivantes qu'elle commencera à être vraiment rentable.

Or, presque tous les contrats de capital-risque sont prévus pour 10 ans. À l'échéance de l'entente, le gestionnaire du fonds voudra récupérer sa mise et obligera peut-être l'entrepreneur à vendre trop rapidement son entreprise.

Voilà pourquoi il suggère que la durée des fonds soit de 20 ans. En investissant dans la durée, les fonds pourront croître et se développer grâce aux dividendes perçus dans les entreprises dans lesquelles ils ont investi et pas seulement grâce à la vente de ces dernières. « Il faut tout faire pour empêcher la vente de nos entreprises à succès et s'assurer qu'elles restent au Canada. »

« Il a sans doute raison sur le fond, mais les investisseurs institutionnels ont besoin d'un rendement à plus court terme. Si on leur impose un horizon trop long, ils n'investiront pas dans les fonds de capital de risque », dit Mathieu Gauvin.

Ange financier, capital de risque, je pense qu'il est temps de mettre un peu d'ordre dans tout cela. Ceux qui sont familiers avec le capital d'investissement seront confondus par la simplicité de ce qui va suivre et je leur suggère de sauter quelques paragraphes. Je m'adresse ici à un public moins familier avec ce type de transactions financières.

L'immense majorité des personnes qui investissent dans des entreprises le font en achetant des actions en Bourse et des fonds communs de placement. En achetant une action, nous devenons propriétaires d'une toute petite partie d'une entreprise inscrite en

Bourse. Si l'entreprise va bien et le marché boursier est favorable, le prix de l'action devrait s'apprécier. Nous pourrions donc vendre le titre plus cher que nous l'avons payé et en tirer un gain financier.

Nous savons par contre que cela est plus risqué que de laisser notre argent dans un compte en banque. Des entreprises peuvent faire faillite et d'autres ne pas produire les résultats escomptés par les détenteurs d'actions, qui vendront leurs titres et feront ainsi baisser leur prix. Pendant une crise économique, le prix de presque toutes les actions peut descendre en même temps. Nous pourrions perdre beaucoup d'argent en les vendant alors qu'elles sont au plus bas.

Ceux qu'on appelle les anges financiers, les capital-risqueurs ou les grands fonds d'investissement comme le Fonds de solidarité de la FTQ, prennent le même type de décision que nous, à quelques nuances près. Au lieu d'investir tout leur argent dans des entreprises établies et cotées en Bourse, ils en misent une partie sur des petites entreprises inconnues qui débutent à peine leurs activités ou d'autres, mieux implantées, qui ne sont pas inscrites en Bourse. C'est chaque fois la même histoire : chaque investisseur souhaite avoir un Apple devant lui et faire un coup d'argent et chaque entrepreneur se prend pour Mark Zuckerberg (Facebook) et croit que son entreprise vaut une fortune.

Avant d'investir, ces grands investisseurs se posent les mêmes questions que nous. Ils se demandent si cette entreprise a développé une bonne technologie, si son produit correspond à un besoin pour les consommateurs ou pour un groupe d'utilisateurs suffisamment nombreux, si la compagnie a un bon plan d'affaires et une bonne stratégie qui va lui permettre de grandir et, surtout, si l'entrepreneur leur inspire suffisamment confiance pour qu'ils investissent des dizaines de milliers de dollars, sinon plus, dans son projet. Dans 45 % des cas, l'entreprise n'affiche aucun revenu au moment du premier investissement. Le risque est énorme et c'est d'ailleurs pourquoi cela s'appelle du capital de risque.

Les investisseurs acquièrent une partie de la société. Mais au lieu d'être propriétaires d'une fraction de 1 % de la compagnie, comme c'est notre cas quand on achète des actions en Bourse, ils mettent la main sur une partie significative de l'entreprise, suffisante pour leur permettre de participer aux décisions et d'influencer sa direction. Telesystem, par exemple, prend une participation minimale de 35 % dans une société. L'entrepreneur doit consentir à partager le contrôle de son entreprise. Il devra être capable de faire preuve de flexibilité, sans perdre pour autant sa vision et son enthousiasme.

Beaucoup d'entrepreneurs n'en sont pas capables : ils ont créé et porté ce projet à bout de bras, ils ne se résignent pas à partager la garde du bébé.

Les anges financiers sont de riches investisseurs individuels qui consacrent environ 10 %[265] de leur richesse à du capital d'investissement. Une étude américaine citée par Anges Québec nous apprend qu'ils perdent tout leur investissement dans 35 % des entreprises dans lesquelles ils misent. Mauvais projet, mauvais plan, mauvaise conjoncture, mauvais *timing*, mauvais dirigeant, qu'importe, c'est un revers. Dans 15 % des cas, l'investisseur ne perd pas tout mais retrouve moins que l'argent investi. La moitié des cas résultent donc en des échecs et beaucoup d'argent sera perdu.

Dans 35 % d'autres cas, l'investisseur récupèrera entre une et 10 fois sa mise. Voilà enfin une bonne nouvelle, mais l'argent gagné ne permet que de compenser ce qui a été perdu dans d'autres entreprises. Notre « ange » s'est jusqu'à maintenant donné beaucoup de soucis, sans avoir fait fructifier l'argent qu'il a investi. Si l'histoire s'arrêtait ici, aussi bien déposer l'argent dans un compte à la Caisse populaire.

Heureusement, dans 15 % des cas, l'investisseur frappe un coup de circuit. Il fera plus de 10 fois sa mise. Si vous avez investi dans 10 entreprises, il n'y en a qu'une en moyenne qui vous rapportera gros. Cette étude porte sur le portefeuille type d'un ange investisseur américain. Certains investisseurs sont plus habiles, plus expérimentés ou ont plus de flair, mais la loi de la moyenne s'applique à tous. Le meilleur joueur de baseball ne frappera un coup sûr qu'une fois sur trois et le plus puissant frappeur ne réussira un coup de circuit qu'une fois sur 11 apparitions au bâton. Pour ceux qui se souviennent des premières pages du livre, vous remarquerez encore une fois que le risque, l'échec et la réussite sont indissociables.

Pourquoi les appelle-t-on des anges financiers ? Parce qu'ils guident les entrepreneurs et qu'ils les aident à financer leurs rêves. « Un ange, s'il est efficace, empêche l'entrepreneur de faire des péchés mortels », ai-je déjà entendu dire Michel Brûlé, un entrepreneur qui a vendu son entreprise 155 millions en 2000 et qui investit depuis dans des entreprises en démarrage. Anges Québec regroupe 85 membres, pour la plupart d'anciens entrepreneurs devenus millionnaires ou des entrepreneurs encore actifs.

Le syndrome du million

Dans un article écrit dans le cadre de la série *Une idée pour gagner*, j'avais titré mon article sur Tungle et son président fondateur Marc Gingras «Comment s'enrichir avec un produit gratuit». Le titre s'est avéré prophétique puisque Tungle a été vendue quelques semaines plus tard à Research in Motion (BlackBerry).

Marc Gingras m'avait dit lors de notre rencontre que la seule chose qui manquait à Montréal pour devenir un véritable pôle technologique était une entreprise qui connaîtrait un succès éclatant et qui aurait un effet d'entraînement sur toutes les entreprises locales. Un peu à la manière de Bombardier qui a permis l'émergence d'une forte grappe dans l'aéronautique ou de Ubisoft pour les jeux vidéo. Une sorte de RIM montréalais – c'étaient ses mots – qui alimenterait et ferait rayonner tous les joueurs de la communauté.

Mes sentiments sont toujours partagés quand j'apprends la vente d'une entreprise. Je vois une œuvre inachevée ou un convoi qui n'arrive pas à destination. Il y a trop peu de grandes entreprises québécoises et c'est comme si nous venions de perdre une occasion d'en voir émerger une autre. Au quatrième trimestre de 2011, 27 entreprises technologiques canadiennes ont été achetées par des entreprises américaines, presque deux fois plus qu'à la même période l'année précédente.[266]

En décembre 2011, la société montréalaise Enobia Pharma a été vendue à l'américaine Alexion Pharmaceuticals pour 610 millions en argent comptant avec la possibilité d'ajouter jusqu'à 470 millions supplémentaires si certaines cibles commerciales étaient atteintes.

Enobia est doublement un symbole. D'un côté, le Québec perd une société née dans les laboratoires de l'Université de Montréal, en 1997, et qui travaille depuis sa fondation sur un traitement pour guérir une maladie extrêmement rare, mais pour laquelle aucune thérapie n'existe.

Par ailleurs, l'entreprise aura tous les capitaux voulus pour achever sa recherche et commercialiser le produit. Ses actionnaires seront très bien récompensés, y compris les firmes de capital d'investissement qui ont perdu une fortune avec les entreprises de biotechnologie. Enobia, c'est le coup de circuit qui compense pour tous les échecs et celui qui fera en sorte que d'autres biotechs pourront obtenir du financement pour leurs propres projets. Teralys a d'ailleurs annoncé fin mars 2012 un investissement de 35 millions dans deux nouveaux fonds qui investiront 150 millions dans des sociétés québécoises bio-technologiques.

Dans un dossier sur les difficultés des entrepreneurs technologiques québécois à développer des entreprises de plus de 100 millions de vente ou d'une valeur supérieure à 100 millions, Chris Arsenault affirme que les entrepreneurs québécois ont peur. «On a peur de passer du temps en Californie au milieu de plein d'inconnus. On a peur de notre accent. On a peur de se faire comparer de la mauvaise façon», a-t-il dit à un journaliste de *La Presse*.[267]

Jacques Bernier parle pour sa part du «syndrome des trois B». B pour *BMW*, *boat* et *beach house*. Trop d'entrepreneurs se contenteraient d'un modeste succès pour vendre leur entreprise et vivre une vie confortable avec le produit de la vente.

Il y a aussi une question d'ambition. Selon une enquête réalisée en janvier et février 2011, 42,4 % seulement des propriétaires du Québec manifestent l'intention de faire croître leur entreprise, contre 54,4 % des entrepreneurs du reste du Canada.[268] Plusieurs entrepreneurs se contenteraient d'une situation qui leur permet une belle qualité de vie, sans les soucis d'une forte croissance. Mathieu Gauvin appelle cela des «*life style business*».

«Au Québec, on a le syndrome du million : quand on en fait un, on s'assoit dessus», disait crûment un participant à un récent congrès du Réseau Capital.

Je suis pourtant mal à l'aise avec la conclusion qu'on semble en tirer.

Moins de 1 % des entreprises atteindront les 100 millions de ventes ou les millions de vente de valeur boursière. Faudrait-il comprendre que tous les entrepreneurs qui ne porteraient pas leur création à un tel niveau ont raté leur coup ? Qu'il faudrait considérer leur parcours comme un échec ?

Il faut applaudir ceux qui réussissent à bâtir une grande entreprise, mais on peut être un excellent entrepreneur sans être Steve Jobs. J'ai peur qu'on décourage l'entrepreneuriat en mettant la barre si haute et en jugeant ceux qui n'y parviennent pas.

Chaque entrepreneur doit porter son rêve et son entreprise le plus loin possible, mais on sait bien que la partie sera difficile, les embûches nombreuses et que les talents sont inégaux.

Chris Arsenault et Jacques Bernier sont de grands défenseurs de l'entrepreneuriat québécois. Ils sont tous les deux optimistes sur le potentiel de nos entrepreneurs et l'évolution de ce potentiel.

Tous les deux m'ont raconté des histoires d'entrepreneurs qui avaient vendu leurs entreprises, ont passé du bon temps et qui retournent aujourd'hui aux affaires plus expérimentés, plus riches et plus déterminés que jamais à faire leur marque.

Il faudrait donc ajouter d'autres « B ». Après la *BMW*, le *boat* et la *beach house*, il y a très souvent le *back* et le *better*. Éric et Luc Dupont ont vendu leurs premières entreprises, mais ils sont en train de développer leur quatrième IDC : Intégrale Dermo Correction. Cette dernière incarnation des frères Dupont est entièrement construite autour de l'innovation de produits. Les crèmes anti-âge d'IDC se démarqueraient par une très forte concentration d'ingrédients actifs ciblant simultanément les 16 mécanismes de vieillissement de la peau. En entrepreneurs aguerris, ils ont opté pour un positionnement unique dans un marché obligatoirement international. Luc Dupont m'a même confié qu'il avait déjà le projet de sa cinquième société en tête !

Louis Têtu a cofondé à Québec le concepteur de logiciels pour le recrutement de personnel Taleo, qu'il a dirigé de 1999 à 2007. Une belle entreprise, reconnue en 2004, comme étant la 11e société du domaine des technologies dont la croissance était la plus rapide aux États-Unis par le programme Deloitte Technology Fast 500. Ses revenus atteignent 300 millions et elle emploie 1400 employés. Même si le siège social est en Californie, ses activités de recherche et de développement sont demeurées à Québec, rue de la Couronne.

Qu'a fait Louis Têtu quand il a quitté Taleo en 2007 ? Il a créé Coveo qui conçoit, toujours à Québec, des engins de consolidation de l'information destinée aux entreprises. En interview au *Soleil* à l'automne 2011, il se demandait même si Coveo ne dépasserait pas un jour Taleo ![269] La cible est élevée, car Taleo a été achetée pour 1,9 milliard en février 2012 par l'éditeur de logiciels Oracle.

Retenons que Louis Têtu et son partenaire Martin Ouellet ont bâti une grappe industrielle presque à eux seuls dans la capitale nationale et que les frères Dupont font la même chose dans les sciences de la vie. Même vendues, les entreprises emploient des personnes, paient des impôts et accordent des contrats à des fournisseurs. De fois en fois, les entrepreneurs ont plus d'argent et plus d'expérience.

Dans le domaine de la finance, Jean-Guy Desjardins a créé Fiera Capital, devenu l'un des plus importants gestionnaires de fonds au

Canada, quelques années après avoir vendu sa participation dans TAL Gestion d'actifs à la Banque CIBC. Bref, vendre une entreprise, ce n'est pas grave. Ce qui compte, c'est ce que vous faites avec l'argent !

« Les cinq à dix prochaines années seront les meilleures de toutes pour l'entrepreneuriat technologique québécois. Nous approchons du point de bascule », soutient Chris Arsenault.

Le point de bascule signifie le moment précis où les choses changent dramatiquement. Dans le cas présent, il prédit l'émergence de plusieurs entreprises dont les revenus dépasseront les 100 à 150 millions de chiffres d'affaires. Il appuie son optimisme sur plusieurs raisons, notamment le retour aux affaires de plusieurs entrepreneurs qui avaient eu du succès dans les années 1990 et au début des années 2000.

« Ils avaient vendu leur entreprise à ce moment-là, s'estimant chanceux de ne pas avoir fait faillite ou parce qu'ils n'avaient plus le goût de faire les efforts requis. Je ne sais pas ce qui s'est passé, mais on dirait que leur *ego* a été froissé. Ils sont tous de retour », dit-il.

Il me parle de Garner Bornstein qui avait vendu pour plus de 100 millions Airbone Entertainment à une société japonaise, après avoir cédé pour 24 millions Generation Net, sa première entreprise. Frédéric Lalonde, qui avait cofondé le site de réservations Newtrade Technologies absorbé par Expedia en 2002, lance Hooper, un nouveau site de « découvertes touristiques » pour lequel il a déjà récolté 8 millions. Pierre Donaldson, qui dirigeait Bioscrypt, un concepteur de lecteurs d'empreintes digitales, préside le conseil de Planora qui développe un moteur de planification d'horaires. Il ne manque plus que le retour de Daniel Langlois[xxxiv] ma foi !

« Le Québec a des entrepreneurs talentueux qui détiennent un savoir-faire précis. Nous avons maintenant plus de capital d'investissement, un réseau d'anges financiers, des *coachs*, des mentors et plusieurs petits investisseurs actifs. Nous sommes bien mieux organisés et nous avons déployé des antennes aux États-Unis et des liens avec le Canada anglais. Nous avons une plus grande ouverture d'esprit entre investisseurs et nous agissons ensemble en tirant profit de notre expertise complémentaire. Surtout, nous avons moins peur de la concurrence. C'est plutôt impressionnant, non ? » dit Chris Arsenault.

[xxxiv] Daniel Langlois a fondé en 1986 Softimage, le pionnier de l'animation 3D et dont les logiciels ont été notamment utilisés pour la deuxième trilogie de Star Wars au cinéma. Il a vendu son entreprise à Microsoft en 1994. C'est lui qui a fait construire l'Ex-Centris, à Montréal, et il est également le propriétaire du club privé C-357.

C'est sans compter l'École d'entrepreneurship de Beauce, la Stratégie sur l'entrepreneuriat et, bien oui, le Plan Nord. Les bâtisseurs d'avenir ont besoin de marchés, vous vous rappelez.

Je vais vous raconter en terminant une histoire que je connais un peu. En 2008, Louis Bélanger-Martin et Nicolas Bélanger avaient vendu DTI Software à une société allemande de Munich, Advance Inflight Alliance AG. Avec le produit de la vente, ils ont considérablement augmenté leurs investissements dans d'autres entreprises comme Lumenpulse, qui connaissent à leur tour des succès et embauchent des centaines de personnes.

À la fin de 2011, les deux fondateurs ont racheté l'entreprise de Munich au complet et ils comptent faire de DTI une entreprise qui affichera des ventes de 2 milliards d'ici trois ans.

ÉPILOGUE

Nouveau Québec et Nouveau Monde

«Tout va tellement vite. Nous vivons une période de *remodulation*», me disait Gilbert Rozon, du Groupe Juste pour rire. «Je me pose constamment des questions et je dois faire preuve d'humilité et d'ouverture. Je dois observer le monde tel qu'il est et m'adapter à la réalité. Si je m'entête, je cours après de sérieux problèmes», dit-il.

Ce Nouveau Monde est complexe et incertain. La domination des pays occidentaux, à commencer par celle des États-Unis, est remise en question. La concurrence internationale, le poids des dettes et le vieillissement de la population posent à ces pays des problèmes inédits. Leurs populations sont inquiètes et commencent à ressentir une certaine dégradation de leurs conditions de vie.

Pour certains, l'heure de la révolte a sonné. Contre qui et pour faire quoi, ce n'est pas toujours clair. Tout demander à un État déjà fauché et empêcher le développement économique me semble un bon plan pour la catastrophe.

Je dis, moi, qu'on peut déjouer les pièges de la démographie et de l'endettement public et profiter de l'émergence d'une grande partie de l'humanité. Le Québec a deux atouts considérables : les Québécois et des ressources en demande.

J'espère que ce livre a achevé de vous convaincre que nous sommes aussi doués et aussi talentueux que quiconque. Nous ne sommes pas des porteurs d'eau et des bons à rien! Soutenons nos entrepreneurs et facilitons-leur la vie, car ils en ont bien besoin.

J'espère que ce livre vous a aussi convaincus que le Québec ne doit pas entrer en guerre contre sa géographie, son histoire et son économie. Le Québec s'est enrichi grâce aux ressources de son territoire et par l'énergie produite pour les mettre en valeur.

Que l'avenir du Québec se décline en technologies vertes, en mines, en sciences de la vie, en industries, grâce au Web ou à l'énergie, ce sont des entrepreneurs qui concrétiseront ces idées en entreprises, en emplois et en richesses.

«L'entrepreneuriat, ce n'est pas juste une question de succès économique, c'est une question de survie culturelle», disait Louis Vachon, président et chef de la direction de la Banque Nationale du Canada, dans une interview au journal *La Presse*.[270]

Notre richesse future dépend de la capacité des entrepreneurs à concevoir, créer et bâtir des entreprises de bonne taille. Fuir ou éviter l'entrepreneuriat, c'est un ticket assuré vers l'appauvrissement du Québec. Difficile alors d'avoir des ambitions quand on n'en a plus les moyens.

LES PERSONNES INTERVIEWÉES

Martin-Luc Archambault, Bolidéa

Chris Arsenault, associé directeur d'iNovia Capital

Nicolas Arsenault, Fondation Mobilys

Paul Arsenault, Réseau de veille en tourisme, ÉSG UQAM

Louis-Marie Beaulieu, Groupe Desgagnés

Nicolas Bélanger, Groupe W et cofondateur de DTI Software

Jacques Bernier, Teralys Capital

Martin Coiteux, professeur au Service de l'enseignement des affaires internationales, HEC Montréal

Louis Duhamel, Deloitte

Jean-François Dumas, Influence Communication

Éric et Luc Dupont, fondateurs de quatre entreprises, dont la dernière Immanence IDC

Jean Fontaine, Jefo

Pierre Fortin, économiste et professeur émérite au Département des sciences économiques de l'Université du Québec à Montréal

Robert Gagné, directeur du Centre sur la productivité et la prospérité et professeur titulaire à l'Institut d'économie appliquée de HEC Montréal

Martin Garon, Éric Quenneville, Biomomentum

André Gaumond, Virginia Gold

Mathieu Gauvin et Denis Chamberland, respectivement associé - financement d'entreprises et coassocié directeur du cabinet RSM Richter Chamberland

Marc Gingras, Tungle, RIM

Luc Godbout, professeur et chercheur à la Chaire de recherche en fiscalité et en finances publiques de l'Université de Sherbrooke

Peter Hall, vice-président et économiste en chef d'Exportation et Développement Canada (EDC)

Pierre-André Julien, professeur émérite, Institut de recherche sur les PME, Université du Québec à Trois-Rivières

Jean-Nicolas Laperle, Sonomax

Jacques Latendresse, Ezeflow

Denis Leclerc, Écotech-Québec

Jacques Légaré, professeur émérite au département de Démographie de l'Université de Montréal

Jean-Pierre Léger, Groupe Saint-Hubert

Paul-André Linteau, professeur d'histoire, Université du Québec à Montréal

Louis Bélanger-Martin, DTI Software

Robert Michaud, Ramp-Art

Andrew Molson, Molson-Coors

Francine Mondou, Harmonium International

Richard Painchaud, Innoventé

Alain Paquet, Fordia

Louis Paquet, Financière Banque Nationale

Catherine Privé, Alia Conseil

Nathaly Riverin, directrice générale de l'École d'entrepreneurship de Beauce (EEB)

Gilbert Rozon, Juste pour rire

Marc Savard, Fonderie Saguenay

François-Xavier Souvay, Lumenpulse

Yona Stern, Beyond The Rack

John Stokes, Montreal Startup

Chantal Trépanier, SIM

Normand Tremblay, consultant en management stratégique et en innovation.

Gérard Trudeau, Marvini

Joan Vogelesang, Toon Boom Animation

Gerry Van Winden, Veg-Pro International

BIBLIOGRAPHIE

Daron Acemoglu et James A. Robinson, *Why Nations Fail: The Origin of Power, Prosperity, and Poverty*, Crown Publishers, New York, 2012.

Guy Berthiaume et Claude Corbo (sous la direction de), *La Révolution tranquille en héritage*, Boréal, Montréal, 2011.

Jacques Birol, *Pour entreprendre et innover : 52 conseils éternels d'après les maximes de Baltasar Gracian*. Éditions Diateino, Paris, 2011.

Yves Bélanger, *Québec Inc. L'entreprise québécoise à la croisée des chemins*, Hurtubise HMH, Montréal, 1998.

Scott Belsky, *Making Ideas Happen: Overcoming the Obstacles Between Vision and Reality*. Portfolio, New York, 2010.

Leslie Choquette, *Frenchmen into Peasants, Modernity and Tradition in the Peopling of French Canada*, Harvard University Press, Cambridge, 1997.

Jim Clifton, *The Coming Jobs War: What every leader must know about the future of job creation*, Gallup Press, 2011.

Dominic Deneault et Guy Barthell, *Le Québec sur le podium, Comment les entreprises d'ici réussissent dans l'adversité*, Les Éditions Transcontinental, Montréal, 2010.

Jared Diamond, *Guns, Germs, and Steel*, W.W. Morton & Co., New York, 1998.

Peter F. Drucker, *Innovation and Entrepreneurship*, Collins Business, New York, 1986.

Peter Drucker, *The Essential Drucker*, Collins Business Essentials, New York, 2001.

Luc Godbout, Marcelin Joanis (sous la direction de), *Le Québec économique 2009. Le chemin parcouru depuis 40 ans*, CIRANO, PUL, Québec, 2009.

Marcelin Joanis et Luc Godbout (sous la direction de), *Le Québec économique 2010. Vers un plan de croissance pour le Québec*, CIRANO, PUL, Québec, 2010.

Luc Godbout, Marcelin Joanis et Nathalie de Marcellis-Warinb (sous la direction de), *Le Québec économique 2011*, CIRANO, PUL, Québec, 2012.

René Hardy et Normand Séguin, *Forêt et société en Mauricie*, Éditions Septentrion, nouvelle édition, Sillery, 2011.

Tim Hartford, *Why Success Always Starts With Failure*, Farrar, Strauss and Giroux, 2011.

Elhanan Helpman, *The Mystery of the Economic Growth*, MIT Press, Cambridge, 2004.

Jacques Henripin, *Ma Tribu*, Éditions Liber, Montréal, 2011.

Walter Isaacson, *Steve Jobs*, JC Lattès, Paris, 2011.

Pierre-André Julien, *Entrepreneuriat régional et économie de la connaissance*. Presses de l'Université du Québec, Québec, 2005.

Pierre-André Julien, *L'entrepreneuriat au Québec*. Les Éditions Transcontinental et la Fondation de l'entrepreneurship, Montréal, 2000.

Pierre-André Julien et Michel Marchesnay, *L'Entrepreneuriat*, page 9. Éditions Economica, Paris, 2011.

David. S. Landes, *Richesse et pauvreté des nations*, Albin Michel, Paris, 2000.

Paul-André Linteau, *Histoire de Montréal depuis la Confédération*, Éditions du Boréal, Montréal, 2000.

Joanne Marcotte, *Pour en finir avec le gouvernemaman*, Les Éditions Francine Breton, 2011.

Jacques Palard, *La Beauce inc.: Capitalisme social et capitalisme régional*, Presses de l'Université de Montréal, Montréal, 2009.

Matt Ridley, *The Rational Optimist: How Prosperity Evolves* (e-book), HarperCollins Publishers, New York, 2010.

Nassim Nicolas Taleb, *Le cygne noir. La puissance de l'imprévisible*, Les Belles Lettres, Paris, 2011.

Fareed Zakaria, *The Post-American World*, W.W. Norton & Company, New York, 2008.

Atlas historique du Canada, vol.1, Montréal, Presses de l'université de Montréal, Montréal, 1987.

Le Rapport Gray sur la maîtrise économique du milieu national, Ce que nous coûtent les investissements étrangers, Éditions Leméac/Le Devoir, Montréal, 1971.

NOTES

[1] Source : Statistique Canada, *Registres des entreprises*, 2012

[2] Source : F. et L. Vaillancourt et D. Lemay. Tiré de Pierre Fortin, « Tout ce que vous avez toujours voulu savoir sur la Révolution tranquille et que vous n'apprendrez pas dans *Maclean's* », Déjeuner-causerie de l'Association des Économistes québécois, 23 novembre 2010.

[3] Karl Moore et Daniel Novak, « Montréal-Toronto : des opportunités équivalentes », *La Presse*, 17 août 2010.

[4] Dominic Deneault et Guy Barthell, « Le Québec sur le podium, Comment les entreprises d'ici réussissent dans l'adversité », *Les Éditions Transcontinental*, Montréal, 2010.

[5] Source : World Economic Forum Global Education Initiative, juin 2011.
En ligne : http://www3.weforum.org/docs/WEF_GEI_UnlockingEntrepreneurialCapabilities_Report_2011.pdf

[6] Source : Industrie Canada, *État de l'entrepreneuriat au Canada*, février 2010.

[7] Source : Kauffman Index of Entrepreneurial Activity 2011.
En ligne : http://www.kauffman.org/research-and-policy/kiea-2012-infographic.aspx

[8] Karen E. Klein, « Why Entrepreneurship Is Declining », dans *Bloomberg BusinessWeek*, 21 mars 2012.

[9] Source : RSM Richter Chamberland, « L'année de l'entrepreneur 2011 ».
En ligne : http://www.rsmrichter.com/evenement.aspx?EventId=76

[10] Jean-Claude Lewandowski, « Le palmarès mondial des entreprises... en 2035 ».
En ligne : www.lesechos.fr, 14 février 2011

[11] Source : Développement économique Innovation Exportation Québec, « Taux de survie des nouvelles entreprises au Québec », édition 2008, p.31.

[12] Source : Statistique Canada, « Les disparitions du monde industriel : fermetures d'usines et retrait de capitaux ».
En ligne : www.statcan.gc.ca/daily-quotidien/050504/dq050504b-fra.htm

[13] Tim Hartford, *Why Success Always Starts With Failure*, Farrar, Strauss and Giroux, 2011.

[14] Oana Ciobanu et Weimin Wang, « Dynamique des entreprises : l'entrée et la sortie d'entreprises au Canada, 2000 à 2008 », dans *Série sur l'économie canadienne en transition*.
En ligne : http://publications.gc.ca/collections/collection_2012/statcan/11-622-m/11-622-m2012022-fra.pdf

[15] Jacques Birol, *Pour entreprendre et innover, 52 conseils éternels d'après les maximes de Baltasar Gracian*, Éditions Diateino, Paris, 2011.

[16] Jean-Philippe Décarie, « Plaie d'argent n'est pas mortelle, mais... », dans *La Presse*, 3 mars 2012.

[17] John R. Baldwin et W. Mark Brown, « Quatre décennies de destruction créatrice : renouvellement de la base du secteur de la fabrication au Canada, de 1961 à 1999 ».
En ligne : http://publications.gc.ca/collections/Collection/CS11-624-8-2004F.pdf

[18] Source : Services économiques TD, « Le secret du succès : Perspectives économiques pour les petites entreprises », 13 octobre 2010.
En ligne : http://www.td.com/francais/document/PDF/services-economiques/td-services-economiques-ca1010-small-business-fr.pdf

[19] Dane Stangler, Robert E. Litan, *Where Will The Jobs Come From?*, Kauffman Foundation, novembre 2009. En ligne : http://www.kauffman.org/uploadedFiles/where_will_the_jobs_come_from.pdf

[20] Pierre-André Julien, *L'entrepreneuriat au Québec*, Éditions Transcontinental et Fondation de l'entrepreneurship, 2000.

[21] Source : Statistique Canada, *Enquête sur le milieu de travail et les employés : compendium 2005*.
En ligne : http://www.statcan.gc.ca/pub/71-585-x/71-585-x2008001-fra.pdf

[22] Diana Furvhgott-Roth, «The Economy Creates and Destroys Jobs Every Year», dans *Real Clear Markets*, 19 janvier 2012. En ligne: http://www.realclearmarkets.com/articles/2012/01/19/the_economy_creates_and_destroys_jobs_every_year_99471.html

[23] Cornelius, J. Jaenen, *Dictionnaire biographique du Canada*. En ligne: http://www.biographi.ca/FR/009004-119.01-f.php?id_nbr=928

[24] H. Charbonneau et R. Normand, *Atlas historique du Canada*, vol.1, Presses de l'Université de Montréal, Montréal, 1987.

[25] Jacques Henripin, *Ma Tribu*, Éditions Liber, Montréal, 2011, p. 19.

[26] Publié aussi en français. Leslie Choquette, *De Français à paysans, Modernité et tradition dans le peuplement du Canada français*, Éditions Septentrion, Presses de l'Université de Paris, Sorbonne, 2001. Merci à Claude Couture, professeur en sciences sociales et études canadiennes au Campus Saint-Jean de l'Université de l'Alberta, pour la recommandation.

[27] Source: Ministère des Affaires culturelles, «Brève histoire des moulins de la vallée du Saint-Laurent». En ligne: http://www.histoirequebec.qc.ca/publicat/vol2num2/v2n2_4br.htm

[28] Lessard, G.1.1, E. Boulfroy1.2, P. Blanchet1.3 et D. Poulin, 2008. Québec, ville de bois. Centre collégial de transfert de technologie en foresterie de Sainte-Foy (CERFO) et Société d'histoire forestière du Québec (SHFQ). Québec, 77 p.

[29] Thomas Wien, James Pritchard, «Atlas historique du Canada», vol.1, Presses de l'Université de Montréal, Montréal, 1987.

[30] Yves Zoltvany, professeur associé d'histoire à l'Université McGill, pour le *Dictionnaire biographique du Canada en ligne*: http://www.biographi.ca/009004-119.01-f.php?id_nbr=615

[31] Yves Zoltvany, professeur associé d'histoire à l'Université McGill, pour le *Dictionnaire biographique du Canada en ligne*: http://www.biographi.ca/009004-119.01f.php?id_nbr=927&PHPSESSID=rgrgnomeb4408jh54ct753db52

[32] Jean-Jacques Lefebvre. Archiviste en chef, Cour supérieure, Palais de justice, Montréal, pour le *Dictionnaire biographique du Canada en ligne*: http://www.biographi.ca/009004-119.01-f.php?&id_nbr=426

[33] Bernard Pothier, historien, *Dictionnaire biographique du Canada en ligne*: http://www.biographi.ca/009004-119.01-f.php?&id_nbr=940

[34] *Dictionnaire historique de la langue française*, sous la direction d'Alain Rey, Le Robert, 1992.

[35] Tiré de «Histoire économique et sociale du Québec (1760-1850)» Gilles Marcotte, Études françaises, vol. 3, n° 2, 1967, p. 234-239. En ligne: http://id.erudit.org/iderudit/036268ar

[36] François Béland, étudiant à la maîtrise en histoire, *Université Laval, Dictionnaire biographique du Canada en ligne*: http://www.biographi.ca/009004-119.01-f.php?&id_nbr=2273

[37] Jean-Claude Robert, professeur d'histoire, Université du Québec à Montréal, *Dictionnaire biographique du Canada en ligne*: http://www.biographi.ca/009004-119.01-f.php?&id_nbr=2752

[38] Les renseignements sur Joseph Masson proviennent surtout du texte de Fernand Ouellet, Professeur d'histoire à l'Université York, pour le *Dictionnaire biographique du Canada en ligne*: http://www.biographi.ca/009004-119.01-f.php?&id_nbr=3535

[39] Les renseignements sur Augustin Cantin proviennent surtout du texte de Gerald Joseph Jacob Tulchinsky, professeur d'histoire à l'Université Queen's, pour le *Dictionnaire biographique du Canada en ligne*: http://www.biographi.ca/009004-119.01-f.php?&id_nbr=6015

[40] Édouard Montpetit, *La conquête économique*. Tome I (1939), Bernard Valiquette, Montréal, p.78.

[41] Les renseignements sur Joseph Barsalou proviennent surtout du texte de Jean Benoit, rédacteur-historien, *Dictionnaire biographique du Canada en ligne*: http://www.biographi.ca/009004-119.01-f.php?id_nbr=5950

[42] Paul-André Linteau, *Histoire de Montréal depuis la Confédération*, Éditions du Boréal, Montréal, 2000.

[43] Les renseignements sur Victor Hudon proviennent surtout du texte de Ronald E. Rudin, professeur associé d'histoire à l'Université Concordia, pour le *Dictionnaire biographique du Canada en ligne*: http://www.biographi.ca/009004-119.01-f.php?&id_nbr=6173

[44] Source: Planète Généalogie et Histoire. En ligne: http://genealogie.planete.qc.ca/blog/view/id_4678/title_Louis-Joseph-Forget-1853-1911-financier-et/

[45] Claude Martel, «Un brin d'histoire», dans *La Revue de cœur et d'action*. En ligne: http://www.larevue.qc.ca/chroniques_un-brin-histoire-n22774.php

[46] Albert Faucher, « Le caractère continental de l'industrialisation du Québec, Recherches sociographiques », vo.6, n° 3, 1965, p.219-236, publié sur Érudit.org.

[47] Albert Faucher, « Le caractère continental de l'industrialisation du Québec, Recherches sociographiques », vol. 6, n° 3, 1965, pp.219-236, publié sur Érudit.org.

[48] Yves Bélanger, *Québec inc., L'entreprise québécoise à la croisée des chemins*, Éditions Hurtubise HMH, Montréal, 1998.

[49] Albert Faucher, « Le caractère continental de l'industrialisation du Québec, Recherches sociographiques », vol. 6, n° 3, 1965, p.213, publié sur Érudit.org.

[50] Albert Faucher, « Le caractère continental de l'industrialisation du Québec, Recherches sociographiques », vol. 6, n° 3, 1965, p.236, publié sur Érudit.org.

[51] Roma Dauphin, « La croissance de l'économie du Québec au 20e siècle », dans *Institut de la statistique du Québec*, 2002. Mise à jour pour 2000 et 2010 en mars 2012 par l'ISQ à ma demande. Remerciements à Manon Leclerc, de l'ISQ.

[52] Yves Bélanger, *Québec Inc. L'entreprise québécoise à la croisée des chemins*, Hurtubise HMH, Montréal, 1998.

[53] Paul-André Linteau, *Histoire de Montréal depuis la Confédération*, Éditions du Boréal, Montréal, 2000.

[54] Roma Dauphin, « La croissance de l'économie du Québec au 20e siècle », dans *Institut de la statistique du Québec*, 2002.

[55] James Iain Gow, Département de science politique, Université de Montréal. Communication présentée lors de la Conférence de l'ENAP sur « L'État et l'Administration publique dans la construction de la modernité du Québec », Québec, les 23 et 24 mars, 1994.

[56] William Paley, President Report on Raw Material.

[57] Albert Faucher, *Histoire de l'industrialisation*, 1953. Reproduit dans l'ouvrage sous la direction de René Durocher et Pierre-André Linteau, *Le « Retard du Québec » et l'infériorité économique des Canadiens français*, Les Éditions du Boréal-Express, Montréal, 1971, pp. 25-42.
En ligne : http://classiques.uqac.ca/contemporains/faucher_albert/histoire_industrialisation/histoire_industrialisation.html

[58] Sous la direction de Serge Courville et Robert Garon, *Québec ville et capitale*, Presses de l'Université Laval, 2001.

[59] André Raynauld, « Croissance et structure économiques de la province de Québec », Québec, Ministère de l'Industrie et du Commerce, 1961, p. 28 et 43. Cité dans Jacques Rouillard, Département d'histoire, Université de Montréal, « La Révolution tranquille, rupture ou tournant ? », dans *Journal of Canadian Studies/Revue d'études canadiennes*, vol. 32, 4 (hiver 1998), p. 23-51.
En ligne : http://www.hst.umontreal.ca/U/rouillard/revolutionrupture.htm

[60] Pierre Fortin, « La Révolution tranquille et l'économie », dans *La Révolution tranquille en héritage* (ouvrage collectif), Éditions du Boréal, Montréal, 2011, p. 88.

[61] Jacques Rouillard, Département d'histoire, Université de Montréal, « La Révolution tranquille, rupture ou tournant ? », dans *Journal of Canadian Studies/Revue d'études canadiennes*, vol. 32, 4 (hiver 1998), p. 23-51.
En ligne : http://www.hst.umontreal.ca/U/rouillard/revolutionrupture.htm

[62] Pierre Fortin, « La Révolution tranquille et l'économie », dans *La Révolution tranquille en héritage* (ouvrage collectif), Éditions du Boréal, Montréal, 2011, p. 98.

[63] Gilles Piédalue, « Les groupes financiers au Canada 1900-1930 - étude préliminaire », dans *Revue d'histoire de l'Amérique française*, vol. 30, 1 (juin 1976), p. 18. Son étude est basée sur l'identification des 231 plus importants hommes d'affaires en 1910 et de 143 en 1930. Cité dans Jacques Rouillard, Département d'histoire, Université de Montréal, « La Révolution tranquille, rupture ou tournant ? », dans *Journal of Canadian Studies/Revue d'études canadiennes*, vol. 32, 4 (hiver 1998), p. 23-51.
En ligne : http://www.hst.umontreal.ca/U/rouillard/revolutionrupture.htm

[64] L'étude de John Porter est basée sur 985 Canadiens à la direction des 170 plus importantes corporations canadiennes (The Vertical Mosaic, Toronto, University of Toronto Press, 1965, p. 286). Celle de Wallace Clement repose sur 946 Canadiens à la direction des 113 plus importantes corporations (The Canadian Corporate Elite, Toronto, McClelland and Stewart, 1975, p. 232). Cité dans Jacques Rouillard, Département d'histoire, Université de Montréal, « La Révolution tranquille, rupture ou tournant ? », dans *Journal of Canadian Studies/Revue d'études canadiennes*, vol. 32, 4 (hiver 1998), p. 23-51.
En ligne : http://www.hst.umontreal.ca/U/rouillard/revolutionrupture.htm

[65] *L'entrepreneurship au Québec*, Montréal, Presses des H.E.C., 1979, pp. 48-50, cité par Jacques Rouillard.

[66] *Recensements du Canada*, 1931, vol. 7, p. 948-992; 1941, vol. 7, p. 366-379, dans Yves Bélanger et Pierre Fournier, op. cit., pp. 49-50, cité par Jacques Rouillard.

[67] Statistique Canada, Données des recensements 1941, 1951 et 1961, cité dans Yves Bélanger, *Québec Inc. L'entreprise québécoise à la croisée des chemins*, Hurtubise HMH, 1998 p. 87.

[68] *Le Rapport Gray sur la maîtrise économique du milieu national, Ce que nous coûtent les investissements étrangers*, Éditions Leméac/*Le Devoir*, 1971, p.16.

[69] Source : Relève.ca, *Comment réussir la succession de votre entreprise*.
En ligne : http://www.releve.qc.ca/quebec/Comment-reussir-la-succession-de.html

[70] Jacques Henripin, *Ma tribu*, Éditions Liber, Montréal, 2011, p. 27.

[71] *Dictionnaire historique de la langue française*, sous la direction d'Alain Rey, Dictionnaires Le Robert, Paris, 1992.

[72] Pierre-André Julien, *Entrepreneuriat régional et économie de la connaissance*, Presses de l'Université du Québec, Québec, 2005, p.3.

[73] Ibid., p.12.

[74] Pierre-André Julien et Michel Marchesnay, *L'Entrepreneuriat*, Éditions Economica, 2011, p. 9.

[75] Pierre-André Julien, *Entrepreneuriat régional et économie de la connaissance*, Presses de l'Université du Québec, Québec, 2005, p.99.

[76] Jacques Birol, *Pour entreprendre et innover, 52 conseils éternels d'après les maximes de Baltasar Gracian*, Éditions Diateino, Paris, 2011, p. 149.

[77] Leigh Buchanan, « How Great Entrepreneurs Think », dans *Inc.* (Magazine), New York, 1er février 2011.

[78] Walter Isaacson, Steve Jobs, JCLattès, Paris, 2011.

[79] Scott Belsky, *Making Ideas Happen: Overcoming the Obstacles Between Vision and Reality*, p. 7, Portfolio, New York, 2010.

[80] Isabelle Massé, « Gregory Charles, monsieur le président », dans *LaPresse.ca*, 15 mars 2012.
En ligne : http://lapresseaffaires.cyberpresse.ca/economie/medias-et-telecoms/201203/15/01-4505790-gregory-charles-monsieur-le-president.php

[81] Philippe Collas et Aurélia Le Tareau, « La relève du Québec s'exprime. Rapport détaillé de la Jeune Chambre de commerce de Montréal », 20 avril 2011.
En ligne : http://www.jccm.org/data/releve2011rapport.pdf

[82] Source : RSM Richter Chamberland, « L'année de l'entrepreneur 2010 ».

[83] Source : Fondation de l'entrepreneurship, *Indice entrepreneurial 2011. Culture entrepreneuriale au Québec : nos entrepreneurs prennent-ils racine ?*, avril 2011.
En ligne : http://www.entrepreneurship.qc.ca/recherches-et-analyses/indice-entrepreneurial-quebecois

[84] Source : Statistique Canada, cité par Ministère du Développement économique, de l'Innovation et de l'Exportation, *Guide de discussion, Vers une stratégie de l'entrepreneuriat*, 2010.
En ligne : http://www.mdeie.gouv.qc.ca/fileadmin/contenu/documents_soutien/apropos/strategies/entrepreneuriat/guide_discussion_entrepreneuriat.pdf

[85] Marie-Hélène Proulx, « L'entrepreneuriat en crise », dans *Magazine Jobboom*, 18 mai 2011.
En ligne : http://carriere.jobboom.com/marche-travail/dossiers-chauds/2011/05/18/18161276-jm.htm

[86] Ministère du Développement économique, de l'Innovation et de l'Exportation, *Le renouvellement de l'entreprenariat au Québec : Un regard sur 2013 et 2018*, 2010.
En ligne : http://www.mdeie.gouv.qc.ca/fileadmin/contenu/documents_soutien/apropos/strategies/entrepreneuriat/renouvellement_entrepreneuriat.pdf

[87] Fédération des chambres de commerce du Québec, *Fiers d'entreprendre ! La position de la FCCQ dans l'élaboration de la Stratégie québécoise de l'entrepreneuriat du MDEIE*, mars 2011.
En ligne : http://www.fccq.ca/pdf/publications/memoires_etudes/2011/Fccq-Memoire-Entrepreneuriat-Mars-2011.pdf

[88] Source : Statistique Canada, Registre des entreprises, 2012.

[89] Source : Statistique Canada.
En ligne : http://www.statcan.gc.ca/tables-tableaux/sum-som/l02/cst01/labr66f-fra.htm

[90] Karen E. Klein, « Why Entrepreneurship Is Declining », dans *Bloomberg BusinessWeek*, 21 mars 2012.
En ligne : http://www.businessweek.com/articles/2012-03-21/why-entrepreneurship-is-declining

[91] Meg Handley, « Why Small Business aren't fueling Job Creation in This Recovery », dans *U.S. News and World Report*, 8 juillet 2011.
En ligne : http://money.usnews.com/money/business-economy/articles/2011/07/08/why-small-businesses-arent-fueling-job-creation-in-this-recovery

[92] Andy Grove, « How America Can Create Jobs », dans *Bloomberg BusinessWeek*, 1er juillet 2010.
En ligne : http://www.businessweek.com/magazine/content/10_28/b4186048358596.htm

[93] Joshua Wright, « Data Spotlight : Net New Business Establishments by State », dans Economic Modeling Statistics Inc., mars 2012.
En ligne : http://www.economicmodeling.com/2011/08/20/data-spotlight-net-business-creation-by-state/

[94] Dane Strangler, *The Economic Future Just Happened*, Ewing Marion Kauffman Foundation, 9 juin 2009.
En ligne : http://www.kauffman.org/uploadedfiles/the-economic-future-just-happened.pdf

[95] Roma Dauphin, *La croissance de l'économie du Québec au 20ᵉ siècle*, ISQ, 2002.
En ligne : http://www.stat.gouv.qc.ca/publications/referenc/extraits/QuebStatRevue20e_economie.pdf

[96] Pierre-André Julien et Michel Marchesnay, *L'Entrepreneuriat*, Éditions Economica, p. 34. Paris, 2011.

[97] Tim Hartford, « The Art of Economic Complexity », dans *The New York Times Magazine*, 11 mai 2011.
En ligne : http://www.nytimes.com/interactive/2011/05/15/magazine/art-of-economic-complexity.html

[98] Jean-Philippe Décarie, « Le nouveau Québec inc. », dans *La Presse*, Montréal, 7 janvier 2012.

[99] Source : Institut de la statistique du Québec, *Le bilan démographique du Québec*, Édition 2011.

[100] Daron Acemoglu et James A. Robinson, *Why Nations Fail: The Origin of Power, Prosperity, and Poverty*, Crown Publishers, New York, 2012.

[101] Source : Fondation de l'entrepreneurship, *Indice entrepreneurial 2011. Culture entrepreneuriale au Québec : nos entrepreneurs prennent-ils racine ?*, avril 2011.
En ligne : http://www.entrepreneurship.qc.ca/recherches-et-analyses/indice-entrepreneurial-quebecois

[102] Sébastien Pommier, « Où est passée la culture d'entreprendre en France ? », dans *L'entreprise.com*, 18 octobre 2011.
En ligne : http://lentreprise.lexpress.fr/developpement-et-innover/75-des-entrepreneurs-francais-estiment-que-la-france-n-encourage-pas-l-entrepreneuriat-selon-le-barometre-ernst-young_31069.html

[103] Richard Tyler, « Sir Terry Leahy on 'nobility of making money' », dans *The Telegraph*, 14 mars 2012.
En ligne : http://www.telegraph.co.uk/finance/yourbusiness/9141572/Sir-Terry-Leahy-on-nobility-of-making-money.html

[104] Joanne Marcotte, *Pour en finir avec le gouvernemaman*, Les Éditions Francine Breton, 2011.

[105] Alain Dubuc, « Les effets pervers d'une révolution inachevée », dans *La Révolution tranquille en héritage*, Boréal, 2011.

[106] Marie-Agnès Thellier, « La Beauce à cœur ouvert », dans *Le Devoir*, 18 juin 1978. Cité dans : Jacques Palard, *La Beauce inc. : Capitalisme social et capitalisme régional*, Presses de l'Université de Montréal, Montréal, 2009.

[107] Source : En Beauce TV.com.
En ligne : http://enbeauce.tv/video/243/Marc-Dutil-prêche-en-faveur-de-la-fierté-beauceronne

[108] Michel Laliberté, « Saint-Georges, le gène de l'entrepreneurship », dans *L'actualité*, le 15 novembre 1997. Cité dans : Jacques Palard, *La Beauce inc. : Capitalisme social et capitalisme régional*, Presses de l'Université de Montréal, Montréal, 2009.

[109] Source : Industrie Canada, *Principales statistiques relatives aux petites entreprises - Juillet 2011*.
En ligne : http://www.ic.gc.ca/eic/site/sbrp-rppe.nsf/vwapj/PSRPE-KSBS_Juillet-July2011_fra.pdf/$FILE/PSRPE-KSBS_Juillet-July2011_fra.pdf

[110] Source : Banque de Développement du Canada, *Les PME d'un coup d'œil*, août 2011.
En ligne : http://www.bdc.ca/FR/Documents/other/PME-coup-d-oeil-ete2011.pdf

[111] Peter F. Drucker, *Innovation and Entrepreneurship*, Collins Business, New York, 1986.

[112] Source : *Bamboo Capitalism*, dans *The Economist*, 12 mars 2011.

[113] Source : Central Intelligence Agency, *World FactBook*.
En ligne : https://www.cia.gov/library/publications/the-world-factbook/

[114] Source : Étude réalisée par McKinsey and Company, *The Power of Many, Realizing the Socioeconomic Potential of the Entrepreneurs in the 21st Century*, octobre 2011.

[115] Yves Gilson, « André Chagnon. La guerre à la pauvreté », dans *Montréal Centre-Ville*, hiver 2008, pp. 34-39.

[116] Jason Gilmore, « Tendances du taux de décrochage et des résultats sur le marché du travail des jeunes décrocheurs ». Source : Division de la statistique du travail, Statistique Canada, novembre 2010.
En ligne : http://www.statcan.gc.ca/pub/81-004-x/2010004/article/11339-fra.htm#b

[117] Desjardins Études économiques et Centre universitaire de recherche en analyse des organisations (CIRANO), *Le défi de la prospérité durable. Pour un avenir meilleur au Québec*, mai 2011.
En ligne : http://www.desjardins.com/fr/a_propos/etudes_economiques/dossiers/dfp2011.pdf

[118] Discours de Jean Boivin, sous-gouverneur de la Banque du Canada, devant l'Economic Club of Canada, « Vieillir en beauté : l'inévitable évolution démographique du Canada », Toronto, 4 avril 2012.

[119] Source : Comité consultatif sur l'économie et les finances publiques, « Le Québec face à ses défis », fascicule 3, février 2010.
En ligne : http://consultations.finances.gouv.qc.ca/media/pdf/le-quebec-face-a-ses-defis-fascicule-3.pdf

[120] Source : Le Québec économique.cirano.qc.ca.
En ligne : http://qe.cirano.qc.ca/graph/satisfaction_a_l_egard_de_la_vie_annee_la_plus_recente

[121] Source : Ministère des Finances, *La dette du gouvernement du Québec*, février 2010.
En ligne : http://www.finances.gouv.qc.ca/documents/Autres/fr/AUTFR_LaDetteFev10_GouvQC.pdf

[122] Source : Comité consultatif sur l'économie et les finances publiques, « Le Québec face à ses défis », fascicule 1, décembre 2009.
En ligne : http://consultations.finances.gouv.qc.ca/media/pdf/le-quebec-face-a-ses-defis-fascicule-1.pdf

[123] Sara Champagne, « Le nombre de têtes grises augmente et le système de santé s'essouffle », dans *La Presse*, Montréal, 1er décembre 2011.

[124] Luc Godbout, Suzie St-Cerny, Pier-André Bouchard St-Amant, Pierre Fortin et Matthieu Arseneau, *Nouvelles perspectives démographiques, mêmes défis budgétaires*, Chaire de recherche en fiscalité et en finances publiques de l'Université de Sherbrooke, Sherbrooke, avril 2009.
En ligne : http://www.usherbrooke.ca/chaire-fiscalite/fileadmin/sites/chaire-fiscalite/documents/Cahiers-de-recherche/Nouvelles_perspectives_demographiques_memes_defis_budgetaires_Mise_a_jour_oser_choisir_maintenant.pdf

[125] Luc Godbout, Marcelin Joanis (sous la direction de), *Le Québec économique 2009. Le chemin parcouru depuis 40 ans*, CIRANO, PUL, Québec, 2009.

[126] Source : Ministère des Finances, *Comptes publics 2010-2011*, Vol. 1, 2011.
En ligne : http://www.finances.gouv.qc.ca/documents/Comptespublics/fr/CPTFR_vol1-2010-2011.pdf

[127] Alexandre Laurin et William Robson, Ottawa's Pension Gap: The Growing and Under-reported Cost of Federal Employee Pensions, Institut C.D. Howe, 13 décembre 2011.
En ligne : http://www.cdhowe.org/pdf/ebrief_127.pdf

[128] Annie St-Pierre, « 26 G$ en déficit », dans *Le Journal de Québec*, Québec, 21 décembre 2011.

[129] En ligne : http://www.cga-canada.org/fr-ca/ResearchReports/ca_rep_pensions_2010_f.pdf

[130] En ligne : http://www.cga-canada.org/fr-ca/ResearchReports/ca_rep_pensions_2010_f.pdf

[131] Pierre Fortin, *Mémoire présenté à la Commission des relations avec les citoyens de l'Assemblée nationale au sujet du projet de loi n° 24 concernant le surendettement des consommateurs et les règles relatives au crédit à la consommation*, 1er novembre 2011.

[132] Source : Centre sur la productivité et la prospérité, *Productivité et prospérité au Québec. Bilan 2010*, HEC Montréal, Montréal, 2010.
En ligne : http://cpp.hec.ca/cms/assets/documents/recherches_publiees/productivite-et-prosperite-au-quebec-bilan-2010.pdf

[133] Source : Institut de la statistique du Québec, *Revenu personnel disponible par habitant*, 2001-2010.
En ligne : http://www.stat.gouv.qc.ca/donstat/econm_finnc/conjn_econm/TSC/pdf/chap5.pdf

[134] Source : Institut de la statistique du Québec, *Les nouveaux retraités au Québec et ailleurs au Canada : un bref aperçu. Résultats cumulés pour 2009 et 2010*, décembre 2011.
En ligne : http://www.stat.gouv.qc.ca/publications/remuneration/pdf2011/capsule_nouveauxretraites_dec11.pdf

[135] Source : Institut de la statistique du Québec, *Les nouveaux retraités au Québec et ailleurs au Canada : un bref aperçu. Résultats cumulés pour 2009 et 2010*, décembre 2011.
En ligne : http://www.stat.gouv.qc.ca/publications/remuneration/pdf2011/capsule_nouveauxretraites_dec11.pdf

[136] Taux d'épargne en 2011 : Québec 2,9 %, Canada 3,8 %. Source : Statistique Canada.
En ligne : http://www.stat.gouv.qc.ca/princ_indic/publications/indicat.pdf

[137] Source : Institut de la statistique du Québec, *Revenu personnel et ses principales composantes, provinces et territoires, 2006-2010*, décembre 2011.
En ligne : http://www.stat.gouv.qc.ca/donstat/econm_finnc/conjn_econm/revenu_personnel/rp_can-comp.htm

[138] Source Statistique Canada, Répartition du revenu après impôt, selon le type de famille économique, dollars constants de 2009.
En ligne : http://www5.statcan.gc.ca/cansim/a26

[139] Daniel Parent, *Inégalités de revenu et inégalités de consommation au Québec et au Canada*, Centre sur la productivité et la prospérité, HEC Montréal, Montréal, février 2012.
En ligne : http://cpp.hec.ca/cms/assets/documents/recherches_publiees/PP_2011_02.pdf

[140] Martin Coiteux, *Le point sur les écarts de revenu entre le Québec et les Canadiens des autres provinces*, Centre sur la productivité et la prospérité, HEC Montréal, Montréal, février 2012.
En ligne : http://cpp.hec.ca/cms/assets/documents/recherches_publiees/PP-2011_03.pdf

[141] Source : Ministère des Finances du Québec, *Budget 2012-2013. Plan budgétaire*, mars 2012.
En ligne : http://www.budget.finances.gouv.qc.ca/Budget/2012-2013/fr/documents/Planbudgetaire.pdf

[142] Source : Institut de la statistique du Québec, *Les nouveaux retraités au Québec et ailleurs au Canada : un bref aperçu. Résultats cumulés pour 2009 et 2010*, décembre 2011.
En ligne : http://www.stat.gouv.qc.ca/publications/remuneration/pdf2011/capsule_nouveauxretraites_dec11.pdf

[143] Luc Godbout, *Transition démographique et impacts de différents scénarios de participation au marché du travail*, Commission sur la participation au marché du travail des travailleuses et travailleurs expérimentés de 55 ans et plus, décembre 2010.
En ligne : http://www.mcss.gouv.qc.ca/publications/pdf/GD_commission_nationale_LGodbout.pdf

[144] Source : Institut de la statistique du Québec, *Les nouveaux retraités au Québec et ailleurs au Canada : un bref aperçu. Résultats cumulés pour 2009 et 2010*, décembre 2011.
En ligne : http://www.stat.gouv.qc.ca/publications/remuneration/pdf2011/capsule_nouveauxretraites_dec11.pdf

[145] Marie Quinty, « Pierre Fortin un économiste d'extrême-centre », dans *Affaires Plus*, septembre 1995.

[146] Klaus Schwab, « The Global Competitiveness Report 2010-2011 », dans *World Economic Forum*, Genève, 2010.
En ligne : http://www3.weforum.org/docs/WEF_GlobalCompetitivenessReport 2010-11.pdf

[147] Source : European Union, *Innovation Union Scoreboard 2011*, 7 février 2012.
En ligne : http://ec.europa.eu/enterprise/policies/innovation/facts-figures-analysis/innovation-scoreboard/index_en.htm

[148] Catherine Bernard, « Saab est mort, vive l'industrie suédoise ! », dans *Slate.fr*, 17 janvier 2012.
En ligne : http://www.slate.fr/story/48791/saab-mort-vive-industrie-suedoise

[149] Elhanan Helpman, *The Mystery of the Economic Growth*, MIT Press, Cambridge, 2004.

[150] David. S. Landes, *Richesse et pauvreté des nations*, Albin Michel, Paris, 2000.

[151] Daron Acemoglu et James A. Robinson, *Why Nations Fail. The Origin of Power, Prosperity, and Poverty*, Crown Publishers, New York, 2012.

[152] Barrie McKenna, « Flawed R&D scheme costs taxpayers billions », dans *Globe And Mail*, 11 mars 2011.

[153] Source : OCDE, *Stats Extract*.
En ligne : http://stats.oecd.org/Index.aspx?DatasetCode=PATS_IPC

[154] Source : Institut de la statistique du Québec.
En ligne : http://www.stat.gouv.qc.ca/savoir/indicateurs/brevets/inventions_dird_g7.htm

[155] Source : OCDE, *Stats Extract*.
En ligne : http://stats.oecd.org/Index.aspx?DatasetCode=LEVEL

[156] Source : Statistique Canada, *Tableau 15. Subventions et transferts de capitaux des administrations publiques, Québec*.
En ligne :http://www.statcan.gc.ca/pub/13-018-x/2011001/t/tab1524-fra.htm

[157] Source : Industrie Canada, *Principales statistiques relatives aux petites entreprises - Juillet 2011*.
En ligne : http://www.ic.gc.ca/eic/site/sbrp-rppe.nsf/fra/rd02601.html

[158] François Shalom, « Cashing in on subsidies », dans *The Gazette*, 11 février 2012.
En ligne : http://www.montrealgazette.com/story_print.html?id=6136227&sponsor=

[159] Source : OCDE, « Dépenses intérieures brutes de R&D (DIRD) en pourcentage du PIB », dans *StatExtracts*.
En ligne : http://stats.oecd.org/Index.aspx?lang=fr

[160] Manufacturiers et exportateurs du Canada, *Investir pour croître :Technologie, innovation, et le défi de productivité du Canada*, octobre 2010.
En ligne : http://qc.cme-mec.ca/download.php?file=gfttunnl.pdf

[161] Marie-Hélène Proulx, « L'entrepreneuriat en crise », dans *Magazine Jobboom*, 18 mai 2011.
En ligne : http://carriere.jobboom.com/marche-travail/dossiers-chauds/2011/05/18/18161276-jm.html

[162] Marie-Hélène Proulx, « Entrepreunariat : Travailleurs autonomes, chefs d'entreprise de demain ? », dans *Jobboom*, vol. 12, no. 3, mai 2011.
En ligne : http://carriere.jobboom.com/marche-travail/dossiers-chauds/2011/05/24/pf-18185006.html

[163] Ibid.

[164] Yvon Laprade, « Un peu d'oxygène à la PME, et le Québec respirera mieux », dans *Le Devoir*, 7 septembre 2011.
En ligne : http://www.ledevoir.com/economie/actualites-economiques/330798/un-peu-d-oxygene-a-la-pme-et-le-quebec-respirera-mieux

[165] Source : Fédération canadienne de l'entreprise indépendante, *La prospérité ligotée par une réglementation excessive*, 2ᵉ édition, p. 9, 2010.
En ligne : http://www.cfib-fcei.ca/cfib-documents/rr3104f.pdf

[166] Martin Jolicoeur, « La «paperasse» gouvernementale coûte trop cher, selon la FCEI », dans *Les Affaires.com*, 12 janvier 2010.
En ligne : http://www.lesaffaires.com/strategie-d-entreprise/gestion-operationnelle/la-paperasse-gouvernementale-coute-trop-cher-selon-la-fcei/508531

[167] Source : Fondation de l'entrepreneurship, *Indice entrepreneurial 2011. Culture entrepreneuriale au Québec : nos entrepreneurs prennent-ils racine ?*, avril 2011.
En ligne : http://www.entrepreneurship.qc.ca/recherches-et-analyses/indice-entrepreneurial-quebecois

[168] Source : Statistique Canada, *Tableau 1. Taux de croissance trimestriels annualisés composés*.
En ligne : http://www.statcan.gc.ca/pub/11-626-x/2011001/t/tbl01-fra.htm

[169] Source : Le Québec économique.cirano.qc.ca.
En ligne : http://qe.cirano.qc.ca/theme/activite_economique/productivite_et_travail

[170] Source : Ministère des Finances du Québec, *Budget 2012-2013. Plan budgétaire*, mars 2012.
En ligne : http://www.budget.finances.gouv.qc.ca/Budget/2012-2013/fr/documents/Planbudgetaire.pdf

[171] Ianick Marcil, « 25% de moins en innovation privée au Canada qu'aux Etats-Unis », dans *ianikmarcil.com*.
En ligne : http://ianikmarcil.com/

[172] Pierre-Yves Dugas, « Le rebond de la croissance américaine reste fragile. Les «relocalisations» au secours de l'emploi industriel », dans Le Figaro, 28 janvier 2012.

[173] Deloitte, *Le point sur le Québec manufacturier. Des solutions pour l'avenir*, février 2012.
En ligne : http://www.deloitte.com/assets/DcomCanada/Local%20Assets/Documents/Manufacturing/ca_fr_mfg_Le_point_sur_le_Quebec_manufacturier_23022012.pdf

[174] Source : Centre sur la productivité et la prospérité, *Productivité et prospérité au Québec. Bilan 2010*, HEC Montréal, Montréal, 2010.
En ligne : http://cpp.hec.ca/cms/assets/documents/recherches_publiees/productivite-et-prosperite-au-quebec-bilan-2010.pdf

[175] Source : Ministère des Finances du Québec, *Budget 2012-2013. Plan budgétaire*, mars 2012.
En ligne : http://www.budget.finances.gouv.qc.ca/Budget/2012-2013/fr/documents/Planbudgetaire.pdf

[176] Peter Drucker, *The Essential Drucker*, Collins Business Essentials, New York, 2001, p. 323.

[177] Walter Isaacson, *Steve Jobs*, JC Lattès, Paris, 2011, p. 636

[178] Pierre-André Julien et Michel Marchesnay, *L'Entrepreneuriat*, Éditions Economica, Paris, 2011, p.35.

[179] Source : Industrie Canada, « Les petites entreprises innovent-elles autant que les grandes ? », dans *Principales statistiques relatives aux petites entreprises - Juillet 2010*.
En ligne : http://www.ic.gc.ca/eic/site/sbrp-rppe.nsf/fra/rd02505.html

[180] Source : Statistique Canada, cité par Ministère du Développement économique, de l'Innovation et de l'Exportation, *Guide de discussion, Vers une stratégie de l'entrepreneuriat*, 2010.
En ligne : http://www.mdeie.gouv.qc.ca/fileadmin/contenu/documents_soutien/apropos/strategies/entrepreneuriat/guide_discussion_entrepreneuriat.pdf

[181] Geoff Tuff et Open, « Vision Statement : How Hot is your Next Innovation », dans *Harvard Business Review*, mai 2011.

[182] Pierre-André Julien et Michel Marchesnay, *L'Entrepreneuriat*, Éditions Economica, Paris, 2011, p.238.

[183] Source : RSM Richter Chamberland, *L'année de l'entrepreneur 2011*.
En ligne : http://www.rsmrichter.com/evenement.aspx?EventId=76

[184] Interview de Pierre Duhamel avec Laurent Simon, « Partenaires en affaires », dans *Argent*, 20 mai 2010.
En ligne : http://argent.canoe.ca/balados/

[185] Gilbert Leduc, « AEterna Zentaris : l'échec du produit vedette fait plonger l'action de 65 % », dans *Le Soleil*, 2 avril 2012.
En ligne : http://www.cyberpresse.ca/le-soleil/affaires/actualite-economique/201204/02/01-4511733-aeterna-zentaris-lechec-du-produit-vedette-fait-plonger-laction-de-65.php

[186] Élaine Hémond, « En tête-à-tête avec Pierre-André Julien », dans *Réseau* (Magazine de l'Université du Québec), édition de novembre-décembre 1997.

[187] Mark Brohan, « Niche retailing pays off for Top 500 web-only retailers », dans *Internet Retailler*, 4 mai 2011.
En ligne : http://www.internetretailer.com/2011/05/03/niche-retailing-pays-top-500-web-only-retailers

[188] Source : RSM Richter Chamberland, *L'année de l'entrepreneur 2011*.
En ligne :http//www.rsmrichter.com/evenement.aspx?EventId=76

[189] Jochen Krish (adapté par Jason Soo), « Oliver Jung's Global Shopping Club Empire », dans *excitingcommerce.com*, 2010.
En ligne : http://www.excitingcommerce.com/2010/03/oliver-jungs-global-shopping-club-empire.html

[190] Vidéo disponible en ligne : http://www.youtube.com/watch?v=Kg0mDF98pU0>

[191] Pierre-André Julien et Michel Marchesnay, *L'Entrepreneuriat*, Éditions Economica, Paris, 2011, p. 52.

[192] Geoffrey Jones, *Beauty Imagined: A History of the Global Beauty Industry*, Oxford University Press, New York, 2010, p. 1.

[193] Source : Planetoscope, Statistiques mondiales écologiques en temps réel.

[194] Marcelin Joanis et Luc Godbout (sous la direction de), *Le Québec économique 2010. Vers un plan de croissance pour le Québec*, CIRANO, PUL, Québec, 2010, pp. 310 et 311.

[195] Source : Le Québec économique 2010, sous la direction de Marcelin Joanis et Luc Godbout, p. 310, CIRANO, PUL, 2010.

[196] Source : Impact économique des exportations québécoises : 2005 et 2007, Développement économique, Innovation et exportation, Québec.
En ligne : http://www.mdeie.gouv.qc.ca/objectifs/exporter/abc-de-lexportation/page/etudes-et-analyses-11095/?tx_igaffichagepages_pi1%5Bmode%5D=single&tx_igaffichagepages_pi1%5BbackPid%5D=56&tx_igaffichagepages_pi1%5BcurrentCat%5D=&cHash=a4fbfed09e6ec6b1bcd6d524ec3e0be9&tx_igaffichagepages_pi1%5BparentPid%5D=110292

[197] Fareed Zakaria, *The Post-American World*, W.W. Norton & Company, 2008, p. 20.

[198] En ligne : http://www.wto.org/french/news f/news f/ddg 06jun11 f.htm

[199] Matt Ridley, *The Rational Optimist: How Prosperity Evolves*, HarperCollins Publishers, New York, 2010.

[200] Source : François Vida, « La nouvelle ère des matières premières », dans *Les Échos*, 3 février 2012.

[201] Charles Duhigg et Keith Bradshear, « How the U.S. Lost Out on iPhone Work », dans *The New York Times*, 21 janvier 2012.
En ligne : http://www.nytimes.com/2012/01/22/business/apple-america-and-a-squeezed-middle-class.html?_r=2&pagewanted=all

[202] Source : The Economist, *iPadded*, 21 janvier 2012.
En ligne : http://www.economist.com/node/21543174

[203] Thomas L. Friedman, « Made in the World », dans *The New York Times*, 28 janvier 2012.

[204] Source : OCDE (2007), *Perspectives économiques de l'OCDE*, n° 81, p. 201.
Cité par le gouverneur de la Banque du Canada Mark Carney dans un discours prononcé devant la Chambre de commerce de la Colombie-Britannique et le Business Council of British Columbia, à Vancouver, le 18 février 2008.
En ligne : http://www.banqueducanada.ca/2008/02/discours/implications-mondialisation-economie-politiques-publiques/

[205] Andy Grove, « How America Can Create Jobs », dans *Bloomberg BusinessWeek*, 1er juillet 2010.
En ligne : http://www.businessweek.com/magazine/content/10_28/b4186048358596.htm

[206] Charles Duhigg et Keith Bradshear, « How the U.S. Lost Out on iPhone Work », dans *The New York Times*, 21 janvier 2012.
En ligne : http://www.nytimes.com/2012/01/22/business/apple-america-and-a-squeezed-middle-class.html?_r=2&pagewanted=all

[207] Source : National Science Board, *New Report Outlines Trends in U.S. Global Competitiveness in Science and Technology*, 17 janvier 2012.
En ligne : http://www.nsf.gov/nsb/news/news_summ.jsp?cntn_id=122859&org=NSB&from=news

[208] Dr. Michael Mandel, « Where Jobs are : The App Economy », dans *TechNet.org*, février 2012.
En ligne : http://www.technet.org/wp-content/uploads/2012/02/TechNet-App-Economy-Jobs-Study.pdf

[209] Source : Statistique Canada, *Aperçu des chaînes de production mondiales – Principaux résultats de l'Enquête sur l'innovation et les stratégies d'entreprise (2009)*
En ligne : http://www.ic.gc.ca/eic/site/eas-aes.nsf/fra/ra02125.html

[210] Source : Institut de la statistique du Québec, *Valeur des importations internationales par produit, Québec et Canada, cumulatif en décembre, 2009 et 2010.*
En ligne : http://www.stat.gouv.qc.ca/donstat/econm_finnc/comrc_exter/comrc_inter_inter/imp_prod_2010.htm

[211] Source : RSM Richter Chamberland, *Mondialisation : Redéfinir les marchés.*
En ligne : http://www.rsmrichter.com/downloads/misc/La_mondialisation_Bulletin_F_FINAL_25-10-11.pdf

[212] Karen Ward, *Le monde en 2050*, Études économiques internationales - HSBC, 2011.

[213] Yves Bourdillon, « Les 25 principaux émergents insensibles aux affres des occidentaux », dans *Les Échos*, 19 janvier 2012.

[214] Kathy Noël et Pierre Duhamel, « Des sherpas pour Québec Inc. », dans *L'actualité*, 21 novembre 2011.
En ligne : http://www.lactualite.com/economie/des-sherpas-pour-quebec-inc

[215] Source : RSM Richter Chamberland, *Mondialisation : redéfinir les marchés, novembre 2011.*
En ligne : http://www.rsmrichter.com/downloads/misc/La_mondialisation_Bulletin_F_FINAL_25-10-11.pdf

[216] Jim Clifton, *The Coming Jobs War : What every leader must know about the future of job creation*, Gallup Press, 2011.

[217] Catherine Rampell, « Companies Spend on Equipment, Not Workers », dans *The New York Times*, 9 juin 2011.

[218] Source : Statistique Canada, *Investissements privés et publics au Canada : perspectives.*
En ligne : http://www.statcan.gc.ca/bsolc/olc-cel/olc-cel?catno=61-205-X&CHROPG=1&lang=fra

[219] Source : Institut de la statistique du Québec, *Investissements privés et publics Perspectives québécoises 2012*, 23 mars 2012.
En ligne : http://www.stat.gouv.qc.ca/publications/investissements/pdf/ipp_persp2012_quebec.pdf

[220] Source : Statististique Canada, *Étude : La croissance économique au Canada et aux États-Unis 1997 à 2011.*
En ligne : http://www.statcan.gc.ca/daily-quotidien/111221/dq111221b-fra.htm

[221] Harold L. Sirkin, Michael Zinser et Douglas Hohner, « Made in America, Again », dans *bcg.perspectives by The Boston Consulting Group*, 25 août 2011.
En ligne : https://www.bcgperspectives.com/content/articles/manufacturing_supply_chain_management_made_in_america_again/

[222] Source : MFG.com, *Quarterly Survey of North American Manufacturers.*
En ligne : http://c719673.r73.cf2.rackcdn.com/2011-MfgWatch-Q4.pdf

[223] Nick Leiber, « Made in USA Gives Small Business an Edge », dans *Bloomberg Businessweek*, 24 mars 2011.
En ligne : http://www.businessweek.com/magazine/content/11_14/b4222057084776.htm

[224] Joël-Denis Bellavance, « Les ports canadiens dans la ligne de mire américaine », dans *La Presse*, 4 octobre 2011.
En ligne : http://lapresseaffaires.cyberpresse.ca/economie/transports/201110/04/01-4453940-les-ports-canadiens-dans-la-ligne-de-mire-americaine.php

[225] Laurent Desbois, « Protectionnisme, la fin de la globalisation », dans *laurent-desbois*.com, octobre 2011.
En ligne : http://laurent-desbois.com/2011/10/04/protectionnisme-la-fin-de-la-globalisation/

[226] Martine Hébert et Simon Prévost, « La crise financière vue par… », dans *Affaires sans frontières*, 13 septembre 2011.
En ligne : http://affairessansfrontieres.bwob.ca/secteurs-d-activite/secteur-manufacturier/la-crise-financiere-vue-par

[227] Les Affaires.com, « Près de 9 entrepreneurs sur 10 sont inactifs à l'international », dans *LesAffaires.com*, 9 décembre 2011.
En ligne : http://www.lesaffaires.com/monde/monde/pres-de-9-entrepreneurs-quebecois-sur-10-sont-inactifs-a-l-international/538566

[228] Source : Affaires sans Frontières
En ligne : http://affairessansfrontieres.bwob.ca/

[229] Source : RSM Richter Chamberland, *Mondialisation : redéfinir les marchés, novembre 2011.*
En ligne : http://www.rsmrichter.com/downloads/misc/La_mondialisation_Bulletin_F_FINAL_25-10-11.pdf

[230] Alexandre Shields, « Redevances minières - Le budget Bachand n'a pas convaincu les observateurs », dans *Le Devoir*, 26 mars 2012.

[231] Source : Statistique Canada, *Imposition des revenus miniers en 2012 – Comparaison du Canada avec les autres pays*, juin 2011.
En ligne : http://www.rncan.gc.ca/mineraux-metaux/industrie-marches/3726

[232] Javier Blas, « Nations at risk of 'resource curse' pose wider dangers », dans *Financial Times*, 10 janvier 2012.
En ligne : http://www.ft.com/intl/cms/s/0/725f7bdc-3b6c-11e1-bb39-00144feabdc0.html#axzz1pw68gMMy>

[233] Source : PwC, *Digging Deeper, Canadian Mining Taxation*, 2011.
En ligne : http://www.pwc.com/en_ca/ca/mining/publications/canadian-mining-taxation-2011-04-en.pdf

[234] Source : Ministère des Ressources naturelles et de la Faune, *Investissements en exploration et mise en valeur au Québec et au Canada*
En ligne : http://www.mrnf.gouv.qc.ca/mines/statistiques/investissements-exploration.jsp

[235] Martin Coiteux, Le tableau que Raymond Bachand devrait garder dans la poche de sa veste, 10 avril 2012.
En ligne : http://martincoiteux.blogspot.ca/2012/04/le-tableau-que-raymond-bachand-devrait.html

[236] Source : Department of Mines and Petroleum, Government of Western Australia.
En ligne : http://www.dmp.wa.gov.au/12410.aspx

[237] Jared Diamond, *Guns, Germs, and Steel*, W.W. Morton & Co., New York, 1998.

[238] Matt Ridley, *The Rational Optimist: How Prosperity Evolves*, HarperCollins Publishers, New York, 2010.

[239] Guy Lessard, Emmanuelle Boulfroy, David Poulin et Patrick Blanchet, *Québec, ville de bois*, Centre collégial de transfert de technologie en foresterie de Sainte-Foy (CERFO) et Société d'histoire forestière du Québec (SHFQ), Québec, 2008, 77 pages.

[240] Ibid.

[241] Source : Planète Castor.com, *Le bois dans l'économie du XIXᵉ siècle*.
En ligne : http://canada.grandquebec.com/histoire-canada/bois-economie-19e-siecle/

[242] Source : Arthur Buies, *L'Outaouais supérieur*, 1889.
Cité dans René Hardy et Normand Séguin, *Forêt et société en Mauricie*, Éditions Septentrion, nouvelle édition, Sillery, 2011.

[243] Source : Discours sur le budget, 7 février 1957, p. 34.
En ligne : http://www.budget.finances.gouv.qc.ca/Budget/archives/fr/documents/1957-58_fine.pdf

[244] Source : Déclaration du 22 avril 2012.
En ligne : http://22avril.org/declaration/

[245] Source : Association minière québécoise et Association de l'exploration minière québécoise, *La filière minière au Québec*, 2010.

[246] Source : RSM Richter Chamberland, *Mondialisation : Redéfinir les marchés*.
En ligne : http://www.rsmrichter.com/downloads/misc/La_mondialisation_Bulletin_F_FINAL_25-10-11.pdf

[247] Kathy Noël et Pierre Duhamel, « Des sherpas pour Québec Inc. », dans *L'actualité*, 21 novembre 2011.
En ligne : http://www.lactualite.com/economie/des-sherpas-pour-quebec-inc

[248] Source : Présentation d'André Gaumond de Mines d'Or Virginia, au Congrès de Réseau Capital, 16 février 2012.

[249] La réplique de Mathieu Roy et Harold Crooks à mon texte « Le progrès, voilà l'ennemi ».
En ligne : http://www2.lactualite/pierre-duhamel/2011/10/27/la-replique-de-mathieu-roy-et-harold-crooks-a-mon-texte-le-progres-voila-lennemi/

[250] Source : Secor, *Évaluation des retombées économiques du Plan Nord*, février 2012.
En ligne : http://www.groupesecor.com/files//pdf/Retombees_PlanNord.pdf

[251] Source : Document préparé par Bryan A. Coates, André Le Bel et Robert Wares, *L'industrie minière québécoise*, pour Osisko, août 2011.

[252] Kent Campbell (sous-ministre de l'Énergie et des ressources), « Opinion: 50 years of safe fracking in Saskatchewan », dans *The Star Phoenix*, Saskatoon, 10 février 2012.
En ligne : http://www.thestarphoenix.com/business/Opinion+years+safe+fracking+Saskatchewan/6134231/story.html

[253] James Ashton et Tom Bawden, « Fracking could bring UK 50,000 jobs, says Browne », dans *The Independant*, 26 mars 2012.
En ligne : http://www.independent.co.uk/news/business/news/fracking-could-bring-uk-50000-jobs-says-browne-7585027.html

[254] Emma Rowley et Gary White, « Gas fracking will revolutionise the US economy », dans *The Telegraph*, 25 mars 2012.
En ligne : http://www.telegraph.co.uk/finance/commodities/9165898/Gas-fracking-will-revolutionise-the-US-economy.html

[255] Source : The Global Cleantech Innovation Index 2012.
En ligne : http://www.cleantech.com/wp-content/uploads/2012/02/CleantechGroup_WWF_Ceantech_Innov_Index.pdf

[256] Source : Renewable Fuel Association, *Building Bridges to a more Sustainable Future*.
En ligne : http://www.ethanolrfa.org/page/-/2011%20RFA%20Ethanol%20Industry%20Outlook.pdf?nocdn=1

[257] Philippe Mercure, « Un fleuron québécois en Bourse », dans *La Presse*, 7 février 2012, A2 (La Presse Affaires).

[258] Source : Les Actes de l'ARCEF, *Neutralité de l'internet et des réseaux. Propositions et recommandations*, septembre 2010.
En ligne : http://www.arcep.fr/uploads/tx_gspublication/net-neutralite-orientations-sept2010.pdf

[259] David Dean, Sebastian DiGrande, Dominic Field, Andreas Lundmark, James O'Day, John Pineda et Paul Zwillenberg, « The Internet Economy in the G-20 », dans *bcg.perspectives*, 19 mars 2012.
En ligne : https://www.bcgperspectives.com/content/articles/media_entertainment_strategic_planning_4_2_trillion_opportunity_internet_economy_g20/

[260] Guillaume de Calignon, « À Barcelone, les opérateurs lorgnent le marché de l'Internet mobile », dans *Les Échos*, 26 février 2002.
En ligne : http://www.lesechos.fr/entreprises-secteurs/tech-medias/actu/0201919026716-a-barcelone-les-operateurs-lorgnent-le-marche-de-l-internet-mobile-294683.php

[261] Source : Netgraph.com, *April 2012 Web Server Survey*, 2012.
En ligne : http://news.netcraft.com/

[262] David Dean, Sebastian DiGrande, Dominic Field, Andreas Lundmark, James O'Day, John Pineda et Paul Zwillenberg, « The Internet Economy in the G-20 », dans *bcg.perspectives*, 19 mars 2012.
En ligne : https://www.bcgperspectives.com/content/articles/media_entertainment_strategic_planning_4_2_trillion_opportunity_internet_economy_g20/

[263] Stéphane Champagne, « La métropole n'a pas dit son dernier mot », dans *La Presse*, 29 mars 2012.
En ligne : http://lapresseaffaires.cyberpresse.ca/portfolio/developpement-economique-regional-2012/portrait-2012-montreal/201203/29/01-4510556-la-metropole-na-pas-dit-son-dernier-mot.php

[264] Source : Thomson Reuters, *Le marché québécois du capital de risque en 2011, Rapport préparé pour le Réseau du capital d'investissement du Québec*, février 2012.

[265] Robert Wiltbank et Warren Boeker, « Returns to Angel Investors in Groups », rapport pour Angel Capital Education Foundation et Ewing Marion Kauffman Foundation, novembre 2007.
En ligne : http://sites.kauffman.org/pdf/angel_groups_111207.pdf>

[266] Jameson Berkow, « U.S. giants gobbling up Canadian technology startups », dans *Financial Post*, 15 mars 2012.
En ligne : http://www.canada.com/business/fp/giants+gobbling+Canadian+technology+startups/6304174/story.html

[267] Philippe Mercure, « Entre peur, Bourse et maison de bord de mer », dans *La Presse.ca*, 25 février 2012.
En ligne : http://lapresseaffaires.cyberpresse.ca/economie/technologie/201202/24/01-4499564-entre-peur-bourse-et-maison-de-bord-de-mer.php

[268] Source : Fondation de l'entrepreneurship, *Indice entrepreneurial 2011. Culture entrepreneuriale au Québec : nos entrepreneurs prennent-ils racine ?*, avril 2011.
En ligne : http://www.entrepreneurship.qc.ca/recherches-et-analyses/indice-entrepreneurial-quebecois

[269] Gilbert Leduc, « Taleo vendue 1,9 milliard $ », dans *Le Soleil*, 10 février 2012.

[270] Sophie Cousineau, « Louis Vachon : le banquier patriote », dans *La Presse*, 21 juin 2011.